伊格尔斯著作集

欧洲史学新方向

〔德〕格奥尔格·G.伊格尔斯 著

赵世玲　赵世瑜 译

商务印书馆
The Commercial Press
创于1897

Georg G. Iggers

NEW DIRECTIONS IN EUROPEAN HISTORIOGRAPHY

Copyright © 1997 by Wesleyan University Press. Published in English by

Wesleyan University Press

根据美国卫斯理大学出版社 1997 年版译出

总　序

格奥尔格·G.伊格尔斯　撰

王晴佳　译

　　我有几本最重要的著作，以及我与我太太威尔玛合著的自传[*]会与中国读者见面，对此我非常高兴。此事得以成全，全赖陈启能教授的努力，我对他十分感谢。这些著作呈现了近五十年来我个人的学术发展轨迹，同时也展示了我对这个时期历史思想和著述的主要趋势所做的评价。我不但在自己的著作中考察这些变化趋势，而且在一些重要的方面，这些变化也影响了我自己如何看待历史。我著述写作的动力来自我的一个信仰，那就是坚信全球范围内的社会正义与和平。我承认，这一信仰让我的著述带有了主观的色彩，但我也深知，其实每一个重现过去的努力都不免含有主观的因素。我认为这并不会影响对过去做客观的探究，写出诚实的历史著述。我们必须承认，所有的历史著述其实都反映了作者的观点；重建过去是对复杂多面的历史实在中的一个面向所做的解释而已，但这种解释不是史家随意想象的产物，而是基于史实基础之上的研究。各种各样的历史解释并不一定自相矛盾，而是从不同的方面阐明了过去的复杂性。

　　回顾我的一生，我一直都是一个社会主义者；我是一个相

---

　　[*]　威尔玛·伊格尔斯、格奥尔格·伊格尔斯：《历史的两面：动荡岁月的生活记录》，孙立新、蒋悦译，山东大学出版社2014年版。——译者

信个人的自由可以与社会正义协调相容的民主社会主义者。我的第一本著作由我的博士论文改写而成，题为《盲信权威：圣西门派的政治哲学》，于1957年出版。该书尚没有中文版，但我觉得并无关系，因为它需要进一步修改。我那时对这一法国早期的、寻求社会和财富正义的社会主义运动颇有兴趣，该运动亦主张解放奴隶和男女平权，但它所采取的是我所反对的集权主义的手段。

我的第一本比较有意义的著作是于1968年出版的《德意志历史观》(*The German Conception of History*)*。它对自19世纪早期至"二战"之后德意志的历史研究做了批判性的研究，现已出版了包括中文、日文和多种欧洲文字的版本。此书以德意志学术所标榜的学术客观性为对象，分析在何种程度上，德意志学术如何为极端的民族主义所控，而自俾斯麦建立了德意志帝国之后，它又如何带上了强烈的反民主的色彩。直到魏玛共和国时期，德意志的职业史学一直受此传统的影响，而其延伸出来的一种政治观念又为纳粹的上台铺平了道路。虽然在1975年有过一个再版本，但此书的英文原版主要是一部学术著作。而此书的德文版题为《德意志历史学》(*Deutsche Geschichtswissenschaft*)，却有着更大的读者群。在它出版的时候，西德年轻一代的史家正在寻求走出反民主的民族主义的旧史学传统，所以恰逢时机。有一位保守的德国史家批评了该书，认为它专注分析德国史家的意识形态，而他们伟大的学术成就则应该加以区别对待；我的回答则是，两者之间无法分开。

我之后的著作是《欧洲史学新方向》。如其书名所示，此书主要处理战后史学的变化。其着重点已经不再是一个国家，如德国，而是采取了跨国的和比较的角度。我在《德意志历史观》中批

---

* 中译本译名通作《德国的历史观》。经与伊格尔斯先生讨论，《德意志历史观》或更确切。——译者

判了德国民族传统的理论前提，但注重事件和重要人物，没有从事社会分析。与之不同，《欧洲史学新方向》中也批判这些理论前提，但战后的欧洲大陆和英语国家的史学界，已经大多转而采用社会科学的方法，其形式多样，而作用日益明显。具体而言，我讨论了法国的年鉴学派、西方和波兰的各种马克思主义学派以及德国的"历史社会科学"学派。后者采用了韦伯和马克思的理念，对德国历史中导致纳粹上台的因素进行了批判的考察。此书很快被译成了各种欧洲文字，也有了日文、韩文和中文版。

但到了20世纪80年代，在许多重要的方面，我的《欧洲史学新方向》已经渐渐显得落伍，因为我在书中称赞的社会科学方法，虽然有助摆脱之前注重政治事件和精英人物的旧史学，但到那时已经受到了挑战。不管是韦伯式的、马克思主义的、法国年鉴学派的和美国侧重计量的社会科学方法，都希图对社会结构和历史进程做宏观的解释。除了年鉴学派侧重前近代法国的历史之外，其他的学派都信奉一个同样的理念，那就是全球的历史都在向现代化迈步，走向一个生产力日益扩展的社会，而西方则是现代性的样板。

在20世纪80年代，这一样板及其与之相连的社会科学研究历史的方法，已经日益为人所诟病。1979年杰奥佛瑞·巴勒克拉夫（Geoffrey Barraclough）写道："采用计量的方法无疑是当今史学界最有影响力的新潮。"但就在同一年，劳伦斯·斯通（Lawrence Stone）发表了一篇题为《叙述史学的复兴》的重要论文，其中指出社会科学化的史学原来基于的是这样一种信念，那就是史学家有可能"对历史的变化做出合理的解释"，不过信奉这一信念的人已经所剩无几了。社会科学化的史学都基本认可现代西方的工业社会，但马克思主义和非马克思主义者对其未来走向有不同的看法。而在后殖民的阶段，史学界产生了一个重要的变化，那就是女性和少数族裔开始为人所重视，在这之前，他在以政治为主的旧史学和社会科学化的史学（包括传统的马克思主义史学）中一直处于边缘的地位。在西方和其他地区，现代西方文化日渐被视为压迫女性和造成族群之间不平等的根源。社会科学化的史学曾对经济因素特别重视，而此时开始转而重视文化。相对于自上而下的旧史学和侧重分析结构和过程的社会科学化的史学，史学家注重强调了文化的因素和普通人如何创造历史。社会科学史家认为历史社会和个人的存在有其一定的文化场景，可以分析和解释其意义和意图，而文化史家则只希望做出解读，而不是解释。

在1997年出版的《二十世纪的历史学：从科学的客观性到后现代的挑战》一书和它1993年的德文简版中，我不仅考察了20世纪最后二十年中历史思想和书写的变迁，与此同时也重新界定了我自己的立场。以理解过去而言，注重文化的史学做出了重要的贡献，因为它开拓了历史学的视角，把性别、性行为以及之前被轻视或无视的群体纳入了史家的视角。仅就这些而言，应该说对历史书写大有助益。不过主张文化转向的史家往往走得更远，他们甚而会质疑历史探究是否有其理性基础。对他们来说，历史行为的核心是含义，而这一含义无法抽象化，只能加以解读。所以解读取代了解释。他们强调所有的历史书写都有文学的方面，这是正确的观点，我也对之有同感。不过他们中的许多人又认为，历史书写的文学性使得史学与文学并无界限可言了。而那些主张语言学转向的学者则走得更远，认为真实的过去并不存在，历史只是语言的一种创作而已。虽然被称为后现代主义者的大多数人在政治上都是左派，但他们却把摒弃西方思想理性基础的右派学者引为同道，包括公开反民主的思想家弗里德希·尼采和同情纳粹的哲学家马丁·海德格尔。罗兰·巴特（Roland Barthes）、海登·怀特、米歇尔·福柯和雅克·德里达认为，启蒙运动推崇的理性不再有助于将人类从压迫中解放出来，而是在现代社会日益成为了压迫的一种手段。他们的观点在一定程度上也为马克斯·霍克海默、赫伯特·马尔库塞和西奥多·阿多诺所赞同。而在这点上，我与后现代主义分道扬镳了。在很大程度上，我认同后现代主义对现代西方社会的批评，我也看到社会科学范式的局限和片面，这一范式有一种盲目的、西方中心的乐观主义，而事实上这个世界充满了暴力、战争、毫不掩饰的不平等、性别歧视和种族主义。但我认为，不是启蒙运动推崇的人道主义或对理性的信仰造成了这些问题，恰恰相反，正是因为这些理想一直未能实现才让上述问题得以出现。所以，我这本书的重心是对20世纪后半期历史学的各种形式进行了批评。

《二十世纪的历史学》出版之后反响甚好，很快被译成了十种文字，包括多种欧洲语言和日文、韩文及简繁两个中文版。不过我也深深地认识到它的种种局限。而其中最严重的就是西方中心主义。当然我在这方面并不特别显眼，因为西方国家出版的史学史著作都只处理西方的史学而已。这种状况到了21世纪才由于几部先驱性著作的出版而有所改变。我从很早开始就希望从比较的、全球的视角研究史学史，但由于不懂欧洲之外的语言而未能如愿。不过，我在这方面也做过尝试。1979年我与哈罗德·帕克一起主编了《历史研究国际手册》，其中除了有西方国家的史学之外，还包括了俄国、波兰、东西德、拉美、中国、日本和撒哈拉以南非洲地区的章节。这在当时是世界上的首例。此书已经翻译成了中文，而且还出了再版，对此我很欣慰。1980年我与另外两位学者创建了国际史学史委员会——现称国际史学史、史学理论委员会——力求包括在冷战期间处于世界两大意识形态阵营的史学家们。比如从其创建的初期，北京大学的张芝联先生便与我们多有合作。最后，进入21世纪之后，一家英国的出版社邀我写作一部现代史学史——他们的原意是写一部西方史学史，而我觉得此书应该有全球的规模。

于是我邀请了我的好朋友王晴佳和我的印度学生苏普里娅·穆赫吉参与。我们合作的结果就是2008年出版的《全球史学史》，此书现在有了中文版，也被译成了俄文和德文。最近，我与王晴佳一起又主编了一部论文集，题为《马克思主义史学的全球视角》，拟在2015年夏天出版*。在中国之外，没有一个国家翻译出版了我这么多的著作和论文，对此我深表谢意。

美国纽约州布法罗市

2015年2月23日

---

* Q. Edward Wang and Georg G. Iggers, eds., *Marxist Historiographies: A Global Perspective*, Routledge, 2015. ——译者

目　录

修订版前言 *

    十年来，历史研究中出现了意义重大的新走向。历史学与 viii
各门社会科学的联系没有中断——在许多方面还得到了加强，
但这种联系的性质已再度受到检验。历史学家们频频谈及量化
作为理解历史工具所具有的局限，同时大大强调定性的文化因
素。对叙事史重新产生的兴趣不时直接挑战社会史的新形式，
但也经常（特别是它注意到普通男女的历史）反映近几十年的
新兴趣。

    为本版所写的跋并不是详尽无遗的，它只试图探索某些标
志着过去十年中历史编纂学的方式、观点和兴趣方面的主要变
化。本书的注意力集中在法国、大不列颠和联邦德国的历史研
究上，仅略略涉及意大利和民主德国。总的来说，本书对社会
主义国家的历史研究和著作注意甚少（尽管第四章的确讨论
了波兰的学术成就）。这种不平衡主要是由于我本人语言能力
的限制，不是由于欧洲各个不同国家的历史研究具有不同的
价值。尽管历史研究的民族传统仍然影响着整个欧洲，但成
为东西方共同财富的历史研究方法越来越多，本书试图找出这
些共性。

---

   * 根据《致谢》，本前言作于1983年前后。——编者

致　谢

在过去的几十年里，这里和欧洲的历史研究都出现了标志 ix
性的转向，但特别是在过去的10—15年里，这一转向变得尤为
明显。在现代社会科学和不断变化的社会和政治现实的影响下，
自19世纪以来指导大部分专业历史研究的方法论步骤、兴趣焦
点和解释概念对年轻一代的历史学家来说似乎越来越不适宜。
以下文章并不打算对当今的历史学术研究进行全面评估，然而，
它们试图考察欧洲历史学家为寻找作为历史社会科学的历史新
范式而选择的几个更重要的方向。

这些文章最早是我在1971—1972年休假期间在联邦德国、
法国和波兰的各所大学和研究所的讲座发言稿。每篇文章都经
过反复修改，这是吸收了这些讲座之后的讨论及过去两年中我
把部分手稿寄给同事们所得到批评意见的结果。因此，我对许
多人的建议和支持表示感谢。恩斯特·舒林（Ernst Schulin）教
授邀请我向他在西柏林工业大学的研讨班就这些文章中的问题
进行了最初的阐述；K. F.维尔纳（K. F. Werner，德国历史研究 x
所，巴黎）、曼弗雷德·施伦克（Manfred Schlenke，曼海姆）、
K. G. 法贝尔（K. G. Faber，萨尔布吕肯）、特奥多尔·席德尔
（Theodor Schieder，科隆）和维尔纳·康策（Werner Conze，海
德堡）教授使我能够将第一章的早期版本提交给他们的学生和

同事进行批评；J.科卡（J. Kocka）教授邀请我在明斯特发表关于《年鉴》的文章。M. 让·格莱尼松（M. Jean Glénisson，巴黎高等研究实践学院第六部）、耶日·托波尔斯基（Jerzy Topolski，波兹南）和伊曼努埃尔·盖斯（Imanuel Geiss，当时在汉堡）教授邀请我讨论后来成为关于近期联邦德国历史学的第三章的草稿。感谢格莱尼松先生和约翰·戴（John Day）将我介绍给年鉴圈子的成员，感谢托波尔斯基教授安排我与波兰同事谈话，感谢安杰洛·阿拉（Angelo Ara）博士（帕尔马）在意大利安排这种谈话。A. F. 格拉布斯基（A. F. Grabski）博士（罗兹和华沙）在向我介绍波兰的历史学方面给予了特别帮助。

理查德·范恩（Richard Vann）、乔治·纳德尔（George Nadel）和哈罗德·帕克教授阅读了全部早期版本的手稿；鲁道夫·菲尔豪斯（Rudolf Vierhaus）和恩斯特·欣里希斯（Ernst Hinrichs）阅读了前三章的早期版本。我认为卡尔-格奥尔格·法贝尔（Karl-Georg Faber）、曼弗雷德·施伦克、约恩·鲁森（Jörn Rüsen）、赫尔曼·魏恩（Hermann Wein）、迪特尔·格罗（Dieter Groh）、弗里茨·林格（Fritz Ringer）、罗伯特·波伊斯（Robert Pois）、杰克·罗斯（Jack Roth）以及我的同事伯特·霍尔（Bert Hall）和戴维·霍林格（David Hollinger）对第一章早期版本的评论非常有用。约翰·戴、马丁·西格尔（Martin Siegel）、威廉·凯洛（William Keylor）、伊丽莎白·吉诺维斯（Elizabeth Genovese）、迪特里希·格哈德（Dietrich Gerhard）、哈里·保罗（Harry Paul）、恩斯特·舒林、汉斯·阿尔伯特（Hans Albert）、罗伯特·芒德鲁（Robert Mandrou）和卡尔-格奥尔格·法贝尔阅读了关于《年鉴》的章节；于尔根·科卡（Jürgen Kocka）、伊曼努埃尔·盖斯、约翰·摩西（John Moses）和霍斯特·迪佩尔（Horst Dippel）阅读了关于德国历史学的第三章的早期版本；里奥·卢贝尔（Leo

Loubere）阅读了早期版本的马克思主义历史学章节。我的同事诺曼·贝克（Norman Baker）写作了第四章中关于英国社会史的部分。对于我在哥廷根（我在那里度过了休假那一年的大部分时间）所受到的热情接待，我非常感谢马克斯-普朗克研究所的鲁道夫·菲尔豪斯教授，哥廷根大学历史学研讨班的鲁道夫·冯·塔登（Rudolf von Tadden）和该大学经济与社会史研究所的威廉·阿贝尔（William Abel）。他们不仅让我自由进入各所的图书馆，而且提供了讨论的机会。我发现，1972年夏天在 xi 阿贝尔教授的研究所举行的关于方法论问题的座谈会以及赫尔曼·魏因教授和他的学生们在星期四晚上的非正式讨论特别有启发性，有时为我自己的工作提供了论坛。

我非常感谢国家人文科学基金会在1971—1972学年提供的高级研究员职位，以及纽约州立大学研究基金会的两笔资助，其中第二笔资助使我能够在1974年夏天再次回到欧洲，在对手稿进行最后修改的同时，还与英国、联邦德国、民主德国和波兰的历史学家进行了交谈。我非常感谢在哥廷根的下萨克森州国家和大学图书馆以及水牛城纽约州立大学洛克伍德图书馆工作时得到的帮助。

在整个研究过程中，我都受益于妻子的建议、意见和鼓励。

1974年10月

我对许多人阅读《跋》的草稿并提供批评意见表示感谢。其中包括沃伦·巴顿（Warren Button）、阿尔贝托·卡拉乔洛（Alberto Caracciolo）、约翰·戴、桑福德·埃尔维特（Sanford Elwitt）、爱德华·T.加根（Edward T. Gargan）、多丽斯·戈尔德施泰因（Doris Goldstein）、安杰伊·F. 格拉布斯基（Andrzej F. Grabski）、迈克尔·H. 凯特（Michael H. Kater）、唐纳德·R. 凯利（Donald R. Kelley）、于尔根·科卡、约翰·A.
摩西（John A. Moses）、汉斯·梅迪克（Hans Medick）、哈
罗德·T. 帕克、杰克·J. 罗斯（Jack J. Roth）、汉斯·施莱
尔（Hans Schleier）、恩斯特·舒林、博伊德·沙费尔（Boyd
Shafer）、马丁·西格尔、耶日·托波尔斯基、理查德·T. 范
恩（Richard T. Vann）和劳伦斯·沃克（Lawrence Walker）。在
研讨会上与我会面讨论这一章的同事和学生包括杰茜·列米
舍（Jessie Lemisch）、里奥·A. 卢贝尔（Leo A. Loubere）、奥
维尔·T. 墨菲（Orville T. Murphy）、卡罗尔·席明尔（Carol
Schimminger）、查尔斯·斯廷杰（Charles Stinger）、梅尔文·J.
塔克（Melvin J. Tucker），以及来自圣博纳旺蒂尔大学的路
易斯·J. 赖特（Louis J. Reith）和托马斯·舍佩尔（Thomas
Schaeper）。阿塔·泰奥哈里（Athan Theoharis）在体例上提出了
宝贵的建议。在准备写这篇文章时，我与阿尔贝托·卡拉乔洛、
艾蒂安·弗朗索瓦（Étienne François）、于尔根·科卡、埃马纽
埃尔·勒华拉杜里（Emmanuel Le Roy Ladurie）、卢茨·尼特
哈默尔（Lutz Niethammer）、约恩·鲁森、恩斯特·舒林、耶
日·托波尔斯基和汉斯－乌尔里希·韦勒（Hans-Ulrich Wehler）
进行深入的交流。特别感谢鲁道夫·菲尔豪斯让我能够在哥廷
根的马克斯－普朗克历史研究所度过几个夏天和1978—1979年
的休假年。事实证明，该研究所是一个非常具有启发性的地方，
可以（与汉斯·梅迪克等人）讨论社会史的当前趋势。也感谢
维尔纳·贝托尔德（Werner Berthold）邀请我到他在莱比锡的
卡尔－马克思大学的研讨班上讨论我研究的许多方面。

格奥尔格·G. 伊格尔斯

于纽约州水牛城

1983年5月

第一章　传统科学历史观的危机

1

纵览近50年甚至100年来有关史学思想的著作，我们对 3哲学家和实践历史学家评价历史编纂状况时的尖锐分歧感到震惊。在尼采（Nietzsche）*的论文"历史的运用与滥用"（The Use and Abuse of History）发表以前，人们就不仅对历史在生活上的效用，而且对历史成为科学的可能性日益产生疑问，这些疑问近年来使克洛德·列维-斯特劳斯（Claude Levi-Strauss）**和米歇尔·福柯（Michel Foucault）[1]提出人类是否有历史这样的问题。对历史的科学性的挑战最近在海登·怀特***从语言转义和诗性想象中寻求历史思想的元史学基础中表现出来，这项研究不承认历史本身和历史哲学之间存在有意义的区别，而且将对两者孰优孰劣的选择简化为一种"完全以美学或

---

　*　尼采（1844—1900），德国哲学家，主要著作有《查拉图斯特拉如是说》等。——译者

　**　克洛德·列维-斯特劳斯（1908—2009），法国结构主义社会学家，主要著作有《结构人类学》等。——译者

　***　海登·怀特（1928—2018），美国历史学家，主要著作有《元史学：19世纪欧洲的历史想象》《后现代历史叙事学》等。

伦理道德为基础，而不以认识论为依据的选择"[2]。对历史科学性的这一过于苛刻的态度并不仅仅为20世纪早期的活力论者、20世纪下半叶的结构主义者所具有，卡尔·波普尔（Karl Popper）*这样的逻辑实证论者也如此认为，而这一态度与近20年来显著加强了的历史研究的逐渐科学化趋势是背道而驰的。正如海登·怀特提出的那样，也许"对历史科学化的要求仅仅代表对历史概念化的一种特殊形式的偏爱"[3]，但这种偏爱对于各种极不相同的历史学家来说都具有日益强大的魅力。

的确，在19世纪乃至20世纪以后相当一段时间内统治着历史学术的历史科学旧模式，近几十年来日益被视为不合适的了。同样，由客观存在的历史知识、由坚持历史探索中的评价自由以及信奉历史发展连续性构成的旧学术思想的某些设想也被认为是不合适的。与传统的实践和设想的决裂，使历史思想对历史科学能否存在，常常持怀疑态度，尽管如此，历史学家还是试图将历史置于更符合当代的科学概念，尤其是人文科学概念的基础之上，以便克服反映过去年代的知识趣味和社会现实的历史科学观的不足之处。

有些历史学家在更广泛的欧洲大陆的意义上把历史学视为一门科学，一门由严格的方法论假设指导的学科；在论及这些历史学家时，我们不可否认是将范围缩小到一小部分史学著作和史学思想之上。写史的目的千差万别，写史的方法也各不相同，因此历史与神话、历史与诗歌、历史与思想之间的界限经常是变化不定的。而且，历史学家能满怀信心地写下"历史是科学，是一门不折不扣的科学"[4]的日子已一去不复返了。历史是一门科学的说法，在英语世界中容易引起争论，因为在那儿，科学一词已经与自然科学的模式密不可分了。法国和德国学者

---

　　*　卡尔·波普尔（1902—1994），英籍哲学家，主要著作有《历史主义的贫困》等。——译者

对于历史是一门科学（*Science*，*Wissenschaft*）的说法所持异议较少，因为这种科学与精密科学不同。从利奥波德·冯·兰克（Leopold von Ranke）*到 J. H. 赫克斯特（J. H. Hexter）**，这些历史学家都认为，历史的主题和方法与自然科学的截然不同，"所写的历史通常是一门这样的学科，它受到与那些科学解释，即自然科学中的解释不同的规则和措词约束"[5]，这当然是正确无误的。但是，使历史学家同其他学科的学者或科学家结合在一起的，是他们都承认，不论历史学与其他科学的探索方法和解释规则有何不同，这些方法与规则归根结底不依赖于个人的直感（不论这些直感在科学思维的过程中起什么样的作用），而是受众人可以接受的探究原则支配。认为历史学不仅是一门科学也是一门艺术的观点，甚至得到了兰克这样拥护"科学"历史的人的普遍认可。[6]但是，不论文学、美学和修辞学方面的考虑在历史表述中有多么重要，自亚里士多德（Aristotle）以来[7]，历史学家与哲学家就普遍认为，历史在根本方法上与诗歌或小说全然不同。历史学家的任务仍旧是重现并解释一个真实的过去。

　　至少从文艺复兴以来，历史学家就在一定程度上，按照科学一词的更广泛的大陆意义上的含义，将历史视为一门科学，但是史学史至今还没有对此给予充分的考虑。历史编纂学史一般被写成人、书或思想的历史。它至多也不过如富埃

＊　利奥波德·冯·兰克（1795—1886），德国极有影响力的历史学家，由于在1824年出版了《拉丁和条顿民族史，1494—1514年》一书而声名大振，1841年获得"普鲁士钦定历史学家"的荣誉称号，他以研究班的教学方法，训练史学工作者，形成一个势力很大的历史学派。兰克一生著述极多，主要著作有《教皇史》《普鲁士史新编》《腓特烈大帝传》等，全集共54卷。——译者
＊＊　J. H. 赫克斯特（1910—1996），美国历史学家，主要著作有《历史入门》《论历史学家》等。——译者

特（Fueter）*、古奇（Gooch）**、巴特菲尔德（Butterfield）***和康恩（Kon）****的著作[8]，力图将历史学家置于思想史或学术史的更广泛的范围之中。但直到最近，还很少把历史研究的历史作为一门在其社会和制度的范围里不断发展的学科来加以探讨。本书试图对以这种方式研究19世纪和20世纪的历史学科做出贡献。本书还是不成体系的，而且，它们是带着这样的认识来撰写的：历史学只部分地是一门科学，甚至是最迫切地要把方法论和概念的严密性引入历史研究的企图也要考虑到诸如修辞学等其他方面。它们还受到这种观念的指导：除非反映出历史写作的社会、政治和制度背景，仅仅根据这门学科的内部发展，史学史是绝无可能为人所理解的。

信心十足地撰写一门科学的历史已变得日益困难，而撰写诸如历史学这样一门在方法上五花八门、在解释上各执己见的学科的历史就更是难上加难。从杜尔哥（Turgot）*****和孔多塞（Condorcet）******至奥古斯特·孔德（Auguste Comte）*******、约翰·斯图亚特·密尔（John Stuart Mill）********和J. B. 伯里（J. B. Bury），这些18世纪和19世纪的思想家们所抱的信念已一去不

---

　　* 爱德华·富埃特（1876—1928），瑞士历史学家，主要著作有《近代历史编纂学史》等。——译者

　　** 乔治·P. 古奇（1873—1968），英国历史学家，曾主编《剑桥英国外交文件集》并撰写《十九世纪的历史学与历史学家》等著作。——译者

　　*** 赫伯特·巴特菲尔德（1900—？），英国历史学家，主要著作有《基督教与历史》等。——译者

　　**** 伊戈尔·S. 康恩，苏联学者，主要著作有《哲学唯心主义与资产阶级历史思想的危机》等。——译者

　　***** A. R. J. 德·杜尔哥（1727—1781），法国经济学家和政治家，重农学派的主要代表。——译者

　　****** 孔多塞侯爵（1743—1794），法国启蒙思想家、政治活动家。——译者

　　******* 奥古斯特·孔德（1798—1857），著名法国实证主义哲学家，主要著作有《实证哲学教程》《实证政治体系》等。——译者

　　******** 约翰·斯图亚特·密尔（1806—1873），英国政治思想家。主要著作有《论自由》《逻辑体系》等。——译者

复返了。带有这些信念的他们曾设想，正是现实的结构保证了科学知识的不断进步，在每一主要知识领域内日益形成一种统一的理论。在从康德（Kant）*到现代逻辑实证主义者的科学思想中，仍然指导着19世纪大部分科学的自然客观性概念已被别的概念取代。今天，科学哲学家们普遍同意，"科学的假设和理论并非来自观察到的事实，而是被臆造出来说明那些事实的"[9]。这当然绝不排除可能存在证实科学理论的标准。然而，从奥斯瓦尔德·斯宾格勒（Oswald Spengler）**到加斯东·巴什拉（Gaston Bachelard）***和T. S. 库恩（T. S. Kuhn）****，他们那广泛而又千差万别的各种思想则强调，超科学的因素进入并共同决定了科学家提出的问题和他们借以企图理解或解释事件的理论。斯宾格勒因而认为，包括数学在内的各门科学都是对某一特殊文化的主要象征的表述。[10]巴什拉和福柯强调，每一时代的科学都为一种知识模式（episteme）*****所标志，它类似库恩的"范式"（paradigm），是观察和组织一套知识的一种方式；他们还强调，科学史不以知识积累导致的科学理论的变化为标志，而以认识论的猝然中断（coupures épistémologiques）为标志，这一中断标志着一个时代的科学观根本上的重新定向。[11]因此，科学的历史并非以连续性，而是以骤然中断为特点。从特奥多尔·莱辛（Theodor Lessing）[12]到卡尔·波普尔[13]和克洛德·列维-斯特劳斯[14]，这些历史理论家对于所有历史的时间界限和文

7

---

* 伊曼努尔·康德（1724—1804），著名德国哲学家。主要著作有《纯粹理性批判》《实践理性批判》等。——译者

** 奥斯瓦尔德·斯宾格勒（1880—1936），德国哲学家，主要著作有《西方的没落》等。——译者

*** 加斯东·巴什拉（1884—1962），法国历史学家和哲学家，主要著作有《科学精神的形成》。——译者

**** T. S. 库恩（1922—1996），美国科学哲学家，主要著作有《科学革命的结构》《哥白尼革命：西方思想发展中的行星天文学》等。——译者

***** 这是福柯认为存在于各种文化知识内部的一种结构。——译者

化相对性的看法大同小异，莱辛认为所有的历史都是神话，后两人则各自从全然不同的观点出发，认为历史没有客体，同时，任何历史都只是对于它撰写的那个时代和文化来说才是真实可信的。

从这种观点看来，科学的历史——或者历史研究的历史——似乎缺少任何有意义的方向。它以一连串观察现实的世界观为标志，这些世界观的地位相等，无一在有条理的概念性认识上具有更大的权威。不过库恩或巴什拉都很不情愿承认这一点——就历史研究来说我们也是如此。库恩与巴什拉同样认为，科学的历史以"范式"的"革命性"变革为标志，从而一代科学家看待其工作的整个方式发生了剧变，与之一致的科学研究新传统得以出现。与巴什拉同样，库恩希望摆脱"真实"与"现实"这类概念，但与此同时，他也想逃避对他正"将科学变为主观而荒谬的事业"的指责。尽管"范式"的变化绝不仅由"一种所知东西的增加"造成，但它发生在一个真实的历史环境中，在历史专业处于毫无保障的关头，在旧的方法不再足以令人信服地解决科学团体为自己提出的问题之际。对"范式"的修正不仅仅由于资料不确切，而且是因为一个更深刻的危机，这一危机包含着与更广泛的社会现实危机密不可分的"世界观"的变化。在库恩看来，在最后的分析中，科学的真理归根结底变成了科学团体的一致见解，而这一团体又是由"严格限定的问题和高度技术性的方法维系在一起的专家们"组成的一个特殊团体。[15]正如戴维·霍林格所指出的，这意味着从一种具有"固定的、永恒不变的科学真理"概念的"超验的客观性"，向一种"以社会为基础的客观性"过渡[16]，后一客观性构成了某种不能被完全简化为科学团体一致同意的客观因素。但这一客观因素有助于这一团体在为它所提出的问题探求答案时取得一致意见。毋庸置疑，每一场科学的革命"既有所获也有所失"，而有所失是由于新方向不再能应付某些它视野以外的问题。[17]然而，库恩感到必须承认，尽管范式的变化使个别科学团体蒙受了"损失"，但"这类团体的性质提供了一种实际的保证，使科学将解决越来越多的问题，各个问题的答案也将越来越精确"，而且，"只要这样一种科学事业存在，某种进步将不可避免地成为这一事业的特征"。这表现为一种"对自然的日益详尽而精确的理解"[18]，这种理解明智地放弃了终极的概念，承认科学研究的历史性，但绝不放弃现实的概念。

　　有人也许会争论说，库恩关于科学史的概念与史学史几无相干，历史学不是一门"科学"，或者，如果是的话，也是一门完全不同意义上的科学。后面这种看法无疑是对的。但毫无疑问，"历史学这门学科至少是一个在学术上被组织起来的研究分支"[19]，并已存在了两个世纪之久。的确，相当一部分历史写于这一有组织的学科之外，也并非总是遵循着它的规则。更有甚者，就其表述方式来说，历史学就在学术组织内部也比其他更重视解释的学科保持了更大得多的自由，在风格和形式上不仅听从同行们的意见，也听从有学识的读者的评论。信奉真实与理解的史学家的团体，其组织公认比一般科学团体松散得多，其内部又分为很多派别，但关于什么是合理的讨论这一点，这些史学家并非没有某些共同的见解。在学科内部，历史学家不仅有义务叙述关于过去的故事，而且有义务叙述"能为有关的现存史料所证实的最真实可信的故事"，即 J. H. 赫克斯特称之为"真实法则"（reality rule）的东西；虽然这种真实除非根据一种概念体系来加以探讨，否则就毫无意义，但它引进了一个衡量标准，这一标准使得"物理学家和历史学家对探索、理解和尽可能真实地叙述现实的共同信念"具有意义，对于历史学家来说，这一标准是"发生在过去的现实"。[20]

　　信奉真实法则使得试图为加深了解过去而进行的对话成为

可能。历史学家就历史研究中不能接受什么的问题相对较快地达成了"消极的"一致意见。尤其是自从历史研究职业化以来，乃至更早，关于证据的原则就存在普遍的一致，这些原则与其说用来证实最后发生了什么，不如说用来决定某事本不可能发生。这种一致意见使历史学家具有一种共同语言和共同逻辑，正如我们将见到的，这在一定限度内已使得有可能进行一种超越意识形态界限的、持续的对话。

然而，在作为一门自从文艺复兴时期以来的博学派学者（erudite）所从事的学术工作的历史和作为一门学科的历史之间是存在区别的。后者不仅意识到历史的方法论程序——在一定程度上历史博学派也是如此——而且力求超越对过去值得注意的细节的好古兴趣，达到依据令人信服的证据，对过去现实的各个方面进行更广泛的重现。但如上所述，这种"消极的"一致意见对于撰写一部试图把握事件与结构之间意义深远的联系的历史来说，显然是不够的，这样一部历史要求一种更广泛的理论框架，从而使解释成为可能。为使历史从博学变为一门以科学自诩的学科，必须使批判地利用证据在更广泛的历史探索模式中占据一席之地，而这些模式提供了用以解决所提出问题的概念框架。这些模式完全根植于运用它们的学术团体的利益、观点和精神兴趣。因此，在对证据由何构成的问题达成一致见解的基础上，能够写出千差万别的历史，这些历史不仅在对同一题目的解释上迥然相异，其基本设想、方法与风格也大相径庭。有人认为，这样会使历史概念失去任何发展的可能，史学史则以骤然中断为标志。人们主张，任何历史只有对于它产生于其间的信条、政党、阶级、民族或时代来说才是合理的。

因此可以这样认为：每一个史学传统都反映了它产生和发展的条件。兰克那种狭隘地集中注意于与更广泛的社会背景脱节的政治史、过窄地着眼于欧洲列强的外交事务、过分倚重国家文件而对其他史料不屑一顾的"科学"历史研究模式，不仅对于德国启蒙史学家写一部包罗万象的政治社会史的雄心壮志来说是一个倒退，而且也反映了这种研究模式产生时，19世纪早期普鲁士大学的政治、社会和知识的局限性。以上无疑是事实。但是，认为一种思想的起源打消了其认识论上的意义无疑是荒谬的，历史与历史环境密切相关这一事实也带来了一种历史洞察力的来源，尽管是透视主义式的（perspectivistic）。兰克模式出现于这样的时刻：这时，18世纪德国启蒙史学家对科学地位的要求在19世纪早期的德国背景之下听来不再令人信服了。19世纪和20世纪，西方世界与非西方世界不断变化，高度技术性社会出现了，与之相应，政治、社会与文化都发生了变化，下层阶级和人民登上政治舞台，这一切都为人们日益不满于19世纪科学学派所提供的学术方法范式提供了现实的依据。在这一意义上，历史学科的变化与社会和文化的历史是密不可分的，因为它正是社会与文化的组成部分。

　　尽管在近代史学内部，观点分歧极大，但也出现了某些共同之处。这样一来，历史研究的范围扩大了，不仅将非欧洲世界包括在内，而且对更大部分的人口和人类以前所忽视的行为领域严加关注。更重要的是，思想观点极为不同的历史学家之间形成了广泛的一致。他们认为，以人的自觉活动为中心的历史不能满足需要，人类的行为只有放在它发生的结构框架中才能理解，对于历史的创造者来说，这些结构经常是隐而不现的。因此，近代史学家们已在研究我们将在下面讨论的德国启蒙史学家已颇感兴趣的主题，但对此，启蒙史学家无法用自己的方法论和概念进行令人信服的研究。在一重要的意义上，19世纪的"科学"历史标志着历史学家勃勃野心的一种必要的退却，尽管正如我们将看到的，这一退却也许同等地出于意识形态的和科学的考虑。历史必须置于坚实的方法论基础之上。20世纪的历史学家仍旧信奉19世纪"科学"学派坚持的、对史料进行批判使用的观点，但与此同时，他们已认识到文献本身不会叙述自己的历史，认识到19世纪的历史学家在让过去发言时，这些人一般对使他们能构建历史发展线索的预设条件所知甚少，其结果是大大强调了理论、假设和概念化在历史分析与叙述中的作用。没有统一的社会科学或历史科学为历史解释提供了理论储备，或为选择和组织史料提供了指南。但是，正如下文所指出的，尽管存在观点和信仰上的深刻分歧，这分裂了历史学12 家，但是，历史学家及非历史学家的那种怀疑论立场——这为各个时代的社会压力、政治压力和精神压力所加强——不仅对于开拓历史学前景，而且对加强方法论和概念的严格性都是颇有裨益的，这种方法论和概念的严格性标志着人文科学的一般特征。

2

　　早在18世纪，德国的大学，首先是哥廷根大学，开始出现从博学学派（erudite scholarship）向历史学新科学方向的变化，将对证据的严格考证和对一系列事件的叙述性重现结合起来。这种变化与一种有组织的专门学科的出现密切相关。随着这一变化，19世纪，由于历史研究逐渐在全世界范围内变得制度化和专门化，一种模式出现在历史学家面前。这一模式保持着对大部分学院派历史学（academic history）的影响，直到最近这种情况才有所改变。本书的主题是历史科学的这一模式在20世纪是如何衰落的，对于职业历史学家来说，这一衰落并未导致摒弃历史科学这一概念，而是引起了对替代模式的探求。这类替代模式不仅在更广泛地探索过去的意义上，而且在为这种探索提供众人可以理解的、更令人心悦诚服的指导方针的意义上，都提供了更大的科学性。

当然，历史研究的丰富传统也存在于大学之外，早在19世纪以前很久就是如此，而且继续存在于整个19世纪。可是，直到18世纪，在历史博学和历史书写之间还存在一条较大的鸿沟。一方面，叙事史的悠久传统可以回溯到修昔底德*，并曾在意大利文艺复兴时再度振兴。这一传统最充分地体现在从事公共活动的男性身上。政治家、将军和哲学家认为自己承担着一种说教者和智者的职能，而且当他们试图讲述真理时，他们只以一种有限的方式应用着那些由博学学派发展起来的、严格的史料考证法则（rule of source criticism）。另一方面，还存在一个起源于文艺复兴和宗教改革时期的语源考证（philological criticism）**的传统。正像唐纳德·R.凯利***和乔治·胡珀特（George Huppert）****曾经指出的那样[21]，在文艺复兴以来的学者们用语源考证方法来确定过去——特别是其法律制度——与现在有何差异的尝试中，一种历史感已经明显存在了。然而这种缺乏发展观点的学问，照凯利的说法，没有"把博学多识和文学价值以及明智的组织结合起来"，在方法上"与其说是产生了一个模式还不如说是制造了一个大杂烩"。[22]严格的批判研究出现于本尼狄克特僧团*****，并在18世纪的学院里逐渐发展起来。[23]但这里主要关心的不是历史书写，而仍是原著的版

13

----

* 修昔底德（公元前460—公元前395），古希腊历史学家，主要著作有《伯罗奔尼撒战争史》。——译者

** 语源考证，即通过语言学方面的考证以确定历史文献的真伪。如在15世纪，意大利历史学家瓦拉通过考证，证明《君士坦丁的赠礼》这一据说出现于公元4世纪初的历史文件所运用的是公元8世纪中期的拉丁语，从而肯定无疑地证明这项文件是教皇伪造的。——译者

*** 唐纳德·R.凯利（1931— ），美国历史学家。——译者

**** 乔治·胡珀特（1934— ），捷克裔美国历史历史学家，主要著作有《完美历史的思想：文艺复兴时期法国的历史博学与历史哲学》。——译者

***** 本尼狄克特僧团一译"本笃会"，创立于6世纪的一个法国教派。——译者

本。版本校勘的原则从文艺复兴以来就已完全形成，而到1681年让·马比荣（Jean Mabillon）*出版其《古文书学》（De re diplomatica）时，已成为一种很发达的学问，但对版本和原文的分析不能构成历史科学，正如比牛顿物理学早出现1000年的单纯观察现象方法不能构成自然科学一样。只有在好古之风和历史书写之间的鸿沟被填平之时，历史学才能成为"科学"。

　　现在，我们已全然了解到，19世纪的浪漫主义史学不应将18世纪视为仇视历史或至少是对历史漠不关心的时代。近代历史科学概念源于启蒙运动，它既是依据启蒙运动关于人和现实的见解，又是对上述见解的反动。近代自然科学的发展为了解历史研究提供了重要范例，历史研究的制度化组织部分仿照了自然科学的这种组织。同后者一样，17世纪出现了一个由科学家和学者组成的、有组织的团体，它首先集中于一些学院，然后在18世纪，从德国开始，日益在各大学中发展。建立于1737年的新哥廷根大学取代了那些旨在训练未来的官员和专业人员的教学机构的传统大学的位置。[24]

　　历史讲席只是慢慢地与政治学讲席分设了，正像各种科学强调技术训练那样，这里强调那些所谓的辅助学科（例如古文献学、文件研究、古文字学、古钱币学以及诸如此类的学科）。但是逐渐地，人们也注重语言学和新科学"统计学"了，正如1748年以后哥廷根的戈特弗里德·阿亨瓦尔（Gottfield Achenwall）**所进行的研究，这一方法力求把历史建立在一种坚实的事实基础之上，这一基础中包括关于人口、政治、政府机构、法律、商业和工业活动等方面的数据。阿亨瓦尔使用的"统计学"一词和日后它所具有的含义有

---

　　*　让·马比荣（1632—1707），法国本尼狄克特派僧侣和学者。——译者
　　**　戈特弗里德·阿亨瓦尔（1719—1772），德国统计学家，统计学的创始者。——译者

所不同：统计学并非要求用数字的形式加以表现，而是意味着——以数量或文字——对某个社会的具体机构和性质加以描述。从某种意义上说，18世纪后期由哥廷根的约翰·克里斯托弗·加特罗（Johann Christoph Gatterer）*和奥古斯特·路德维希·施洛策尔（August Ludwig Schlözer）**训练出来的历史学家们，把孟德斯鸠（Montesquieu）***、伏尔泰（Voltaire）****吉本（Gibbon）*****和艾斯林（Iselin）******这类历史哲学家们的开阔眼界和受过文本注释及校勘训练的博学学者和法学家们的专门技巧合二为一。哥廷根的历史学家们寻求建立一种能把握事件相互联系的历史技艺，尽管在他们看来，事件构成了"历史的真正主题"[25]，但事件本身无法构成历史。加特罗和施洛策尔一致同意，没有概念性构思，就没有历史，因历史学家可以凭借这一概念性构思把"一团"乱麻似的材料构成整体。[26]"历史，"加特罗讲道，"不仅仅是国王们的传记或是王朝更替、战争和冲突的年表。"而直到近几十年来英国人和法国人使之豁然明了之前，德国历史学家一直是这样想的。[27]与此同时，哥廷根的历史学家们拒绝了任何想把哲学体系强加于史学或是引进一个过于简单的历史客观性概念的企图。所有历史都涉及选择。他们相信存在一个客观的或是"真实的"历史，而与此同时他们认识到，历史学家们的"立场"（Standort）及其观察历史的角度（Gesichtspunkt）决定他能看到这个"真实"的某些方面。因此，

15

---

　* 约翰·克里斯托弗·加特罗（1727—1799），德国历史学家。——译者
　** 奥古斯特·路德维希·施洛策尔（1735—1809），德国历史学家。——译者
　*** 夏尔·孟德斯鸠（1689—1755），法国启蒙运动的主要代表人物，西方国家和法理论的奠基人。主要著作有《论法的精神》《波斯人信札》等。——译者
　**** 弗朗索瓦·伏尔泰（1694—1778），法国启蒙运动的主要代表人物，著名的文学家、史学家、哲学家，历史方面的重要著作有《路易十四时代》等。——译者
　***** 爱德华·吉本（1737—1794），英国历史学家，主要著作有《罗马帝国衰亡史》等。——译者
　****** 艾萨克·艾斯林（1728—1782），瑞士哲学家。——译者

一个希腊人、一个罗马人、一个中世纪的僧侣或是一个现代德国人，所写的历史将迥然不同。[28]

从一开始，哥廷根的历史学家们就十分清楚史学方法与自然科学方法的基本差别。它们反映了崭新的历史观，这种历史观深深地意识到人类制度、习俗和思想中存在变化的成分，并且认识到，为了了解人类本性，必须对历史环境进行考察，正是在历史环境中人类本性显示出来了。他们基本上都同意维柯（Vico）*的观点，"人类史同自然史的区别在于，人类史是我们自己创造的，自然史则不是"[29]。施洛策尔指出，当所有的人在某种意义上都是"一种生物"时，"人无所谓本性"，他只是在历史当中才获得内容和特征。[30]像地理和气候这类自然力量，制约着人类的活动，而历史也不能完全脱离自然科学；但这些自然力量又反过来受人类因素的影响。就历史所反映的人类有意或无意行动所造成的各种目的和发展方向而言，历史学要求具有与那些抽象科学极不相同的研究方法。加特罗认识到，历史学不得不考虑事件的独特性。因此它要求一种与自然科学不同的证明方式，即一种旨在了解人类关系的证明方式。像自然科学家一样，历史学家也得带着问题去研究他的论题，这样他才能建立起"一个事件的体系"。然而，在历史科学中应用假设，尽管是必要的，但丝毫不像在自然科学中那么有效。[31]由于历史事件的独特性，假设事实上成为了解历史的障碍。这样，正如彼得·赖尔（Peter Reill）**提出的，在历史研究中，显然存在着某种方法论上的困境，未来的历史学家仍然无法摆脱这一困境。一方面，历史学家坚持通过把概念化引进依靠经验证据的历史，从而使历史上升为科学；而另一方面，历史学家又认识到自觉

---

* 维柯（1668—1744），意大利哲学家，其主要著作有《新科学》。——译者

** 彼得·赖尔（1938—2019），美国历史学家，主要著作有《德国启蒙运动与历史主义的兴起》等。——译者

的理性思想，特别是经验论和归纳法，对于理解富有意义的人类关系来说，具有局限性。要理解这一人类关系需要一种移情作用（empathy）和同情理解（sympathetic understanding）的要素，而这排斥严格的方法论程序。[32] 历史话语无法像抽象科学的话语那样，能严格地排除夸张的感情的成分。

　　哥廷根的历史学家们——加特罗、施洛策尔以及下一代的路德维希·海伦（Ludwig Heeren）*——既重视对社会结构进行分析，也不忽略对事件进行叙述。哥廷根的历史学家们反映了启蒙运动对在历史环境中研究人性的关注，他们希望写这样一部历史，即不仅"静态地"，也"发展地"研究过去。根据前者，他们考虑某一特定历史时期的社会结构，并对其加以比较；而根据后者，则围绕着某一选定的主题对彼此联系事件的持续发展进行探讨。[33] 像伏尔泰和艾斯林那样，他们试图克服那种狭隘地注重事件的政治史，而且立志撰写一部博采兼收的社会文化史，这一历史通过某些关键的社会制度获得了统一性和连续性，在那些制度中，他们认为国家起着中心的作用。从某种意义上说，政治史和社会史之间的平衡，记叙和"统计"之间的平衡，看来十分符合他们的政治态度，符合他们对开明君主制的依恋，这一开明君主制将消除封建社会经济秩序的残余，为一个确保法律上平等的国家奠定基础。[34]

　　在哥廷根历史学家的著作中，有些东西确实既显得十分新颖，又似乎颇为陈旧。一方面，他们重视比较社会化和经济化的政治史，并且开始提出历史学家将在20世纪再度提出的那些问题；但另一方面，他们仍旧无法将他们所展示的大量关于人口、地理和经济的数据转变为一个概念性整体，或将这些数据与他们的叙述融为一体。他们的普遍史，像那些博学学者的

---

* 路德维希·海伦（1760—1842），德国历史学家。——译者

著述一样，仍然是他们所批评的那种编纂物。后来，海伦组织编写的一部以商业活动为中心论题的发展史要成功一些。[35] 哥廷根的历史学家们也没有向以周密考据为基础的历史学发展。尽管加特罗反复警告历史学家不要依据传说，而要将历史基于原始材料之上[36]，他和施洛策尔实际上继续把他们对古代世界的说明建立在不加批判地利用《圣经》和古典故事叙事的基础上。

在新建的柏林大学里，19 世纪初历史学中新科学方向的出现——兰克就是其最有影响力的代表——不仅表明了批判地应用史料上的一种进步，而且表明了在用史料构成一种具有连贯性叙事上的一种进步。可是，所用史料中证据的性质本身，致使叙事范围从启蒙学者们的包罗万象的社会文化史变为注重政治事件、宗教事件的历史，即脱离了更广阔的结构环境的有权有势者活动的历史。范围的缩小反映了政治界和知识界中的一种根本性的重新定向。像哥廷根学派那样，新科学派同启蒙运动关于科学客观性的理想之间，具有一种含混不清的关系，这些历史学家深信，历史学可以上升为科学，他们比哥廷根的学者们信心更足，认为可能对过去的事件进行确切的叙述，而这一叙述能够排除历史学家的前瞻性和主观性。与此同时，他们却在更大程度上将历史学方法和自然科学以及哲学方法截然分开。后者试图对重复出现的现象解释其原因，而前者论述的则是那些需要了解其独特性的、意义深远的人类现象。

因此，哥廷根学派曾试图在对结构关系进行分析和对独特的历史现象加以直观理解之间建立的平衡被新科学派拒斥。在历史中，可能存在科学的确定性。无论如何，这一确定性有赖于对那些显现在材料中的历史人物的动机和意图加以了解。因此，历史研究的正确手段就是阐释学（hermeneutics），即正确理解文本的一门学问。新科学派比哥廷根派更强调，史学家必须在原始材料的基础上重现过去。就近代史而言，按兰克的说法，这些材料包括"回忆录、日记、书信和来自使团的报告，以及目击者的原始叙述"。[37]为了确定这些材料的真实可靠性，新历史学家们利用了已被博学学者加以完善的内证和外证技巧。为了设法确定证据的含义，他们依赖一种由研究《圣经》、古典文献和法律所确立的悠久传统——文本诠释的传统。可是，他们又把某种整体论设想引进了对原始材料的分析，而这种设想与他们直言不讳的主张、即历史研究只应由材料来指导相矛盾。应用这一学派日后被称作批判文献学方法的一个典范，包含在 F. A. 沃尔夫（F. A. Wolf）*著名的《荷马概说》[*Prologomena to Homer*（1795）]一书中，在书中，他试图确定《荷马史诗》的作者。沃尔夫从下述假设入手，即对于某种材料，如果仅仅依据语言学进行分析，就永远无法弄懂，因而必须把它看作是一种反映民族精神（*Volksgeist*）的历史文献，这才是了解这一材料的唯一秘诀。约翰·温克尔曼（Johann Winckelmann）**从古典艺术的遗迹中，巴托尔德·格奥尔格·尼布尔（Barthold Georg Niebuhr）***从罗马法律中，都曾按类似的方式试图重现古希腊和罗马的精神。

　　历史研究的变化反映了迅速变化的政治环境。柏林大学就是在1810年普鲁士改革时期威廉·冯·洪堡（Wilhelm von Humboldt）****的领导下建立起来的。其目的是以坚实地建立在研究基础上的教育取代那种狭窄的技术训练。比起其他官僚

19

---

　　* F. A. 沃尔夫（1759—1824），德国古典学者，科学的古典哲学创始人。——译者

　　** 约翰·温克尔曼（1717—1768），德国古典考古学家和艺术批评家，科学考古学的创立者。——译者

　　*** 巴托尔德·格奥尔格·尼布尔（1776—1831），德国历史学家、政治家和哲学家。主要著作有《罗马史》等。——译者

　　**** 威廉·冯·洪堡（1767—1835），德国政治家、外交家和语言学家，主要著作有《论人类语言结构的差异及其对人类精神发展的影响》等。——译者

组织不那么健全的国家来，普鲁士的大学为有教养的文官阶层提供了更多的训练场所，当不存在政治上强大的中产阶级时，这些人具有特殊影响，占据特殊地位。这所大学早期聘请的许多人，诸如教授罗马史的巴托尔德·格奥尔格·尼布尔、教授神学的弗里德里希·恩斯特·施莱尔马赫（Friedrich Ernst Schleiermacher）*、教授法律的弗里德里希·卡尔·冯·萨维尼（Friedrich Karl von Savigny）**和卡尔·弗里德里希·艾希霍恩（Karl Friedrich Eichhorn）***以及1825年聘请的利奥波德·冯·兰克，在认识论上和政治上具有某些共同之处。他们强调研究一切与人有关的问题时，需要阐释学和历史学的方法，他们拒绝法国大革命的遗产，但又反对向封建主义倒退，并承认他们忠于君主制普鲁士国家，这个国家由一个开明的官僚阶层统治，这一阶层表示赞成一种既有利于近代资本主义经济发展而又不对中产阶级作出重大政治让步的政策。1832到1836年间，兰克应普鲁士政府之邀，编辑了《政治历史评论》（*Politisch-Historische Zeitschrift*），捍卫政府的政策，反对来自封建方面和自由派方面的批评者。在杂志的字里行间，兰克表达了这些观点，并认为历史科学的职能在一定程度上是政治性的。他在历史中发现了反对革命变化、赞成在现存结构中循序渐进的有力论据，这使人联想到埃德蒙·伯克（Edmund Burke）****。

　　兰克所设想的阐释学方法与某些基本哲学假设密不可分。

---

　　*　弗里德里希·恩斯特·施莱尔马赫（1768—1834），德国新教神学家和哲学家。——译者

　　**　弗里德里希·卡尔·冯·萨维尼（1779—1861），普鲁士律师和政治家，法理学历史学派的创立者，主要著作有《中世纪罗马法律史》等。——译者

　　***　卡尔·弗里德里希·艾希霍恩（1781—1854），德国法律史学家。——译者

　　****　埃德蒙·伯克（1729—1797），英国政治家和作家。主要著作有《法国大革命反思录》等。——译者

正如对于威廉·冯·洪堡、弗里德里希·施莱尔马赫直到 J. G. 德罗伊森（J. G. Droysen）*、威廉·狄尔泰（Wilhelm Dilthey）** 和弗里德里希·迈内克（Friedrich Meinecke）*** 所代表的历时一个世纪以上的德国阐释学传统那样，对于兰克来说，这样一种概念使历史知识可能存在，即历史是"精神"王国，但是一个用与黑格尔（Hegel）哲学中存在的极其不同的方式设想出来的精神王国****。如果黑格尔强调了世界历史的统一性，并在历史中看到这样一个过程，即精神通过连续不断的自我否定把自己变为日益合理的制度，我们所谈及的阐释学传统则强调精神以个体化的形式表现自己。历史由"个体"组成，每一"个体"都有其内部结构和独有的意义及目的。不仅人具有个性，而且在一种甚至更为深远的意义上，历史进程中发展起来的巨大集合体——国家、民族、文化、人类也具有个性。这些个体并非仅仅是昙花一现，而是每一个都"体现出一种扎根于现实的思想"[38]。通过抽象的或归纳的推理是无法理解它们的，只有通过阐释学方法，通过对它们在感官世界里的表现加以说明，才能理解它们。因此，需要以对材料的严格分析作为每一历史研究的起点。但是"在感官世界里，事件的意义仅仅部分是可

---

* J. G. 德罗伊森（1808—1884），德国历史学家。他在其著作《史学概论》中，对兰克的历史研究"客观性"提出异议，认为历史学家的目的在于根据当时需要和问题去了解和解释历史。——译者

** 威廉·狄尔泰（1833—1911），德国哲学家。主要著作有《精神科学引论》《黑格尔的青年时代》等。他的历史哲学观点对现代西方哲学和历史学有较大影响。——译者

*** 弗里德里希·迈内克（1863—1954），德国历史学家，主要著作有《历史主义的兴起》等。——译者

**** G. W. F. 黑格尔（1770—1831），德国古典唯心主义哲学的主要代表人物，黑格尔哲学即客观唯心主义哲学，其主要思想是创立了一个作为一切客观事物源泉的"绝对精神"，这种"绝对精神"通过所谓逻辑学、自然哲学、精神哲学三个过程，即下文所说的"连续不断的自我否定"的过程，达到了完全认识自己的地步。——译者

见的，其余部分得由直觉、推理和揣测得到补充"[39]。因此，尽管历史学家总是致力于从历史事件的特殊表现着手，但正如兰克所坚持的，他的目的不是搜集事实，而是靠一种"纪实的、深入的研究"进行工作，这一研究"致力于现象本身……致力于现象的本质和内容"。[40]

　　一种深深的信念防止历史变成一堆支离破碎的个体，那就是：尽管"历史绝不具有哲学体系所具有的那种统一性"，它却"并非不存在内部联系"[41]。这里存在一个历史个体的梯队，它从单个的个人排列到巨大的集合体、民族、时代、人类本身，在一定程度上以莱布尼茨（Leibnitz）*的方式完全和谐地结合起来，在这一和谐之中，每一个体都能保持它们各自的完整性。这一和谐并不是静止的。相反地，巨大的"趋势"在历史中发挥作用，使历史具有持续感和方向感。埋头于文献考订，以便在这些巨大趋势显现出来时重新把握它们，这就是历史学家的工作。然而，尽管为了批判地检验原始材料而具有一种众人都可接受的、严格的方法论程序，但历史个体的本质令这种标准无法被应用于了解历史进程。不能将历史个体简化为不同于其自身内在发展原则的术语，这种不可约性排除了任何对因果关系的分析（或社会性的、政治性的批判）。兰克写道，"不能"为在历史上起作用的"力量""下定义或用抽象的词语表述它们，但人们可以看到并观察它们，并且对它们的存在产生一种同情"[42]。因此，历史表述的唯一形式是叙述体。兰克学派没有面对哥廷根历史学家们至少已经注意到的、关于选择及预见性方面的问题。这样，尽管德国科学学派强调对文献进行批判性考查，但它并没有大大削弱历史学所具有的意识形态职能，反而有助于使历史为民族和国内政治服务，使之日益发挥政治效

　　* 戈特弗里德·莱布尼茨（1646—1716），德国哲学家、数学家。"单子论"的创始者。——译者

用，这一点就不足为奇了。

对人类一切本质都可依其发展加以考虑，从而得到充分了解，与历史主义的上述观点相联系的阐释学方法可以应用于人类文化活动的所有领域。正如研究古典时期的历史学家——温克尔曼、尼布尔、伯克（Boeckh）*——所声称，历史的材料来源也不一定仅限于书面文献。正如德罗伊森所主张的，"所有能打动人的精神和通过五官加以表达的东西都是可以理解的"[43]。如果历史的范围被兰克及其科学学派缩小到研究国家的行动和基督教会的事务，这无疑反映了一些科学的乃至超科学的考虑。

坚持对文字材料进行批判性考查的主张摒弃了哥廷根学派过去的目的，即对普遍史进行科学论述。它把历史学家引向档案，而19世纪30年代以后档案的开放又推动了对欧洲国家政治史的研究。但正像阿列克西·德·托克维尔（Alexis de Tocqueville）**对行政集中化的研究所表明的，档案材料可以用于研究极其不同的问题。兰克对外交和军事事务的关注反映了一种政治哲学，这种哲学将国家视为"精神实体"，视为"上帝的思想"[44]，由不能简化为外部因素的内部发展原则所控制。国家的"特别趋势"首先表现为在与其他国家的冲突中追求自己的独立，这些国家迫使其"为了自我保护而组织起所有外部资源"[45]，因此，就产生了对外政策高于国内政策的观念，这一观念很好地论证了普鲁士官僚君主制的合理性。

从这一角度出发，代表整体利益的官僚政治国家对兰克来说也像对黑格尔那样，超乎于特殊集团的争斗之上。如果将民众支配因素引入政治决策过程，将会使国家偏离它所追求的伟

* 奥古斯特·伯克（1785—1867），德国历史学家，专门研究古希腊经济。——译者

** 阿列克西·德·托克维尔（1805—1852），法国历史学家，主要著作有《论美国的民主》《旧制度与大革命》等。——译者

大目标。用这个方式看问题，社会史的广阔领域就与政治史研究毫不相干了。政治领域，特别是外交事务这一关键领域，遵循其自身的内在规律，与社会领域和经济领域毫无关系，后两者深受政治干预的影响，并且只能在国家的范围内加以了解。随着政治事件的发展过程在国家文件中显而易见，它就为历史连续性提供了线索。兰克派学者的国家概念显示出一种类似于黑格尔历史哲学中所表达的、关于国家的乐观主义。兰克写道，"在历史强国的斗争中，仅仅寻找野蛮力量的作用将是大错特错"，"强国自身显示出一种精神实质"[46]。他在"政治学对话"中借弗里德里希之口评论道："但认真地说，你举不出多少次不能用来证明真正的道德力量取得最后胜利的重要战争。"[47]如果说兰克号召历史学家要公正无私，不进行道德评判，那么对于他来说，历史学家的"公正无私"就存在于对在历史舞台上为占据统治地位而争斗的客观"道德"力量的观察之中。[48]兰克的主张"每一时代在上帝面前都是平等的"、"每一时代必须被视为自身合理的东西"[49]，因而不必按照字面意思来接受，因为，兰克同时将历史学家感兴趣的国家，比如说欧洲国家，同诸如印度和中国这类亚洲国家截然分开，这类亚洲国家的"古代是传奇般的，但是它们的状况不过是自然史的内容"[50]。对于兰克来说，而且的确对于大多数具有"科学"历史传统的德国历史学家来说，近代的发展方向似乎一目了然：新教大国，即德国和英国，所具有的政治和文化重要性在稳步上升，其君主制度仍为中产阶级的经济和文化发展留有余地；天主教和天主教世界，即法国，如日薄西山；法国大革命的传统最终遭遇失败。[51]

直到进入20世纪之后很久，兰克关于历史科学的概念在许多方面仍是德国史学的典范。这无疑部分地是由于这样的事实，即尽管在19世纪发生了深刻的社会变化和精神变化，德国仍然存在抵制这些变化的强大势力。兰克派学者关于史学的概念性

构思满足了对职业化和专门化的要求，满足了对科学客观性的
追求，又带来了集中注意政界名流的一种视角，但"不把运动
的原则"视为"革命"[52]，而是视为向近代国家的进化，这一国
家提供了法律面前人人平等的保障，提供了高效率的政府，执
行力图使资本主义经济摆脱陈旧的社团限制的政策。的确，在
德国统一之前，大多数拥护普鲁士的自由派历史学家——其中
有许多在兰克的研讨班里受过教育——拒绝兰克关于客观性的
思想。[53]他们把温和的自由主义与一种激烈的民族主义结合起
来，而兰克从未具有上述思想，因为他始终希望建立一种由保
守君主进行统治的旧欧洲秩序。但是，即使逐渐抛弃了兰克学
派的唯心主义哲学设想，基本的方法论前提仍旧岿然不动。在
许多方面，兰克学派关于国家高居于经济和社会利益之上的观
念依然保持不变。如果说各派历史学家在19世纪60年代早期普
鲁士宪法斗争中曾反对过俾斯麦（Bismarck）*，德国职业历史学
者在1866年以后反对社会主义者的斗争中，却聚集在俾斯麦的
身后了。在德国，"科学"学派的政治含义比在其他任何地方都
更加显而易见，而且这肯定与议会化的失败不无关系。历史主
义（historicism）**的阐释学模式很适合对社会主义进行批判，因
为它不承认社会分析是旨在进行编年体叙事的历史研究的合法
职能。

　　阐释学的历史主义方法绝不需要排除社会史。阐释学历史
方法可以应用于人类活动的所有领域，而正像我们所注意到的，

---

　　*　俾斯麦（1815—1898），德国政治家，曾先后担任过普鲁士王国的总理大臣
和德意志帝国首相，是所谓"强权政治"的鼓吹者。——译者
　　**　historicism一词，一译"历史决定论"，即指一种坚持事件的发展过程为不变
的规律或循环往复的模式所决定的历史理论，在卡尔·波普尔那里，historicism无
疑具有这种意思，这个词也被波普尔用来称呼黑格尔和马克思的历史观。但在另外
许多学者那里，诸如兰克、迈内克等人那里，historicism却往往具有其他或相反的
含义，所以这里只笼统译作"历史主义"。——译者

它的确得到了这样的应用，结果政治经济学、哲学、法律、文学、艺术研究以及语言学在德国全都变成了历史科学。19世纪中叶，德罗伊森在关于历史本质和历史方法的演讲中[54]，为从广阔的社会和文化方面探索历史提供了基础和理论，但他在自己的历史著作中却并未进行这样的探索。这一阐释学方法不需要强调政治活动和依赖国家文件，这些是19世纪史学研究的特征。在历史主义的范围内，出现了一个经济社会史的重要传统，它在古斯塔夫·施穆勒（Gustav Schmoller）*的著作和《古普鲁士族大事记》（*Acta Borussica*）中达到了顶峰。这一传统继续强调政治的自主性，将经济主要视为反映民族价值观的国家政策的一种职能，但在这样做的同时，它拒绝对某些最影响国家的要素进行认真分析，这些要素往往使经济史变为行政管理史、法律史和制宪史。卡尔·兰普莱希特（Karl Lamprecht）**在其1891年开始出版的《德意志史》（*German History*）中，试图把分析概念引入历史，尽管兰普莱希特本人具有强烈的民族主义信念，这一尝试还是遭到众人的怀疑，被认为帮助和慰藉了那些信奉社会主义的敌人。

兰克学派的"科学"历史模式当然没有垄断历史研究。19世纪上半叶，迅速发展的历史研究只在一定程度上受到德国范例的影响。尽管法国也日益强调档案研究，而且为了对档案馆和图书馆管理员进行职业训练，于1821年在巴黎成立了档案学校，但却缺乏兰克在其研讨班中所提供的对历史方法的严格训练。启蒙历史学对文化的持续关注在弗朗索瓦·基佐（François

---

   *　古斯塔夫·施穆勒（1838—1917），德国经济学家，青年历史学派的领袖。——译者

   **　卡尔·兰普莱希特（1856—1915），德国历史学家，主要著作有《德意志史》《历史学是什么》等。——译者

Guizot)*的著作中仍旧清晰可辨。在法国，对国内政治、公社的解放和新兴资产阶级的兴趣，在英国，对宪法斗争的关注，都反映了这些国家历史研究各不相同的政治环境和传统。但到19世纪最后30年，当科学学派的唯心主义设想广泛地失去了信任时，随着历史研究逐渐职业化和制度化——例如在法国，随着1868年高等研究实践学院的建立，在美国，随着19世纪70年代在约翰·霍普金斯大学引进哲学博士计划，兰克派的研讨班在世界上成为历史探究的普遍模式。[55]确实，这一趋势并不是全球性的，特别是在大不列颠，那里的大学抵制向专门化发展，继续认为自己的职能是教育有文化的上等人，这种旧文化传统的延续性依然不可低估。但随着在大部分西方世界以及在诸如日本这样的西方化世界，历史研究已经成为一种职业化的、以大学为中心的学科，它现在似乎进入了一个阶段，并非完全不像库恩描写的"常规"科学阶段。在这个阶段中，几代新学者受到职业基本概念和实践的训练，而几乎无暇致力于对科学的根本基础提出疑问。关于历史方法的教科书问世了，比如恩斯特·伯恩海姆（Ernst Bernheim）**的《历史方法教程》（*Lehrbuch der historischen Methode*）[56]和C. V. 朗格卢瓦（C. V. Langlois）***和夏尔·瑟诺博斯（Charles Seignobos）****的《历史研究导论》（*Introduction aux études historiques*）[57]，它们作为训练历史学家的指南，也作为用其他语言撰写类似教材的范

26

＊　弗朗索瓦·基佐（1787—1874），法国历史学家、政治家，曾任法国内阁总理，主要著作有《欧洲代议制政府的历史起源》等。——译者

＊＊　恩斯特·伯恩海姆（1850—1942），德国历史学家，主要著作有《历史方法教程》（莱比锡，1889）等。——译者

＊＊＊　C. V. 朗格卢瓦（1863—1929），法国历史学家，法国实证主义史学的代表人物。——译者

＊＊＊＊　夏尔·瑟诺博斯（1854—1942），法国历史学家。主要著作有《1360年勃艮第的封建制度》《法国史》等，他主要撰写政治史，并否认历史是一门科学。——译者

本，一直使用到20世纪。无论如何，我们必须强调，批判性历史研究并不一定要等待德国模式，早在1870年以前，法国的阿列克西·德·托克维尔、努马·丹尼斯·福斯特尔·德·库朗热（Numa Denys Fustel de Coulanges）*以及其他人，就展示了如何依据材料批判地撰写历史，但他们运用了与当时德国历史科学全然不同的概念和假设。

历史学术得自德国学派的与其说是其历史观，不如说是其历史研究技术。它对事实的强调，一旦抛弃了即使在德国也受到腐蚀的唯心主义假说，便很适合19世纪晚期那种经验主义的精神状态。文学性曾使19世纪伟大历史学家——不仅包括雅各布·布克哈特（Jacob Burckhardt）**、儒勒·米什莱（Jules Michelet）***、厄内斯特·勒南（Ernst Renan）****，托马斯·麦考莱（Thomas Macaulay）*****和阿克顿勋爵（Lord Acton）******，而且包括兰克和海因里希·特赖奇克（Heinrich Treitschke）*******——的著作富有说服力，而由于经过档案研究技术训练的新一代历史学家极端轻视历史著述的修辞学价值，这种文学性的重要程度就逐渐减弱了。[58]但是，德国史学的方法论不可能完全脱离它的理论前提。批判的文献学方法可以为极其不同的政治目的服务，

---

　　*　努马·库朗热（1830—1889），法国历史学家，主要著作有《古代城邦：古希腊罗马祭祀权利和政制研究》。——译者

　　**　雅各布·布克哈特（1818—1897），瑞士美术史学家和社会史学家，主要著作有《意大利文艺复兴时期的文化》等。——译者

　　***　儒勒·米什莱（1798—1874），法国历史学家。主要著作有《法兰西史》《法国革命史》等。——译者

　　****　厄内斯特·勒南（1823—1892），法国历史学家、哲学家、剧作家、散文作家。历史方面主要著作有《基督教起源史》等。——译者

　　*****　托马斯·麦考莱（1800—1859），英国政治家、作家。主要著作有《英国史》等。——译者

　　******　约翰·阿克顿勋爵（1834—1902），英国历史学家，曾协助创办《英国历史评论》杂志。——译者

　　*******　海因里希·特赖奇克（1834—1896），德国历史学家，主要著作有《十九世纪德国史》等。——译者

就像在法国被用于捍卫共和主义传统那样。[59]但德国以外的"科学"学派仍旧认为,官方记录中的词语证据可以重构政治进程,并以一种叙事形式加以呈现,一般无需诉诸参预政治决策的社会和经济因素进行分析。

3

可是,19世纪末20世纪初,在科学学派的成就达到顶峰 27 之际,它的理论假设也受到包括德国在内的几乎整个西方世界的严厉指责。几乎同时,德国的卡尔·兰普莱希特,法国亨利·贝尔(Henri Berr)*创办的《历史综合评论》(*Revue de synthèse historique*)、埃米尔·涂尔干(Emile Durkheim)**创办的《社会学年鉴》(*Année sociologique*)的撰稿人,美国的弗里德里克·特纳(Frederick Turner)***,以及诸如詹姆斯·哈维·鲁滨孙(James Harvey Robinson)****和查尔斯·比尔德(Charles Beard)*****等"新史学"的倡导者,都开始对19世纪晚期的历史科学提出疑问。这些批评者指责说,历史科学不再符合现代社会和当代科学的要求。他们对前工业化和前民主化时期那些具有优越感的预见提出疑问,而在这一时期,阐释学历史研究方法已经产生。关注于政治家、外交家和军人作用的历史在一定程

---

* 亨利·贝尔(1863—1954),法国历史学家。主要著作有《历史中的概括》等。——译者

** 埃米尔·涂尔干(1858—1917),法国社会学家、哲学家,孔德思想的继承者。主要著作有《社会分工论》等。——译者

*** 弗里德里克·特纳(1861—1932),美国历史学家,"边疆学派"创始人,主要著作有《新西部地区的兴起》等。——译者

**** 詹姆斯·哈维·鲁滨孙(1863—1936),美国历史学家、教育家。主要著作有《新史学》等。——译者

***** 查尔斯·比尔德(1874—1948),美国历史学家,主要著作有《美国文明的兴起》等。——译者

度上不得不被社会文化史取代，这种历史研究的内容是人民大众的生活，但不局限于个人的行动，而是试图分析不为人知的社会进程。与此同时，他们开始怀疑科学学派的客观主义，这种客观主义假定，历史世界对不怀偏见地进行研究的历史学家们展示自己。他们认识到，在某种程度上，对历史的认识取决于历史学家所提出的问题，因而对于历史来说，与其他学科一样，假设是必不可少的。历史本身必须成为一门社会科学；致力于描述一系列独特事件的阐释学方法将被一种更重视分析的研究方法取代，博采各门社会科学的概括性说法，以寻求历史解释。[60]

　　19世纪90年代的历史学家和哲学家们开始对历史方法进行激烈的讨论，这一讨论一直延续至今。它所涉及的不只是纯学术性问题，也反映了复辟王朝时期社会、政治和文化领域内的根本变化，正是在上述背景下，历史科学诞生了。传统秩序
28 和传统观点的重要部分长期存在，在一定程度上可以解释何以特别在德国，对历史研究的重新定向受到抵制。在德国，对卡尔·兰普莱希特《德意志史》一书反应之强烈，颇为令人惊讶，因为兰普莱希特的著作就浪漫主义形态学观点、民族精神以及并非完全不符合德国历史撰述传统的发展周期而言，造诣很深，但他的批评者们还是从他把研究重点由政治史转移到社会文化史上，以及他对发展"规律"的探索中，发现了对德国政治和社会传统的潜在威胁。

　　在德国，对传统历史的挑战因而具有意识形态及政治含义。在法国或在美国，这一挑战却不具有相同的含义。但力图捍卫德国历史科学阐释学传统的那些哲学家和历史学家的内部分裂，比当时他们自己所认识到的要深得多。[61]历史学家和哲学家都强调指出，试图理解（Verstehen）价值和意义的历史科学和文化科学同解释性自然科学不同。大多数历史学家——哲学

家威廉·文德尔班（Wilhelm Windelband）*也是如此——坚持信奉一种客观历史真实性，这就使得在探索过去时，并不带着反映探究者主观意向的问题和假设这一点成为可能。其他人，比如哲学家中的威廉·狄尔泰和海因里希·李凯尔特（Heinrich Rickert）**，以及历史学家奥托·欣策（Otto Hintze）[62]，如今同亨利·贝尔这类德国以外的传统"科学"历史编纂学的分析批判家同样认识到，以下观点是站不住脚的：对于那些从文献中思考事件过程的历史学家来说历史自己便会客观地呈现在他们面前。虽然他们坚决主张，对历史进行解释基本上依靠一些无法分析因果关系的有意义的整体，狄尔泰和李凯尔特还是承认，像所有文化科学家那样，历史学家不得不按照选择原则行事，这些选择原则把概念结构强加于历史主题之上。这样，历史在某种程度上也是一门分析科学，尽管是一门运用那些更注重历史个体独特性的概念的分析科学。在把解释的概念引入基本上依然是唯心主义的历史构想之后，马克斯·韦伯（Max Weber）***指出了他所认定的这一构想的基本错误，在这一构想中，作为对意义的表达，历史和社会现象的独特性阻碍了解释。他强调说，那种意向性（intentionality）因素使得有可能对社会行为进行测定（caculability）。尽管所有社会科学在性质上仍是历史的，但作为科学它还是要求严格的解释概念，这些概念考虑到人类社会的意义和目的，并提供了假设，即"理想型"（ideal type），以衡量事件的经验主义过程，这一过程与各种社会追求其目标可望遵循的发展线索相关。这样，就历史方法而言，代表各种

29

---

　　*　威廉·文德尔班（1848—1915），德国哲学史家、哲学家。新康德主义的西南学派的创始人，主要著作有《哲学史教程》等。——译者

　　**　海因里希·李凯尔特（1863—1936），德国哲学家，新康德主义的西南学派代表人物，主要著作有《自然科学概念构成的界限》等。——译者

　　***　马克斯·韦伯（1864—1920），德国社会学家。主要著作有《新教伦理与资本主义精神》等。——译者

思想流派的历史学家和哲学家，包括狄尔泰和欣策之类阐释学研究方法的捍卫者，直至强调概括的兰普莱希特和贝尔等人，都开始认同在历史话语中叙事有显见的局限。

　　这种认识意味着一套观念的衰落，而这套观念是德国历史科学传统的哲学基础。尽管有过绝望的时刻，科学学派的历史学家打心底对人性、对现存政治秩序的有益性、对欧洲文化的前景诸问题的看法都曾是乐观的。悲观的声音有趣地来自正统历史科学传统之外的学者们，他们，比如布克哈特和赫伊津哈（Huizinga）*，不再对历史进行线性的、发展的研究，或者像托克维尔和洛伦茨·冯·施泰因（Lorenz von Stein）**那样，把较广泛的社会范畴引入对欧洲历史发展的批判分析。在德国传统之内，唯心主义设想逐渐为博物学和生物学设想所取代；德罗伊森仍然把国家看作一个道义上的共同体，而不久之后，特赖奇克却把国家确认为强权（*Macht*）[63]。20世纪早期的"新兰克学派"历史学家们也是这样看的，他们试图依据兰克分析国际政治的权力平衡概念来证明德国海军主义（navalism）和殖民扩张的正确性。[64]在20世纪的发展使人们对欧洲文化是否拥有卓越地位提出疑问之前，对唯心主义基础的否定已经危及对历史发展统一性和方向性的信奉，而这曾是这一历史主义假设——历史是了解全部人类事物的钥匙，是文化的精髓和各门科学之王的基础。这时，历史变成了历史相对主义（historical relativism）。恩斯特·特勒尔奇（Ernst Troeltsch）***在20世纪初就可以谈论各种历史化所引起的危机，并在斯宾格勒的《西方的没落》（*Decline of the West*）出版之前写道，无论如何，关

30

----

　　* 约翰·赫伊津哈（1872—1945），荷兰历史学家，主要著作有《中世纪之秋》等。——译者

　　** 洛伦茨·冯·施泰因（1815—1890），德国社会哲学家、经济学家。——译者

　　*** 恩斯特·特勒尔奇（1865—1923），德国历史学家、社会学家。主要著作有《历史主义及其问题》等。——译者

于人类历史统一性的观点——对此他本人仍作为信仰问题来坚持——已不再是理智上非相信不可的了。他还写道，替代一种人类历史的是各种各样无法相互了解的历史。[65]

大学内历史学家的研究工作，仍旧大大落后于现代世界的根本结构变化和知识观的变化。传统历史编纂学产生的历史背景，以及随着历史研究的职业化，传统历史编纂学在世界范围内为众人接受的、已然变化甚大的背景，在新时代来临时变得令人难以辨认。这是一个广泛工业化的时代，一个政治革命和社会革命的时代，在这一时代中，昔日的高官显贵势颓力衰，欧洲不再主宰世界。知识界内容亦复如此。但历史研究的古典模式依然牢牢地控制着学术机构，直到20世纪下半叶以后，仍重复着19世纪历史编纂学中占统治地位的主题。这样，德国的民族统一、英国代议制政府的胜利、意大利的复兴运动，继续在历史研究中占有重要地位，这些研究像以前那样强调英雄和思想在政治变革中的作用，强调在民族共同体中一致见解具有的广泛基础。历史学家开始对历史发展的社会文化方面，诸如在屈威廉（Trevelyan）*的《英国社会史》（*Social History of England*）中，或思想方面，比如在弗里德里希·迈内克和贝奈戴托·克罗齐（Benedetto Croce）**的著作中，表示关注，但这种关注仍旧遵循民族政治发展的传统观念。 [31]

在欧洲历史编纂史中，第二次世界大战后的停顿看来比第一次世界大战后更为明显。1945年后，禁忌首先在法国和东欧开始被打破，然后更缓慢地，这一进程开始在大不列颠、意大利和联邦德国出现，由不同问题产生的替代性的历史研究模式

---

* 乔治·屈威廉（1876—1962），英国历史学家。主要著作有《英国史》《19世纪英国史》等。——译者

** 贝奈戴托·克罗齐（1866—1952），意大利哲学家。主要著作有《历史学的理论和实践》《精神哲学》等。——译者

开始发挥影响。日甚一日，历史研究开始填补自从19世纪末20世纪初以来加深的鸿沟。这是理论日益发挥重要作用的经验论社会科学与一种相对传统的历史学之间的鸿沟。尽管历史研究中的重新定向是深刻的，但彼得·赖尔最近描述18世纪和19世纪初德国历史学术根本变化的、库恩关于"科学革命"的概念，对此却不太适用。[66]没有任何新的"范式"能够像19世纪下半叶及20世纪初的兰克模式那样得到众多历史学家的认可，尽管兰克模式的影响也是十分有限的。相反，作为一个"范式"的替代，出现了一批范式，对于不同的史学流派来说，每一范式各自代表一种寻求更大科学性的研究模式，同时每一范式都与某些有关历史现实性的一般观念密切相关，这些观念反映了学术团体中不同的思想、社会和政治派别。在一定程度上，历史学与社会科学的关系如今被颠倒了。如果说19世纪，特别是在德国，文化科学受到历史主义假说的深刻影响，现在历史学家们开始把社会科学的理论和方法应用于对历史现象的考察。但是社会科学理论和方法的多样性在近来的历史研究的折中主义和多元论中有其对应的部分。

32

4

因此，为今天的历史研究归纳出一个共同特征，甚至要比归纳19世纪的历史研究更为困难，因为后者尽管存在思想和民族的界限，但它们都注重民族国家，都信赖国家文件，这反映出历史学家对于历史研究主题持有广泛的共同见解。当前，对于什么构成历史研究的主题，以及如何对这一主题进行学术探讨，在一定程度上已不复存在一致的见解，正如过去大部分职业所具有的社会和教育背景的一致性也已不复存在。但是，尽管存在尖锐的思想分歧，在当代历史学家，包括那些力图保持传统史学中许多阐释学观点和实践的历史学家中，还是存有某些共同点。对于历史主义的格言，即人类的一切都具有历史意义，如今的史学比传统的史学更为认真。它相对来说更重视历史的概念化，尽管让思辨历史哲学家或社会学家和人类学家去研究宏观历史学，但它还是经常试图把得自社会科学的、范围有限或范围适中的理论——正如我们将看到的，这类理论经常是大量的——应用于对历史形势和历史进程的局部分析。

　　但是，关于什么是"作为一种历史社会科学的历史学"的目的和方法，极为不同的见解活跃了现代历史学术，而且这些不同的见解反映了现代历史学家的认识兴趣和思想信仰是多种多样的。为了说明这一点，我们将作为一种"历史社会科学"的历史学概念区分为三种类型，它们在19世纪和20世纪的历史思想中再度出现，我们简单地把它们归纳为法则论的、阐释学的和辩证（马克思主义）唯物论的方法。这一区分并不足以把当代形形色色、各不相同的历史著作和史学思想分门别类，但它也许多少可以说明我们将在以后三章中加以讨论的历史学家们企图做什么。尽管对于有关历史知识的明晰的理论是否恰当不应估计过高，但我们在以下诸章中加以讨论的历史著述传统，一般要比昔日的传统历史研究更重视指导研究的理论假设。

　　这三种方向在19世纪都有自己的前驱。我们所谈及的兰克传统基本上属于阐释学。H. T. 巴克尔（H. T. Buckle）*可和伊波利特·泰纳（Hippolyte Taine）**等实证主义历史学家试图把一种探讨规律的方法引进对英国文明和文学的研究。马克思和恩格

33

---

　　*　H. T. 巴克尔（1821—1862），英国历史学家，主要著作有《英国文明史》。——译者
　　**　伊波利特·A.泰纳（1828—1893），法国著名学者。历史学方面的主要著作有《现代法国的起源》。——译者

斯则为撰写一种辩证唯物主义观点的历史提供了楷模。阐释学传统主宰着历史研究，实证主义和马克思主义传统只是在有限的程度上成功地沟通了历史概念化和历史证据之间的鸿沟，而且相对来说不太关注在沟通二者中所包含的方法论问题。反之，阐释学传统相形之下对概念和概括的价值评价最低，甚至将其否定。就强调历史现象具有独特性，因此无法进行抽象而言——尽管实际上它们完全无法避免抽象——德国"科学"学派的阐释学历史主义与后来受狄尔泰、韦伯和曼海姆（Mannheim）[*]影响的阐释学历史主义全然不同，对此，我们将要在下节论及。后者认识到，为了对表达人类意义的历史行为进行分析和理解，需要运用理论和概念，这一认识令阐释学历史主义同我们将在本节中加以讨论的其他两种方向更为接近。

34　　法则论方法涉及缩小研究人类现象的历史科学探究逻辑与自然科学之间区别的尝试。对这一见解的最系统表述存在于亨普尔（Hempel）[**]著名的覆盖律模型（covering law model）之中：

> 与在经验科学中的任何其他领域一样，在历史学中，对现象的解释在于将它纳入总的经验法则之下，而其是否正确的标准并非它是否符合我们的想象，不是它是否被置于引人联想的类比，或者是看它是否听来有理——伪解释（pseudo-explanation）也能符合上述条件——唯一的标准是看它是否依靠有关基本条件和一般规律的、由经验完全证实了的假设。[67]

---

　　[*]　卡尔·曼海姆（1893—1947），奥地利社会学家，主要著作有《意识形态与乌托邦》《自由、权力与民主设计》等。——译者

　　[**]　卡尔·亨普尔（1905—1997），德国学者，主要著作有《实验科学中概念构成的基本原则》《自然科学的哲学》等。——译者

可是，在这个绝对的表述中，正如亨普尔本人逐渐认识到的，覆盖律模型显得不太适合进行历史解释。的确，人们注意到，亨普尔告诉历史学家们，他们应该怎么做而非他们实际上做了什么。19世纪90年代，保罗·拉孔布（Paul Lacombe）[*68]和卡尔·兰普莱希特[69]在他们对当时传统历史编纂学的批评中曾争论说，所有科学，包括历史学，都从一种使用个性化方法并收集事实的前科学阶段，转变到一种试图按照综合性解释对这些事实加以说明的科学阶段。当时的学者（特别是19世纪的实证主义者，诸如奥古斯特·孔德、伊波利特·泰纳以及亨利·托马斯·巴克尔）曾试图系统阐述一种包括历史发展普遍规律的社会物理学；但做这类尝试的仍主要是那些思辨历史哲学家或社会学家，他们没有满足自己对于经验实证的要求。

20世纪，正如其他流派的历史学家一样，绝大多数新实证主义者不再认为历史是一个连续不断的进化过程。卡尔·波普尔于是强调"历史没有意义"，"没有人类的历史，只有无数关于人类生活各个方面的历史"[70]，并且认为说明历史的发展方向和使历史学发展为一种能预测未来的科学的企图不仅是无稽之谈，而且会带来危及人类自由的政治后果。但是，关于历史发展连续性的信念仍旧以一种更有节制的方式表现出来，"科学地说，唯一的社会史是计量史"[71]，根据这一观点，历史必须试图依据"可孤立的形式化因素之间的关系"建立一些可测的、"关于发展顺序的规律和准则"[72]。特别是在经济史、社会史和人口史中——较小程度上也在政治史中，比如关于对选举行动的研究——人们已试图构造计量模型，以分析某些相互隔离的、能够定量化的变量，并且使这些变量与其他诸如前工业化社会中的人口曲线和价格发展之类的变量建立联系。但这类

---

* 约瑟夫·保罗·拉孔布（1834—1919），法国历史学家、社会哲学家，著述甚多。——译者

模型对许多历史学家来说是不令人满意的，它们没有考虑到历史形势的复杂性和结构和独特性，没有考虑这些可测的现象所发生的富有意义的环境，即一种无法被简化为数量的环境。因此，亚历山大·格申克龙（Alexander Gerschenkron）*等经济史学家[73]对沃尔特·罗斯托（Walter Rostow）**关于工业化经济发展阶段的模式提出疑问，这些经济学家坚持认为，就英国工业化而言，导致工业"起飞"的条件，绝不存在于经济上较为落后的社会，在这些社会里，工业化发生较晚，而且发生在极为不同的政治、经济和技术环境里。在美国新经济史学家的研究中，存在着把经济过程从更为广阔的社会和政治环境中抽象出来的意图，因此，罗伯特·福格尔（Robert Vogel）***在其《铁路与美国经济增长》[74]一书中，试图凭借建立某些"假设演绎"体系（"hypothetico-deductive" system）对美国经济发展因素之一——铁路，加以分析，凭借上述体系，能够通过将可测定的事件和关系的实际过程与铁路不存在的模式加以比较，从而估量铁路对于美国经济发展的影响。

法国年鉴派的许多社会史学者试图以极其不同的方式来探索历史规律，而他们的努力被证明对于历史研究来说更富有成效，他们企图从经验性的、经常是定量化的数据着手，探讨使这些数据获得重要性的结构性内容。从表面看来，年鉴派历史学家的着眼点与美国心理历史学家的有某些共同之处，后者在探索构成社会与文化现象基础的潜意识结构****时，关注类似的东

36

---

    *   亚历山大·格申克龙（1904—1978），俄裔美国经济史学家，主要著作有《德国的面包与民主》《经济落后的历史透视》。——译者

    **   沃尔特·罗斯托（1916—2003），美国经济学家、政治家，主要著作有《经济增长的阶段：非共产党宣言》等。——译者

    ***   罗伯特·福格尔（1926—2013），美国历史学家、经济学家，主要著作有《美国经济史新释》《历史中数量研究的各个方面》等。——译者

    ****   原文为subconscious，即潜意识，是从精神分析学基本概念unconscious，即无意识发展而来的，即指暗中支配意识的一种特殊精神状态或领域。——译者

西。但这两种方法实际上是极不相同的。结构主义人类学家和历史学家的确随意使用了精神分析学概念，但美国的心理史学致力于研究具有历史意义的个人，比如路德、甘地或希特勒的传记[75]，并试图根据受某些心理发展规律支配的童年和青少年个性危机和从更广阔的文化与政治背景中抽象出来的代际冲突规律来解释他们的生平。诸如吕西安·费弗尔（Lucien Febvre）*或埃马纽埃尔·勒华拉杜里**之类法国结构主义历史学家的研究方法则远为广泛地文化化和人类学化。像威廉·赖希（Wilhelm Reich）和马克斯·霍克海默（Max Horkheimer）[76]这样的新正统弗洛伊德学者（Freudian）***实际上试图在社会和文化因素与家庭之间建立联系，但这些研究开始于20世纪30年代，相对来说对于美国心理史学影响不大，因为当心理史学把心理传记（psychobiography）****令人信服地同社会和政治史联系起来时，行动十分迟缓。

　　法国人类学和历史学领域的结构主义来自一个与心理史学极不相同的社会科学传统。尽管二者都强调一切精神生活的自然主义的和生物学的基础，结构主义却试图依赖明确的数据、可靠的"社会"事实进行工作；与此相反，精神分析学认为自己是一门基本排除定量化的、寻求理解的阐释科学。法国的结构主义人类学并不像它的某些批评者，如迪特

---

　　*　吕西安·费弗尔（1878—1956），法国历史学家，年鉴派创始人之一，主要著作有《大地与人类演进：地理学视野下的史学引论》等。——译者

　　**　埃马纽埃尔·勒华拉杜里（1929—2023），法国年鉴派历史学家，主要著作有《蒙塔尤》等。——译者

　　***　西格蒙德·弗洛伊德（1856—1939），奥地利精神分析学家。他所从事的科学研究事实上已脱离了单纯的精神分析范围，力图说明心理学、一般生物学、社会历史的过程和现象。主要著作有《释梦》《自我和本我》等。——译者

　　****　即指据心理动力学观点写的人物传记。——译者

尔·格罗[77]和阿尔弗雷德·施密特（Alfred Schmidt）*等人所说的那样，对历史学的作用充满敌意。年鉴派历史学家，包括那些极端重视经验方法和计量方法的历史学家，加入巴黎高等研究实践学院第六部——对此我们将在下一章详加论述——并非巧合，第六部也是结构人类学家、语言学家、精神分析学家和文学批评家，包括克洛德·列维–斯特劳斯、雅克·拉康（Jacques Lacan）**和罗兰·巴特（Roland Barthes）***等人的大本营，同样并非巧合的是，在第六部的历史学家、人类学家和语言学家之间，存在着密切的职业和私人联系。结构人类学家和结构历史学家们在对"无意识结构"的调查中联合在了一起。他们相信，这种结构构成所有制度和习俗的基础，并使它们协调一致。当然，假设这种结构存在，而且历史学家和民族学家都不能对词语证据做表面的理解，而必须将这一证据"解码"，并通过经常发生的现象、经济数据、社会关系、字的用法、艺术形式、象征，了解隐匿在背后的深层结构，上述种种在一定程度上可以用数量表示。

　　新实证主义者和结构主义者企图缩小历史现象与自然现象之间的根本区别，与之对立，一个重要的历史主义阐释学传统依然坚持重申历史学的独特性。然而，尽管以赛亚·伯林（Isiah Berlin）[78]等临时理论家们像兰克和文德尔班那样仍把历史学解释为研究个人的科学，但这已不是与新实证主义者或结构主义者的概括化方法争论的焦点了。如前所述，自从李凯尔特以来，历史阐释学传统的哲学捍卫者们已经认识到，当历史探讨意义深远的关系时，研究这类关系的历史科学就与

---

　　*　阿尔弗雷德·施密特（1931—2012），德国法兰克福学派哲学家，主要著作有《马克思的自然概念》等。——译者

　　**　雅克·拉康（1901—1984），法国精神分析理论家。——译者

　　***　罗兰·巴特（1915—1980），法国学者，主要著作有《符号学基础》等。——译者

其他科学一样必须使用概念。正如卡尔·曼海姆提出的，正是"意义"这一因素使人们有可能"将对意义的分析与社会学调查分析相结合，从而得出精确的结果，有朝一日，上述方法可能可以与自然科学方法相提并论"。曼海姆继续道，这一方法"还将具有这样的优点，即它不会认为意义领域是无法控制的，从而对其置之不理，相反，它会通过解释意义使研究更为精确"。[79]

但历史学及社会科学并不能像自然科学那样如"实"地再现往日或今朝的现实。这种现实是一堆乱七八糟的事件，只有从历史学家研究主题的概念化出发，事件之间的联系才变得显而易见。[80]根本说来，这些马克斯·韦伯称之为"理想型"的概念化与自然科学中使用的概念化是不同的。它们不研究规范化的关系，而探索"为现实生活中的积极目的而创造的思想模式"，这类模式所考虑的是具体历史环境中存在的意义和目的所具有的独特性。这些思想模式假定，不论个人还是集体都为追求某种目标而行动，因而所有社会行动中都包含着一种可测的因素，从而有可能概念化地系统阐述历史能动者或群体希望如何完美地为追求他们的目标而行动。尽管这些概念化并非直接来自经验观察，而是体现了历史学家和社会科学家用以深入理解人类行动的"智力统觉"（intellectual apperceptions）*，在一定程度上，它们可以为经验所证实。"理想型"的功能就是使历史进程的科学概念化与其经验观察过程可以进行比较，这样，尽管强调了历史环境中的意义因素——这些因素不能简化为逻辑实证论者或结构主义者设想的规范化关系，韦伯派学者愿意使用那些有时在一定程度上可以数量化的模式来研究历史变化的更广泛的结构关系。这种研究方法在原则上并不排除使

---

* 心理学上的"统觉"是指通过心理活动同已有知识经验的结合，从而更好理解事物意义的现象。——译者

用人类学和精神分析学的概念，但是，韦伯派历史学比新实证

39 论或结构主义历史学更加关心人类集体意识和意图对历史进程
中结构变化的影响。

我们希望在此探讨的第三个方向是马克思辩证唯物主义
历史方法。然而必须加以强调的是，在实践中，并非所有马
克思主义历史学家的研究方法都是辩证的，有许多人按照某种
假设工作，这些人的假设类似老的实证主义观念，把历史学看
作一门自然科学。由于谈到资本主义"趋势"具有一种导致必
然后果的"铁的必然性""自然过程的必然性"[81]，马克思自
己就为他人曲解其立场提供了理由。但在马克思的哲学和历史
学著作中有许多——尤其是在他的实际历史作品中也不少——
反对这种狭隘决定论的历史观点。20世纪20年代以来的马克
思主义理论家［卢卡契（Lukács）*、科尔施（Korsch）**、葛兰西
（Gramsci）***］，日益揭示了这样一个马克思，他强调有意识的人
类行为的作用，并认识到作为富有意义的人类行动领域，历史
与自然截然不同，而自然本身则在许多重要方面反映出人类的
也就是历史的活动。

毫无疑问，对于马克思和恩格斯来说，生产关系确实是历
史变革中最终决定性的因素。但生产关系本身则具有人类意
识的特征，对于坚持马克思主义观点的历史学家来说，重要
的是，一定要在不断变化的一套社会关系的框架里观察所有
社会现象和历史事件。但这种变化既不是自发的，如民主德国
《哲学辞典》[82]所说由"独立于人的意识而起作用的规律"决
定，也不仅仅由人的意志决定，而是"人与自然界都参与的

---

　　*　格奥尔格·卢卡契（1885—1971），匈牙利马克思主义哲学家、文学理论和
文学史家，主要著作有《青年黑格尔》《歌德及其时代》等。——译者

　　**　卡尔·科尔施（1886—1961），德国马克思主义哲学家。——译者

　　***　安东尼奥·葛兰西（1891—1837），意大利马克思主义理论家，意大利共产
党创始人之一。——译者

一过程"的结果。[83]但正因为历史并不是由"抽象而孤立的个人",而是由一种"社会关系的总和"[84]——这一社会关系的总和不仅具有内部结构,而且包含着内在的变化趋势——中生活和行动的人创造的,历史学家既不能满足于力求把握历史个体和集体独特性的阐释学研究,也不能满足于分析性历史学家所从事的经验论研究方法,即力图对那些不受人类自觉行动影响的、可以数量化的因素进行孤立的研究。与我们讨论过的当代史学思想的其他方向截然不同,大部分马克思主义观点[85]继续把历史视作使人类获得解放的过程。而且,它们把历史视为一种不仅试图解释世界,而且也试图变革世界的批判性社会科学,并认为自己根植于有助于变革的具体物质环境和政治环境之中。

马克思主义的历史研究方法在原则上使得阐释学方法的重要方面与经验分析方法的重要方面可能结合起来。像后者那样,它分析社会行为发生的结构环境。正如马克思在《资本论》中所论证的,它能够制定有关经济发展的中层理论,在这里是英国资本主义的模式,可以对这一模式进行经验性考查。正如埃里克·霍布斯鲍姆(Eric Hobsbaum)所说,"马克思的巨大力量在于他既强调社会结构的存在,也不忽视它的历史真实性,或换言之,它发生变化的内部动力"。[86]马克思主义学者使用的社会科学和历史学研究方法五花八门,极为不同,这使得无法对马克思主义传统进行全面的概括。正如我们将在第四章注意到的,大量马克思主义历史研究把马克思主义的问题、社会批判与严格的经验分析和文本批评方法结合起来。由于没有找到一个适当的、众人都认可的替代性研究逻辑,却企图丢开上述方法,困难产生了,但多数马克思主义历史研究,特别是不受狭隘的宗派教条主义影响的历史研究,已在计量分析法和质性阐释法二者中找到了一种平衡,既认识到

这两种研究方法的必要性，也明了它们的局限。由于坚持理论
与实践、政治信念与学术不可分割，并认为人是社会变革中的
积极因素，使得无法将历史简化为数量关系。因此，马克思主
41 义历史学家——比如于尔根·库钦斯基（Jürgen Kuczynski）*、
阿尔贝·索布尔（Albert Soboul）**、埃里克·霍布斯鲍姆，以及
乔治·鲁德（George Rúde）***——既强调意识的作用，也强调
"客观"经济因素的作用。这样，马克思主义者为一种有关结
构变化的广泛的社会史做出了重要的贡献，这种社会史也是分
析历史学家们关注的重点，而与此同时，他们还非常敏锐地注
意着结构中的机能失调和变化。因而他们有时对一种过于狭隘
的分析方法提供重要的纠正措施。

　　以下诸章在任何意义上都不企图对近来历史著述中最重要
的发展做出广泛而全面的论述，也不企图对上面讨论过的理论
方向进行说明。它们致力于再度明确，对于三派历史学家来说，
什么构成了历史科学，上述各派由于共同的设想和共同的传统、
在一定程度上也由于共同的制度性框架而各自松散地连为一体。
这三种研究方法并不是对历史理解或历史科学更高形式的继承，
它们代表了同时产生的、弥补传统史学缺陷的努力。本书第二
章将考察企图把分析模式应用于历史研究的一个范例——法国
"年鉴派"。该学派在史学研究中，既意识到了历史形势和发展
的独特性，也没有忽略历史中的结构关系。第三章将考察继承
阐释学历史传统的德国历史学家的努力，这些历史学家试图考
虑变化了的社会和文化条件，而这些条件使依赖阐释学假说的
德国历史编纂学传统发生了危机。第四章将分析用马克思主义

---

　　*　于尔根·库钦斯基（1904—1997），德国经济学家、社会活动家。——译者
　　**　阿尔贝·索布尔（1914—1981），法国马克思主义历史学家，主要著作有
《共和二年的巴黎无套裤汉》等。——译者
　　***　乔治·鲁德（1910—1993），英国马克思主义历史学家，主要著作有《历史
中的群众：英法民间骚乱研究，1730—1848》《法国大革命中的群众》等。——译者

范式替换阐释学方法和分析方法的努力，在谈及马克思主义时，我们将主要但并非仅仅注意西欧国家尤其是法国和大不列颠的马克思主义，马克思主义历史编纂学在这两个国家发展相对较晚，同时相对来说不受强大的共产党或社会党影响，这两个国家的马克思主义历史编纂学是对现代资本主义社会中某种紧张 42 关系的反应，是为纠正阐释学历史学或分析取向的历史学的缺陷所作出的努力。

本书的出发点是，批判性的史学史与批判性的社会文化史不可分割。但这种批判涉及对历史科学中逻辑缺陷以及视野局限的检验，这些局限本身就像历史学家用以探索历史的批判工具那样，是历史固有的。由于历史学家没有可以据以判断科学真理的阿基米德讲坛（Archimedean platform），同时由于学术认识的历史性，历史作品的历史本身，作为历史现实之中历史学家的连续对话，成为对历史的科学性进行批判检验的必不可少的材料。

第二章 《年鉴》传统
——寻求一种历史科学的法国历史学家们

1

　　历史学中法则论的探究模式并非新东西。它来自一种科学概念，这一概念假定科学探究的逻辑对于文化科学和自然科学都同样适用，假定"在历史中和在经验科学中一样，对现象的解释在于将其置于普遍的经验法则之下"。[1]如果"历史学家的工作仅止于叙述事件这种奇谈怪论在史学家中盛行"[2]，这仅仅是为了反映近代历史研究的前科学性质。

　　从孔多塞到新经济史学家，历史学家、社会学家和哲学家们往往提出这一要求：历史所寻求的是进行概括。诸如奥古斯特·孔德、亨利·托马斯·巴克尔或晚年的弗里德里希·恩格斯等人认为，人类行动受精神和物质规律支配，发现这些规律则是历史学家的任务。坚持阐释学传统的历史学家们长期以来反对对概括的要求，这不仅因为他们认为，这些概括缺乏充分根据，依据的是经验证据或对史料的批判分析，因而体现的是推测的而非学者的思想，而且因为他们认为历史学家的任务是发现每一事件的独特之处，即兰克所说的"万事万物的多样

性"。[3]兰克主张，每一种历史哲学的弱点都在于它试图使真实
的历史事件从属于某种学说。历史描述的是活生生的人。倘若 44
将概括强加于历史之上，"不仅历史中所有有趣的东西将一无所
剩"，而且"历史的所有科学根据也将荡然无存"。[4]

　　但是，在赞成一切概括的历史哲学与反对概括并坚持每一
历史环境中独具的特性应不涉及一般概念、直接根据其自身加
以了解的历史哲学之间，存在着一个中间立场。这一中间立场
主张有限地或范围适度地运用解释，来说明具体历史现象。这
种方法承认每一历史状况的独特之处，承认影响每一历史环境
的愿望、意图与意识要素，也因此承认历史学家需要"理解"
每一历史状况。

　　年鉴派在很多方面代表了这种中间立场。像某些批评者
那样把年鉴传统归入分析历史之列并不是完全正确的。[5]因为
年鉴传统的伟大历史学家们——吕西安·费弗尔、马克·布洛
赫（Marc Bloch）*、费尔南·布罗代尔（Fernand Braudel）**、罗
贝尔·芒德鲁（Robert Mandrou）***、雅克·勒高夫（Jacques Le
Goff）****和埃马纽埃尔·勒华拉杜里——都是彻头彻尾的历史主
义者，他们坚持必须如实了解每一时代，坚持历史学家必须反
对将历史现代化，坚持如果将发展理论或者方向明确的理论强
加于历史，便会导致对历史事实的歪曲。在这个意义上，年鉴
传统的伟大历史学家们对待兰克的名言"每一时代在上帝面前

---

　　* 马克·布洛赫（1886—1944），法国年鉴派历史学家，《经济社会史年鉴》
（现更名为《经济、社会、文化年鉴》）创始人，主要著作有《国王神迹：英法王权
所谓超自然性研究》《封建社会》。——译者
　　** 费尔南·布罗代尔（1902—1985），法国年鉴派历史学家，主要著作有《地
中海与菲利普二世时代的地中海世界》等。——译者
　　*** 罗贝尔·芒德鲁（1921—1984），法国年鉴派历史学家，主要著作有《法国
文明史》（与乔治·杜比合著）、《17世纪法国的阶级与阶级斗争》等多种。——译者
　　**** 雅克·勒高夫（1924—2014），法国年鉴派历史学家，主要著作有《中世纪
文明（400——1500年）》等。——译者

都是平等的"[6]远比兰克本人认真，这一名言并未使兰克对欧洲近代史上新教思想或多或少不可避免的胜利视而不见。由于他们关注每一历史环境的"全面性"，年鉴派历史学家的工作与美国新经济史学家和法国以让·马尔切夫斯基（Jean Marczewski）[*]及其团队为代表的"计量史"截然不同。这两派历史学家都试图把经济的部分从历史中分离出来，以便针对它运用假设推理的模式。[7]事实上，只有对德国历史学派的遗产加以考虑，才能理解法国年鉴派。年鉴派的"伟人们"都能阅读德文，马克·布洛赫实际上曾就读于德国。但更重要的是，法国历史研究本身深受德国学术成就的影响。确实，批判的方法产生于德国影响之先，但研讨班是对德国实践的直接模仿。当亨利·贝尔和吕西安·费弗尔摒弃狭隘的、以事件为中心的叙事史时，他们断言必须从原始材料入手，必须批判地检验原始材料，尽管他们对"什么构成史料"这一问题持有更宽泛的见解。

45

　　同德国历史学派一样，年鉴派历史学家认为，历史研究的目的始终是"理解"过去。但吕西安·费弗尔或马克·布洛赫所使用的"理解"（comprendre）这一概念从一开始就与阐释学传统的德文"理解"（Verstehen）一词具有完全不同的含义。[8]对于威廉·文德尔班或弗里德里希·迈内克来说，"理解"（Verstehen）与对因果关系的随意"解释"截然不同。与此相反，吕西安·费弗尔强调绝不能将对社会现象的"理解"（comprendre）降低为直觉"知识"（savoir），"理解"总是需要对社会现象的相互关系进行解释。在其具体表现中对人类行为加以理解，不仅没有排除对因果关系进行解释，反倒是令这一解释更加必要。

　　法德两国历史研究之间惊人的相似和深刻的分歧在一定程

---

　　[*]　让·马尔切夫斯基（1908—1990），法国经济学家，主要著作有《社会主义规范的危机？》等。——译者

度上反映了两国不同的高等教育制度和从事研究工作的不同的
制度背景。在某种程度上，法国高等学校的招生甚至比德国更
局限于社会精英。的确，在法国，大学的威望低于德国。19世
纪，法国于1896年以前没有大学。大革命废除了当时曾存在的
22所大学。在16个省城中，私立学院继续存在，但拿破仑立法
使之丧失了一切实际的自主权。它们"并非单纯致力于高等教
育的真正独立的机构"[9]，而主要地，至少就文理学院而言，是
为中学服务的机构，不仅授予教师证书（*license*），而且举行学
士学位（*baccalauréat*）考试。与德国大学相比，研究工作和对
学者的训练仍旧是次要的。不仅精神文化生活，甚至学术成就
也主要产生于学校之外。外省城镇的私立学院合并为省立大学
之后，只是部分改变了这种局面。在法国，重要的专门化高等
教育由特殊的学校，诸如创办于法国大革命之中的综合工艺学
院和高等师范学院这类享有盛名的高等学校承担。对于历史研
究来说，为训练档案人员于19世纪20年代建立的档案学院和精
英荟萃的高等师范学院是最重要的。[10]比起入学政策相对自由的
私立学院和其后的大学来，进入高等学校要通过激烈的竞争性
考试。高等学校所提供的优秀人才和团结精神是德国的大学望
尘莫及的。这类学校要求住宿，学生受严格纪律的约束。高等
学校的学生主要来自几所全国知名的供住宿的国立中学。虽然
高等学校的奖学金数额在数年中有所增长，但比起德国大学来，
富家子弟的比例仍然要大一些。弗里茨·林格（Fritz Ringer）*
断言："直至1930年左右，整个来说，在法国，高等教育或许不
如德国的平民化。"[11]

　　和德国一样，学校制度紧紧遵循着阶级路线。高小和师范
学校使中等阶级和下层阶级之间的社会差别长存，其作用在某

------

　　* 弗里茨·林格（1934—2006），德裔美国历史学家，与他人共同编有《现代
欧洲教育体系的兴起：结构变化与社会再生产，1870—1920》等。——译者

46

些方面类似德国的高等职业中学——而在许多其他方面二者又
47　并不相同——国立中学却是训练有教养的资产阶级人士的基地。
类似于德国的大学预备中学，他们力图灌输一种以研究经典著
作为基础的文化，而有意识地避免为职业生活做好实际准备。
但是，进入20世纪之后，法国就读于国立中学的学生比例仍旧
大大低于德国同等水平学校入学人数的比例。大学的入学情况
也是如此。正如我们即将看到的，极力强调学习古典名著和对
现代文化的怀疑态度甚至在具有年鉴派倾向的历史学家身上也
留下了痕迹。

设立高等学校的原意绝不是使之成为研究与训练二者兼顾
的中心，这是19世纪早期洪堡改革之后德国大学渴望达到的目
的。高等学校是为社会生活培养精英的中心。与一般的想象全
然相反，德国历史学家也深深地卷入政治生活。而在法国，学
者——在历史学家中我们仅仅需要提及基佐、米什莱和梯也尔
（Thiers）*——在更大程度上被视为世俗之辈，一心从事公共政
治活动。法兰西学院（创办于1530年，其历史和道德讲座设立
于1769年）最接近于研究机构，它拥有出色的教职员，所讲授
的课程对公众开放，不举行考试，不授予学位。

大学教育改革和研究专业化运动越来越多地从德国找寻榜
样。高等研究实践学院于1868年的成立及其专门进行历史和
语言学研究的第四部的建立，对于历史研究的转变意义重大。
高等研究实践学院脱离大学，独立发展。它不举行考试，不讲
课，指导工作在模仿德国模式的研讨班中进行。随着引进德国
研讨班方式，它便基本上不加批判地接受了德国的阐释学方
法。在法国，历史研究——同当时美国的情形相同——与兰克
传统融为一体。夏尔·朗格卢瓦和夏尔·瑟诺博斯合著的《历

---

*　阿道夫·梯也尔（1797—1877），法国政治家、历史学家，七月王朝时曾任
部长和总理。主要著作有《法国革命史》《执政府和帝国时代的历史》等。——译者

史研究导论》（1898）[12]一书是法国几代学生学习史学方法的　48
标准教材。表面看来，它强调无书写文献就无历史，以及它处
理文献的程序似乎深受德国历史研究的影响。但是，对此书和
瑟诺博斯所著《历史方法在社会科学中的运用》[*La Méthode
historique appliquée aux sciences sociales* （1901）][13]一书仔细研
读，就可看出与德国学派相比，作者更为明了历史学家需要系
统地提出问题并进行假设，更愿意承认概括和社会因素在历史
解释中的作用。而且，1870年民族灾难之后，在法国，新型批
判史学兴起的政治环境也不同于德国。这种"新型史学"的研
究者是诸如加布里埃尔·莫诺（Gabriel Monod）[*]、欧内斯特·拉
维斯（Ernest Lavisse）[**]、夏尔·瑟诺博斯和夏尔·朗格卢瓦这样
一些历史学家。他们公开承认历史科学的政治作用，希望以法
国革命的民族信条取代爱国主义的神学基础和王朝基础，而后
者是与君主制密切相关的。[14]然而，尽管他们批判德国的历史
学术思想，认为其方法太局限于文献学，太不注重认真地进行
历史综合，但是他们在自己的著作中为一种以事件为中心的历
史提供了模式。这种历史几乎完全从官方文件出发，以政府的
眼光来观察欧洲国家的政治史、军事史，这与其德国前辈毫无
二致。

　　法国的历史研究机构所采取的促进学术一致性的方式与在
德国盛行的方式无甚区别。国立中学和高等学校精挑细选的招
生方式有利于社会和教育背景相似的考生。然而，高等学校中
与德国的"学院式自由"截然不同的严格的生活和学习纪律，
看来并未阻止政治观点的分歧。而且，在法国，共和主义传统　49

---

　　*　加布里埃尔·莫洛（1844—1912），法国历史学家。与人共同创办《法国史
学评论》。主要著作有《墨洛温王朝史事》《德意志与法兰西》等。——译者
　　**　欧内斯特·拉维斯（1842—1922），法国著名历史学家。主要著作有
《德意志帝国史》《欧洲政治史》，并主编《法国通史》18卷，《当代法国史》9
卷。——译者

保证了在大学中能够抒发更为多种多样的政治见解。犹太人也
并未像在德国那样被排除于学院职位之外。但是，法国征聘教
授的方式无助于方法论上的创新。年轻的学者们在为获得国家
博士学位而雄心勃勃地完成论文的同时，直到中年，一直依赖
自己的导师。为获得教授职位的任命，国家博士学位通常是必
不可少的。但是，在法国，社会学中实证主义传统对历史主义
研究方向的挑战以深深地扎根于19世纪的思想、在法国学术结
构中具有坚实的基础的社会学实证主义传统的方式存在。[15]社
会学家和哲学家首先对历史学家的历史主义提出了意义深远的
挑战。

　　根据法国实证主义传统的观点，符合兰克传统的知识理论
似乎是非理性和不科学的，因为实证主义的科学概念假定所有
论述都能够具有众人所认可的确切性。而阐释学传统承认，在
批判地验证史料时，这种确切性可能存在，但在对历史的来龙
去脉进行理解时则不然。例如，对于狄尔泰来说，亲身经验
（ *Erlebnis* ）是判断真实性的终极标准。自孔德以来的法国实证
主义者承认自然科学和历史的主题各不相同，却又主张无论是
研究人类还是自然科学都有着相同的逻辑。对于20世纪法国历
史研究的分析传统来说，埃米尔·涂尔干或许是社会科学实证
主义概念最重要的传播者。涂尔干的知识理论[16]之所以对于我
们具有特殊的意义，因为这一理论的重要方面为马克·布洛赫
所吸取——吕西安·费弗尔在一定程度上也是如此——并通过
布洛赫成为年鉴派知识遗产的一部分。与德国历史主义截然不
同，涂尔干和布洛赫都从一个假设出发，即个体只有在社会的
范围内才能被理解，而这一社会通过具体形态表现自己，这些
具体形态与自然现象极为相似，能从外部进行观察。

　　从这一立场出发，《年鉴》的奠基者之一马克·布洛赫日
后对以下观点提出疑问，即传统历史学家的主张"对过去，即

使最遥远的过去的观察也总是间接的"，只能通过那些必须首先加以"理解"的文献。[17]布洛赫同意阐释学派，认为"归根结底，人的意识是历史研究的主题"，还认为，比起对主观意愿一无所知的自然界来，历史"总是必须研究那些能够自觉追求目标的人。历史学家必须"理解"它们。[18]但是，历史学家或社会科学家并不注重孤立的个人的意识内容，或者甚至由个人组成的小团体的意识，而是关注反映社会规范的具体的社会行为方式。这样，历史学家和社会科学家探讨的是往往能够不借助于书写文件而直接观察的"社会事实"（涂尔干用语）。个别事件或意识的特殊内容只能从文字或口头叙述中间接地加以理解，这是可以想象的。但社会结构在具体的风俗遗迹和物质遗迹中表现自己。因此，布洛赫否认瑟诺博斯关于无文献就不可能有历史的论断。[19]历史学家探索过去的具体痕迹。传统历史学家所用的书写文献，绝大部分只是二手材料，这些材料对于科学或学术的目的来说是不够的，因为它们通过观察者的主观反映事件。只有当其本身为观察意识结构、社会心理提供了材料，或者——比如就法律或商业文件而言——它们构成社会活动的具体组成部分，它们才能被视为原始材料。然而，涂尔干和布洛赫均不相信现实会轻易地展现在被动的观察者面前，不论自然的还是社会的客观现实，都只回答研究者所提出的问题。因此，科学绝不能排除询问、选择、分析或抽象。像涂尔干在他之前曾经做的，布洛赫就这样将研究重点从个别转移到整体。

2

年鉴派的实际历史并非开始于1929年《经济与社会史年鉴》杂志创刊之时，在一个重要的意义上，比这要早得多，即以亨利·贝尔于1900年创办《历史综合评论》为开端。吕西安·费弗尔于1907年，马克·布洛赫于1912年参加该杂志的工作。《历史综合评论》产生于19世纪90年代对于遵循德国模式的传统历史研究的批判态度。涂尔干的杂志《社会学年鉴》成为这一批判的中心之一。涂尔干本人和弗朗索瓦·西米昂对主宰法国高等教育的政治事件史发起了进攻。[20]

作为一名严格意义上注重历史理论的哲学家，亨利·贝尔认为涂尔干的社会学与历史不同，但同意他"所有科学都进行概括"[21]的观点。他主张，没有理论，就不可能有科学，也不可能有历史科学。贝尔认为《历史综合评论》的宗旨之一是讨论历史科学理论的各个层面，但这一理论应致力于经验观察，与推论性的历史哲学截然不同。他认为那些将历史的任务只限于对个别事物及其变化进行考察的历史学家忽略了这一事实，即没有以某些历史规则为前提的选择标准，历史将是一片混乱，历史科学就不可能存在。与自然科学一样，历史也得考虑"相似性、再现性和一致性"，尽管上述种种并不构成全部历史，尽管规律并不被认为是绝对必要的。[22]对于贝尔来说，在历史科学中和在自然科学中一样，必须采用从属于某些逻辑法则的理解方法。[23]这两类科学都需要假设。分析与综合是不可分割的。[24]他写道："积累事实并不比集邮或搜集贝壳更具有科学价值。"[25]个别历史学家不能完成历史综合的任务，这需要成批的调查研究者。[26]当历史开始进行解释，而非满足于叙述之际，历史才成为一门科学。虽然历史学家必须将历史现象中的独特性和个别性铭记在心，但无比较就无解释。有意与尼采相反，贝尔强调指出："历史丧失了与生活的联系并非因为它太科学，而是恰恰相反，因为它还不够科学。"[27]

1920年，亨利·贝尔所创办的重要丛书"进化与人类"开始问世。这部至今仍在出版的丛书体现了历史撰述的新方向。

它与欧内斯特·拉维斯所编的18卷本《法国史》（*Historie de France*）[28] 显然不同，尽管仍将重点放在欧洲，但不再以事件为中心，也不对民族国家的政治史按编年顺序撰写，而是企图将社会和文化史置于中心位置，分主题探讨。

吕西安·费弗尔的著作《大地与人类演进：地理学视野下的史学引论》[29] 在理论上对贝尔的思想做了重要的进一步发展。该书于1922年问世，贝尔写了前言。在这部书中，费弗尔强调指出历史与地理之间的密切联系，但同时着重驳斥了德国地理学家弗里德里希·拉采尔（Friedrich Ratzel）* 所提出的地理决定论。费弗尔赞成法国人保罗·维达尔·德·拉·布拉什（Paul Vidal de la Blache）** 所提出的"人文地理学"概念，即认为地理环境无疑构成了人类活动框架中的重要部分，但是人本身也参与塑造了这一环境。费弗尔强调指出，在过去的数十年中，有关地理和历史的基本概念发生了巨变。他发现，当他写作时，历史学家和地理学家已不再仅仅对"过去各国人民的政治、法律和宪法结构，或军事及外交事件感兴趣。他们关心人民的全部生活，他们的物质文化和精神文化，他们的科学、艺术、信仰、工业、贸易、社会划分和聚集的全部发展"。[30]

在费弗尔于1912年出版的名为《菲利普二世和弗朗什-孔泰》[31] 一书中，他已为这样一种历史做出了贡献。在这部书中，他对弗朗什-孔泰这一地区历史并非做了纯粹地理性的关注，而是将其视为一定时期内的一个历史区域。研究的目的是调查一次危机，这次危机同时表现为"外省特权与天主教专制主义"的政治冲突，贵族与资产阶级之间的社会经济对抗以及新教与天主教之间的宗教斗争。在这部书中，费弗尔力求重现"弗朗什-孔泰这一政治实体的内部生活"，写出一部政治史，"探明

53

* 弗里德里希·拉采尔（1844—1904），德国地理学家。——译者
** 保罗·维达尔·德·拉·布拉什（1895—1918），法国地理学家。——译者

外省平庸生活和社会秩序变化中所存在的人类能动因素，这些
因素是模糊不清、深藏不露的"[32]，因而是那些致力于外交史、
军事史和宗教冲突的饱学之士根本无法揭示出的。费弗尔避免
使用结构一词，他承认，伟大人物曾影响历史，但他依然主要
关心政治、社会和精神结构的变化。他否认社会实体中任何个
别成分——经济的、宗教的、政治的或地理的，具有首要作用。
他认为，上述成分形成一种合力，它和贵族与资产阶级的生活
方式不可分割。他开始对价格、收入和人口增长产生兴趣，用
54　这些说明他的观察。在费弗尔对某一时代和某一地区的"全部
生活"进行的调查中，引人注目地忽略了下层阶级的人民。

　　在费弗尔的后期著作——关于《马丁·路德：一种命运》
[*Martin Luther, un destin* (1928)]*的研究，尤其是在他《十六
世纪的无信仰问题：拉伯雷的宗教》[33]这部巨著——中，重新显
示出这种对上层阶级的倾心关注。在后一部书中，费弗尔并不
试图以迈内克或克罗齐的方式写一部思想史，而宁愿去分析一
种精神状况，一种心态。他注重知识阶层，比起他关于路德的
著作来，在这部书中，对知识阶层的观察相对脱离了社会和政
治力量。费弗尔考察了将拉伯雷视为无神论者的假设，这一假
设构成大部分拉伯雷研究的基础。费弗尔认为，凭借我们所掌
握的材料无法判断这一假设的真伪。然而，我们能够判断在拉
伯雷的时代是否可能成为一个无神论者。[34]费弗尔在书中从彻底
历史主义的立场出发，假定每一时代都有其独特性。他认为关
于拉伯雷是无神论者还是不信教者的问题是"不历史的"。他强
调指出，"全书都是为了反对这些错觉和时代错误"。[35]在拉伯雷
的时代，信仰和无信仰，希腊哲学和基督教、自然科学和神学
彼此不能截然分开。费弗尔试图一方面以传统的方式，通过对

---

　　*　原文如此，与本章注释33不同。——编者

原文进行阐释学的考察；而另一方面借助"语言考古学"，即在概念和句法的基础上考查一个时代的"精神工具"，从而证实这一点。[36]

费弗尔的后期著作更为注重意识，而布洛赫则日益强调意识在其中表现自己的物质结构，他的第一部重要著作《国王神迹：英法王权所谓超自然性研究》（1924）[37]涉及集体心理问题，即由于国王们通过触摸便能医治瘰疬的神秘功能，而产生的对国王实际能力的信仰，以及将这种信仰等同于中世纪的王权概念的问题。布洛赫所著《法国农村史》（1931）[38]一书甚至在更 55 大程度上是历史编纂方法的一个突破，它将涂尔干关于社会事实的概念转变为历史研究的工具。布洛赫的出发点不再是对文献进行阐释学的解释，而是对过去的物质遗迹进行考古学的分析。与传统的农业史相比，布洛赫不从司法和制度关系入手，而从实际从事的农业出发，对田地类型、收获制度和耕作技术加以考虑，试图重现中世纪以来的农业社会史。他认为，这部历史需要使用一种"复原法"：我们所占有的最近期的资料再借助于考古学材料，使我们能够对有关更遥远的过去的农业结构得出结论。为了更明确地确定这些结构所独具的特性，同样需要使用比较方法。与费弗尔不同，布洛赫不热衷于研究权贵、富豪或有教养的人，而关心农奴和农民。同样与费弗尔不同，布洛赫对历史变化问题，在这里，即对于中世纪以来的农业和乡村生活的延续和发展问题具有远为强烈的兴趣。

在布洛赫的综合性巨著《封建社会》[39]一书中，他以这样一种观点观察封建主义，这种观点既完全不同于从军事的角度理解封建主义的传统研究，也完全不同于马克思那种将封建主义视为一种社会生产方式的概念。布洛赫在此试图再现他所谓的"整体社会环境"。封建主义被表现为时代社会风尚和精神结构不可分割的一部分。而在这一精神结构中，工作方式和思想方式、统治和依附关系、贫富之间的关系紧密地交织在一起。通过比较主要是欧洲，但也包括其他地区的封建主义的不同形式，布洛赫试图把封建主义这一概念重新定义成一种社会形态。他分主题撰写，只是部分采用编年体。与费弗尔的后期著作不同，布洛赫主要关心社会结构的兴衰。然而，他并不自命拥有一种对历史性变化进行解释的模式。在这一方面，布洛赫的方法仍是叙述性而非解释性的，尽管他致力于描述复杂的社会结构而并非对事件加以叙述。

56

3

　　《经济与社会史年鉴》是1929年由吕西安·费弗尔和马克·布洛赫共同创办的。我们可以把《年鉴》*的历史划分为两个时期。前一时期到1945年为止，在这一时期，勒华拉杜里所谓的"结构定性史"（qualitative structural history）占有统治地位；后一时期开始于1945年以后，在后一时期，"'情势'定量史"（quantitative history of "*conjonctures*"）在并未完全取代旧方向的情况下，逐渐取得突出地位（《年鉴》反复运用的这个术语"情势"，翻译起来十分困难。由于它是从经济学家那儿借来的，它兼有趋势和周期的含义。）这两个时期之间也存在着制度上的显著不同，《年鉴》诞生时组织上的多样化有助于《年鉴》研究方向和方法的变化。1945年以前，由费弗尔和布洛赫编辑的这本刊物居于突出地位，他们当时——费弗尔到1936年，布洛赫到1939年为止——仍待在斯特拉斯堡。即使在这一时期，《年鉴》杂志也不完全等同于"它的伟人们"，而某些年鉴派历史学家们却这样认为。从一开始，《年鉴》就为社会史中的新方向设立了

---

　　* 该刊物前后名称不同，在这里以《年鉴》作为该杂志的统称。——译者

一个国际论坛。此后，战争成为转折点。布洛赫是犹太后裔，因而不得不离开巴黎，在抵抗运动中作战。1944年6月，他被盖世太保作为人质处死，而费弗尔在巴黎继续出版这一刊物。在躲避纳粹的时候，布洛赫写下了他关于历史科学本质的重要反思《为历史学辩护》[40]——一部未竟之作，以及他对法国1940年大溃败的分析《奇怪的战败》。[41]他相信，失败的原因在于作为法国领导阶层特性的知识及精神的僵化和狭隘。而法国史学 57 家的思想和实践也反映了这种狭隘性。

　　战争和抵抗运动有助于法国学术的重新定向。布洛赫曾在其《奇怪的战败》中驳斥过传统的法国思想和学术观点，他的这种批判态度为战后时期一代年轻学者们所继承。《年鉴》于1946年更名为《经济、社会、文化年鉴》(*Annales, Économies, Sociétés, Civilisations*)。1947年后，它的发展与一个机构即1947年建立的高等研究实践学院第六部密切相关。这一机构由吕西安·费弗尔领导，在1956年费弗尔逝世之后，则由费尔南·布罗代尔接任，直至1972年后者退休为止。正像我们曾经指出过的，就是在这个建于1868年的高等研究实践学院里，首先按照兰克模式在研究讨论班里培训历史学家。高等研究实践学院新建的第六部是社会科学跨学科教学和研究中心。第六部的成员中不仅有历史学家，而且有结构主义人类学家和语言学家——包括克洛德·列维-斯特劳斯、罗兰·巴特、皮埃尔·布迪厄(Pierre Bourdieu)*以及其他人——还有经济学家、地理学家和社会学家，它目前已成为法国社会科学和历史研究中资金最充裕、作用最大的中心。尽管在1945年以前，《年鉴》曾反对以瑟诺博斯事件史为代表的历史学权威派别，但现在《年鉴》自己也成为权威派别了。杂志的新名称表示了编者的信条：历史学和社

---

　　*　皮埃尔·布迪厄（1930—2002），法国社会学家、主要著作有《国家精英》《反思社会学导引》等。——译者

会科学不能再相互隔绝了，二者得在一种"人的科学"中得到
结合，这种"人的科学"探讨结构和历史现实中的动力。

费弗尔和布洛赫的著作不仅就时间而言，而且就方法论来
看，都属于前一个时期。20世纪三四十年代的《年鉴》杂志同
样属于这一时期。布洛赫和费弗尔在杂志创刊号中保证，这个
58 新杂志将摧毁那堵把历史研究同社会科学及经济学隔绝开的高
墙，并将不用"长篇理论文章"，而用"事实和例子"来做到这
一点。[42]布洛赫和费弗尔实际上遵守了这个诺言。正如布洛赫在
为德国社会史学家格奥尔格·冯·贝洛（Georg von Below）* 撰写
的一篇批评性讣告中所说，需要更接近"人类现实"一些。由
于主要从法律和宪法方面考虑问题，冯·贝洛从未能把"政治秩
序、社会结构、心态、感情和思想间的紧密联系"讲清楚。[43]布
洛赫同意，不能把这些联系压缩为一个简单的公式。《年鉴》对
农业结构、技术、科学和精神的相互作用，中世纪以来贵族结
构和职能的变化，以及早期资本主义商业方式的发展进行了多
方面的调查。

比起以后的著作来，他们更注重研究19世纪特别是20世纪
的经济和政治问题：世界性经济危机、法西斯主义和社会主义、
现代特大都市以及发展中国家。年鉴派最感兴趣的是计量经济
史的出现。常有报告提到尚未利用的"私人"档案，这些档案
中就包含着计量社会经济史所需要的文件。他们从始至终都非
常强调社会经济史与心态史（history of mentalities）之间的密切
关系。《年鉴》之所以对早期资本主义商业活动感兴趣，不仅出
自一种经济观点，也因为对集体意识史的重视。费弗尔创办了
名为"字与事"的专栏，他试图在该专栏内研究"精神工具"
和社会经济现实之间的密切关系。20世纪30年代，《年鉴》开

---

* 格奥尔格·冯·贝洛（1858—1927），德国历史学家。——译者

始了延续至今的，对欧洲历史中巫术重要性的大规模讨论。

　　费尔南·布罗代尔的不朽论著《地中海与菲利普二世时代的地中海世界》[44]于1949年问世，此书在某些方面显示出一种变化，即对心态史的强调变成了对相对独立于人类活动的数量结构的"强调"。布罗代尔比他的老师吕西安·费弗尔，也比马克·布洛赫更为激进，他将历史时间分为三类，一种是几乎静止不变的、地质学概念上的时间，另一种是有关社会制度的"长时段"[45]，第三种是有关事件的"短时段"。特别是在1966年此书的第二版中，他的确强调过，地理和气候因素并不决定历史，而人们却在地理空间留下了他们的特征。[46]但与此同时他又强调巨大的社会结构如何强有力地抗拒着人类的干预，并在第二版中提出政治和思想文化事件——诸如战争、迫害犹太人、文艺复兴这样的文化运动——可能取决于局势的长期循环波动。[47]比起布洛赫或费弗尔，布罗代尔在更大程度上认为政治史索然无味，毫不相干。的确，他关于地中海的著作有三分之一专门论述19世纪晚期的政治、军事冲突，但布罗代尔拒绝在事件和结构之间建立联系。他争辩说，政治活动有自己的时间，即"短时段"。政治事件就像灰尘——荒唐无稽而且转瞬即逝。他在第二版中承认，他关于地中海的著作中有关政治的部分，"显然继承了"兰克意义上的"因循守旧的历史著述的传统"。[48]

　　在布罗代尔看来，对历史起决定作用的是长时段的发展。布罗代尔并不愿意看到这些发展被简化为现代行为科学所运用的数学抽象。作为一名历史学家，他对具体现实感兴趣，对"最具体、最平常、最工业性和从人的角度看最无个性特征的生活源泉本身"感兴趣。[49]20世纪60年代，布罗代尔依靠第六部，鼓动人们对广大群众日常生活的物质和生物学基础、对食物营养健康、服装、时尚、生产和阶级差别进行广泛的调查。[50]

　　"关于经济周期的计量史"首创于《年鉴》之外。尽管如

60　此，早在20世纪30年代，《年鉴》就极其注意对经济周期的国际性研究。20世纪50年代，他们又以极大的兴趣注视着历史人口统计学的发展；很快，数量经济学和人口统计学的方法便被融入年鉴派关于结构的概念之中。在经济史或社会史中，数量这一概念算不得新东西，但新型计量史与以前在历史撰述中利用统计数字不同，因为前者关心的不是对某种独特的历史状况加以描述，而是对社会或经济过程进行分析。新的计量史根据因果关系进行思考。数字被用来比较不同的变量，为了使这一比较成为可能，必须将定量的因素相互隔开，同时必须用原始材料重新构成长长的数量系列。这些包含着一个变量的数量系列常常延长到成百上千年，并显示出长期和短期的趋势和波动，因而这可与其他平行的系列加以比较，在每一个平行系列中，变量都被同样地相互隔开。因此，计量史被认为是一种"注重问题而非描述的历史"。[51]事实上，这样一部历史至少像传统历史科学那样批判性地处理原始材料，实际上，在某些方面甚至更富于批判性[52]，因为它对文字证据极为怀疑，并偏爱过硬的实验数据。在这些数据里，主观偏见的因素可以被更轻易地剔除。但它也十分自觉地认识到历史学家在带着问题处理材料和运用假设时发挥的作用。

　　直到20世纪50年代，第六部的历史学家们才开始认真地用计量方法工作，但早在20世纪30年代，年鉴学派就已经以极大的兴趣跟进厄尔·汉密尔顿（Earl Hamilton）、弗朗索瓦·西米昂（François Simiand）和欧内斯特·拉布鲁斯（Ernest Labrosse）*的工作。16世纪的价格革命是美洲贵金属在欧洲泛滥的一个结果，这是16世纪晚期让·博丹（Jean

---

　　*　欧内斯特·拉布鲁斯（1895—1988），法国年鉴派经济史学家，主要著作有《旧制度末期与大革命初期的法国经济危机》等。——译者

Bodin）＊所提出的老题目，汉密尔顿研究中的有趣之处[53]并非 61
将这个题目再度提出，而在于计量化。在西班牙档案馆工作
的汉密尔顿曾统计了金银流入的确切数量，然后用图表的方
式将它们逐年与物价的变化进行比较。根据物价和工资构成
的长系列，在20世纪初曾是涂尔干亲密合作者的西米昂[54]，对
15世纪以来的欧洲经济史进行分期。这些系列的数据显示出
表明价格上升的所谓长期A阶段和表明价格下降的B阶段，西
米昂将上述阶段同社会和政治变化联系起来。欧内斯特·拉
布鲁斯[55]则进一步改进了研究工资和价格的方法，并且调查
了物价变动对于法国大革命爆发的影响。这一工作后来为第
六部继续下去，拉布鲁斯则成为第六部的成员之一。在第六
部机构之内，或是在其鼓励之下，雄心勃勃的集体项目得以
推行，不仅试图重现关于价格和工资的计量史，而且试图重
现旧制度时期法国、西班牙和意大利的重要城镇和地区的生
产与贸易——例如，就像皮埃尔·肖尼（Pierre Chaunu）和
于盖特·肖尼（Huguette Chaunu）＊＊在惊人的十卷本论著《塞
维利亚与大西洋，1550—1650》[56]中所做的那样。依据塞
维利亚的档案，他们用数字表示大西洋上西班牙商船队的
商业纪录，因而比汉密尔顿更出色地叙述了西班牙的经济
周期。

　　20世纪50年代，第六部出版的大量图书开始问世：《港
口、道路、运输》（*Ports, routes, traffics*）、《货币、价格、情势》
（*Monnaie, prix, conjonctures*）、《买卖与买卖人》（*Affaires et gens
d'affaires*）、《人类与土地》（*Hommes et terres*）、《社会与文化》

　　＊　让·博丹（1530—1596），法国资产阶级政治思想家，主要著作有《易
于认识历史的方法》《国家六论》。——译者
　　＊＊　皮埃尔·肖尼（1923—2009）、于盖特·肖尼（约于1970年逝世）夫妇，法
国历史学家。主要著作有《塞维利亚与大西洋，1550—1650》等。——译者

（ *Sociétés et civilisations* ）。西米昂关于建立一个"在指导者监督之下、由助手们进行研究、技术雇员从事资料工作的社会科学实验室"的梦想已变成了现实，费弗尔在1936年的《年鉴》中也提到过这一梦想。[57]

　　正如乔治·勒费弗尔（George Lefebvre）*遗憾地指出的，人们可以指责20世纪50年代的计量经济史中没有"活着的、受苦受难的人"。[58]然而如果以此责备20世纪60年代的著作就站不住脚了，因为这些著作已逐渐将新的历史人口统计学方法引进到对经济周期的研究之中。历史人口统计学和对经济情势的数量研究一样，都不是第六部创造的。认真的历史人口统计学研究于20世纪50年代初在法国，60年代初在英国开始进行。[59]由路易·亨利（Louis Henry）发展的历史人口统计学与古典人口统计学不同，前者对人口统计被利用之前——在法国是1801年人口调查之前——的数据进行探讨，并通过堂区和赋税记录中生动的统计资料重新构成人口统计数据。[60]国家人口统计学研究所成为法国人口统计研究的主要中心，而剑桥人口与社会结构史小组，则成为英国此项研究的中心。从一开始，第六部的历史学家和国家人口统计学研究所的人口统计学家们之间就存在着密切的接触，稍后，他们与剑桥小组也建立了联系。

　　新的人口统计学方法避免对有关个人的具体数据做粗略的统计，并试图根据这些数据重新组成家庭，因而它所研究的更接近于对具体的人的研究。20世纪50年代，它注重于研究乡村。依靠抽样调查，相当快地做出一些努力，以了解地区或者全国规模的人口统计发展概况。人口统计学被引进对经济史和社会史的研究，人们不再像吕西安·费弗尔在其关于弗朗什－孔泰的论著中，或布罗代尔在其有关地中海著作的第一版中那样，

---

　　*　乔治·勒费弗尔（1874—1959），法国历史学家，法国大革命史研究专家。主要著作有《诺尔郡农民》《1789年大恐慌》等多种。——译者

主要关注那些用来阐明一个时代的统计数字。根据土地登记簿、赋税册、堂区记录以及诸如此类的东西，构成了长系列。欧内斯特·拉布鲁斯和德国的威廉·阿贝尔（Wilhelm Abel）[61]在20世纪30年代就已认识到人口因素对于技术落后国家中物价和工资发展的影响，比如说在前工业化时期的欧洲，在那里，农业经济仍比较稳定，但市场经济也已存在。注重人口统计的新经济史对于人们所长期信奉的假说，即贵金属的储备和货币的数量在价格运动中起决定作用，提出疑问。

　　新的人口统计学研究不仅直接有助于经济发展的理论，而且更为清晰地描绘了人民大众的日常生活。代表这一新方向的两部最重要的著作是皮埃尔·古贝尔（Pierre Goubert）所著《1600—1730年的博韦和博韦西地区，对17世纪法国社会史的贡献》[62]和埃马纽埃尔·勒华拉杜里所著《朗格多克的农民》。[63]这两项研究的目的是撰写一部在一定时期内某一地区的"整体史"。[64]二者均从马尔萨斯（Malthus）*模式入手，这一模式由古贝尔所谓的人口统计结构控制[65]，在这一结构中，生物学因素仍是决定性的，生产力不太发达，但已存在着一种市场经济，以至于物价变动和人口增长导致贫穷化并加剧了阶级冲突。这两部书也许是认真撰写一部布罗代尔所呼吁的"物质文化史"[66]的最初尝试，即探讨生物的、地理的，甚至气候因素（收获、瘟疫、营养）、衣着与时尚、生产手段、商品和财富的分配的经验计量历史。然而，马尔萨斯模式被视作处理经验数据的工作方法，而不是强加于历史学之上的现成理论。为整理土地登记簿、教堂记录和赋税册，人们再一次进行了艰苦的档案工作。

　　在由这些材料构成的长系列中，显然，社会精神因素限制了生物性因素的决定作用，并且影响着经济过程。古贝尔的统

63

---

　　* 托马斯·罗伯特·马尔萨斯（1766—1834），英国政治经济学家，以其人口理论而闻名。主要著作有《论人口原理》《政治经济学原理》等。——译者

计数字表明，博韦西（他曾分析过的巴黎以北地区）妇女的生
殖力绝非遵循一种纯粹的生物性周期，而是显示出地区性差异，
并且反映了严格的天主教性伦理的影响。古贝尔的研究首次清
晰地描述了17世纪法国一地区中的家庭结构、土地所有权分配、
64   资产阶级的确切作用、农村贵族的危机及被剥夺继承权者的状
况。但他在"整体史"中有意识地不对制度和心态进行分析。
在古贝尔的《1600—1730年的博韦和博韦西地区，对17世纪法
国社会史的贡献》一书中，政治冲突和宗教冲突的作用微乎其
微。有趣的是，布罗代尔严厉批评了古贝尔的研究，并且认为
古贝尔过于脱离当时的一般历史去观察博韦西，他太注重结构，
而过少地涉及变化，有时还忘记"统计方法不过是辅助科学，
基本工作还在于修建历史这座大厦本身"。[67]

　　勒华拉杜里在对精神危机的研究方面向前迈出了可喜的一
步。在《朗格多克的农民》一书中，他密切结合人口和食品危
机以及由此引起的阶级冲突，对法国南部这个地区的新教历史
进行研究。特别有趣的是，勒华拉杜里试图利用精神分析学概
念对1517年狂欢节期间法国南部罗马天主教城镇中发生的宗教
和阶级的流血对抗进行分析——同时据此分析了17世纪末和18
世纪初法国南部以淫虐狂和食人肉为象征的，信奉千禧年的暴
动——而这些都被放在一种经济困难和迫害新教徒的具体环境
里进行分析。比起古贝尔，勒华拉杜里甚至对某一地区发展趋
势的观察在更大程度上脱离了法国和欧洲的总体。古贝尔还承
认王室的税收政策对某一地区经济生活的重要性，勒华拉杜里
却认为在讨论朗格多克的经济史或宗教史时，可以忽略中央政
府的作用，因为按照他的观点，16和17世纪，法国君主制对
这个地区的影响不大。由古贝尔、勒华拉杜里、勒内·贝瑞尔
（René Baehrel）[68]及其他人所做的这类调查虽然仅仅局限在地区
65   范围之内，但是对一种包罗万象的欧洲社会经济史做出了重要

的贡献。这种社会经济史运用比较方法和人口统计方法，在对法国、波兰、英国及其他各地进行广泛的地区性研究的基础之上，正缓慢地发展起来。无论如何，君主政体和其他国家机构是否像勒华拉杜里和古贝尔所设想的，对于当地的社会发展完全无足轻重，从而可以被完全排除于地方史之外，是值得怀疑的。

但古贝尔和勒华拉杜里完全懂得，他们那种极为强调人口统计学的方法不能被普遍运用于历史研究，而只适用于一个特定时期内某种类型的社会结构，比如在法国的旧制度时期，工业化尚未发生，但市场经济已充分发展。古贝尔和勒华拉杜里两人都认识到，18世纪，"旧的人口结构"为一种新结构所取代，在此新结构中，社会因素开始限制生物学的决定作用。如果说勒华拉杜里从马尔萨斯的理论开始，他却以有趣的一章结束全书，在这一章中，他称马尔萨斯为"传统社会的理论家"，一个昔日的先知[69]，他的学说恰恰是在他系统阐述的18世纪晚期失去了作用。皮埃尔·维拉尔（Pierre Vilar）*试图表明，即使是在传统社会里，人口因素也不一定是决定性的。在对18世纪加泰罗尼亚的经济和社会所做的计量分析中[70]，他表明，人口可以伴随着生产力同样迅速地增长，即使在前工业化时期的条件下也是如此。

4

年鉴派的方法遭到不少批评，这些批评来自非常不同的政治派别和史学流派。批评者们经常过于狭隘地把年鉴派的方法等同于研究相对稳定的社会结构的纯计量方法[71]，这很难说是公正的，因为与年鉴学派或第六部有关的历史学家们的研究成果　66

---

　*　皮埃尔·维拉尔（1906—2003），法国历史学家。——译者

极为丰富多彩。我们可以轻而易举地区分出几种不同的方法论和概念，但是这并未囊括第六部和年鉴派的工作。这些方法依据同样的设想——最好的历史是社会史，而在社会史中，是结构和情势而非个人的行动起着决定性作用。20世纪50年代晚期，弗朗索瓦·孚雷（François Furet）[*]和阿德兰·多马尔（Adeline Daumard）[**]明确断言，"从科学的观点来看，唯一的社会史就是计量史"。[72]他们还说，从巴黎公证登记册这类档案中搜集到的、用数量表示，或可用数量表示的资料可以重现关于18世纪和19世纪结构的社会史，因为这些档案不仅包含着了解社会和社会变动的重要线索，而且包含有了解家庭心理和民间文化的重要线索。我们可以在拉布鲁斯、勒华拉杜里、古贝尔、贝瑞尔及其他人的研究中看到一种相似的方法，他们依据过硬的经济或生物学论据撰写有关社会和心理结构的计量史。

　　然而，必须记住，这种计量史绝不代表今天年鉴派的唯一主要方向，与此同时，较老的方向，即很少利用计量方法的"心态史"继续发挥重要的影响。这体现在20世纪50年代晚期和60年代雅克·勒高夫进行或指导的研究之中，这些研究致力于研究中世纪的知识分子、银行家、商人、托钵僧和异教徒的作用；这一方向也表现在菲利普·阿里埃斯（Philippe Ariès）[***]的著作《儿童的世纪：家庭生活社会史》[73]和米歇尔·福柯的《疯癫与文明》[74]之中，后者着重研究中世纪以来精神病医治方法的发展演变。到目前为止，在这一领域内并未企图建立数量系列。罗贝尔·芒德鲁从20世纪50年代后期就开始有意识地为一种探索"集体心理"变化的"历史心理学"奠定基础。[75]每一种

---

　　[*]　弗朗索瓦·孚雷（1927—1997），法国年鉴派历史学家，主要著作有《法国大革命》及关于18世纪法国的多种论著。——译者
　　[**]　阿德兰·多马尔，法国历史学家。——译者
　　[***]　菲利普·阿里埃斯（1914—1984），法国历史学家，致力于心态史研究，主要著作有《西方对死亡的态度：从中世纪到现在》《面对死亡的人》等。——译者

集体心理都涉及行为（*comportement*），行为在某种程度上可以
用数量加以表示，但它也涉及许多不可捉摸的因素。因此，举 67
例说明，对于了解经济心理来说，不仅经济情势而且地位观念
也是决定性的。这些心态表现在人类行为之中。芒德鲁在许多
研究中试图通过对具体习俗的分析，诸如从地方法官行为所反
映的对巫术的态度变化[76]，或是通过对福格尔[77]财产账簿中所体
现的资本主义态度的分析，重现一个时代的思潮（*climat mental
d'une époque*）。在思想史中，二卷本著作《18世纪法国的书籍
与社会》比较注重可测性数据。[78]在书中，弗朗索瓦·孚雷和一
批合作者对书名、书评、读者及地方学术机构的社会构成和术
语概念的出现进行了统计学分析，以便揭示出18世纪文化发展
的某些趋向。

　　如果《18世纪法国的书籍与社会》代表了探索心态史的一
个方向，那么，勒华拉杜里的《朗格多克的农民》或对民间传
说和神话的主题所进行的考察[79]，则利用精神分析学和人类学概
念进行工作，这代表了一个极为不同的研究途径。但是，年鉴
派对心态史的探索，同阿尔贝·索布尔或乔治·鲁德[80]这类马
克思主义者对群众意识更为严格的社会政治学分析是极为不同
的，后者倾向于强调自觉态度，而不是潜意识的动机。年鉴学
派的心态史与近来美国出现的心理史学也不相同[81]，因为心理史
学基本上是对领袖人物的童年时代、青年时代或壮年时代的心
理危机进行分析，却不重视研究这些危机所发生的社会环境或
这些领袖的追随者的动机。

　　然而，有关情势的计量史也好，更细致的心态史也好，都
没有充分说明《年鉴》所代表的丰富多样性，更不用说第六部
所代表的了。《年鉴》始终是一个对属于人文学科框架的历史研 68
究方法进行讨论的国际论坛。如果年鉴派被批评者们抨击为方
法论的"教条主义者"，我们就有同样的或更大的理由把他们

称作方法论上的折中主义者。对于批评计量史、结构史和属于
《年鉴》传统的心态史的文章，对于阿尔贝·索布尔之类马克思
主义者以及雷蒙·阿隆（Raymond Aron）[82]之类认为历史应注重
个人、思想和政治人物的作用的人们的文章，《年鉴》杂志并不
拒绝。

在马克思主义者以及那些方法论上和政治上都更保守的
历史学家对《年鉴》的批判中，存在某些相似之处。二者都指
出，年鉴派历史学家极端忽视政治因素的作用，而且他们对意
识因素在社会进程中的作用也不够重视。在对联合国教科文组
织出版的《世界历史杂志》的介绍中[83]，吕西安·费弗尔强调指
出，这本新杂志不仅应该考虑国家的历史，而且也应考虑民族
史和文化史。众所公认，他的这一看法颇有道理。但是，忽略
政治史，在苏联哲学家伊戈尔·康恩看来，导致了"甚至对最
纯粹的经济过程的歪曲"。[84]对于大多数年鉴派历史学家来说，
政治史仍然只是表面历史。但近年来，《年鉴》的确变得对分析
政治进程感兴趣了。[85]《年鉴》的主编之一马克·费罗（Marc
Ferro）*和第六部成员之一乔治·豪普特（Georges Haupt）**都在
从事对社会主义、第一次世界大战，以及俄国革命的研究，而
弗朗索瓦·孚雷和德尼·里歇（Denis Richet）***则在研究法国大
革命。[86]

来自对立的意识形态阵营的批评者们都怀疑年鉴派历史学
家分析社会和历史的工具——数量方法是否恰当。罗兰·穆尼
埃（Roland Mousnier）****曾经尖锐地批评了弗朗索瓦·孚雷和阿德

---

　　* 马克·费罗（1924—2021），法国历史学家。主要著作有《1917年革命》《电
影和历史》等。——译者
　　** 乔治·豪普特，法国历史学家。——译者
　　*** 德尼·里歇（1927—1989），法国历史学家。——译者
　　**** 罗兰·穆尼埃（1907—1993），法国历史学家，主要著作有《1450年至今的
社会等级》等多种。——译者

兰·多马尔的早期研究，他们凭借巴黎公证档案，对婚约中所包含的经济资料进行统计学分析，据此重现18世纪的社会结构。[69]穆尼埃坚持说，公证档案固然重要，但人们应该对它们提出不同的问题。孚雷和多马尔不像拉布鲁斯，没有了解"社会并非一系列立方块，而是一个有机体"。[87]他们曾设想，把19世纪和20世纪的社会学范畴——此时社会阶级与社会职业团体完全一致，而20世纪则为经济标准所制约——应用于一个不同的社会划分标准起作用的时期，在这种等级森严的社会中，荣誉、尊严、出生及社会职能等观念并不直接受到经济利益或职能因素的影响。婚姻习俗的确是鉴别那些具有共同的社会思想、集团自我意识，同时遵循相同生活方式的集团的重要外在标志。因此，利用公证记录中的婚约来探索18世纪的社会结构绝对是有必要的，但只有在定性分析之后，统计数字才能被有意义地应用。在第六部内，当罗贝尔·芒德鲁力图确定17世纪初法国的阶级和阶级斗争时，同样强调了社会态度的作用。芒德鲁指出，不对心态史加以考虑，便不可能历史地解释问题。芒德鲁提出："17世纪初的法国社会同样依据一个我认为牢不可破的社会学总法则，即社会总是由它的统治阶级规定的。"[88]而被统治阶级则倾向于仿效统治阶级，并且吸收统治阶级的观点。甚至孚雷也依据这种观点——旧制度下的阶级冲突与其说是经济利益的问题，不如说是群体意识、社会地位，以及常常相对独立于经济因素的社会统治的问题[89]——来反对诸如C.马佐里克（C. Mazauric）*和阿尔贝·索布尔这类正统马克思主义者对其法国大革命史的批评。

　　马克·费罗和乔治·豪普特关于第一次世界大战、社会主义运动和俄国革命的研究，在方法论上与我们本章讨论的著作

---

　　* 夏尔·马佐里克，当代法国马克思主义历史学家，法国大革命史专家。——译者

70　有显著不同，如果将这类著作排除在外，那么针对年鉴派历史学家不想去分析政治行为所提出的批评，就多少有些道理。尽管布罗代尔和孚雷这些年鉴派历史学家涉及政治事件，但如果没有一个方法论上的根本突破，他们基本上不能完成从结构社会史向政治史的转变。正如我们已经提到过的，布罗代尔在1966年还可以声称，政治史自兰克以来就裹足不前，它仍然是注重事件的"表层"历史。同样，孚雷在1971年反对马佐里克和索布尔时争辩说，政治和思想意识相对独立于其他社会进程而起作用。[90]他确信，在18世纪社会各阶级的分解变化中，君主制起着中心的作用，同时强调思想意识在法国大革命政治斗争中的作用。但由于政治和意识形态具有这样的独立性，孚雷断定，科学的政治史是不可能存在的。政治是否可能成为科学的问题，使年鉴派历史学家早在10年前就卷入了与雷蒙·阿隆的争论。对于这样一门科学是否可能存在，阿隆绝不像他们那样悲观，但政治科学的基础不仅要求对社会结构进行经验分析，也需要在社会环境中对政治目的加以分析。涂尔干学派无法跨过事件和结构之间的鸿沟，阿隆认为，正是这一点，把他引向马克斯·韦伯，后者曾试图把政治史放在社会的框架中加以了解。[91]

　　马克思主义者和其他人对年鉴派历史学家的进一步指责，是说他们试图把历史学变成一门自然科学，其中人类生活将由盲目的决定论支配，而人的自觉活动则被排除在外。在皮埃尔·肖尼近来根据人口统计数字解释为什么诺曼底不像英国那样获得一次工业"起飞"的探索中，也许可以发现对这种无法控制的无名力量的信奉[92]，但古贝尔、勒华拉杜里、维拉尔及其

71　他人定量考查经济和人口统计学因素的尝试，绝不能和科学的决定论等同起来。古贝尔和勒华拉杜里明白，他们的方法不能普遍应用，而只能用来调查前工业化时期的特殊历史环境中的

特定问题。[93]

　　的确，布罗代尔的《十五至十八世纪的物质文明、经济和资本主义》[_Civilisation matérielle et capitalisme XIVe- XVIIIe Siècle_（1967）][94]第一卷的中心议题是中世纪晚期以来人们从昔日支配日常生活的自然规律中逐渐获得解放，由于技术、科学和文化知识的发展，这一解放成为可能，而这些发展开始于一个特殊的欧洲历史背景下。同样，皮埃尔·维拉尔在他的巨著《近代西班牙概览》(_La Catalogne Dans l'Espagne moderne_)[95]中强调，归根结底，无论地理的、技术的因素还是经济因素都不足以解释18世纪加泰罗尼亚农业的发展，只有通过对总环境的历史分析才能对其有所了解。把一个社会的孤立部分，例如社会的经济发展看作一个合理的整体，而忘记了"人类现实的合理性"是只有靠历史性分析才能明白的总体，是非常危险的。这种对具体历史环境的强调使年鉴派对美国的新经济史采取批评态度，新经济史试图凭借把经济上的变量与广阔的历史环境隔绝开来的计量模式，来解释经济的增长。[96]

　　由于对工业社会的历史和问题不感兴趣，年鉴派备受指责。相对来说，只有很少几部著作涉及19世纪或20世纪，而这些著作——比如让·布维埃（Jean Bouvier）对《1863至1882年里昂的信贷》[97]的研究或夏尔·莫拉泽（Charles Morazé）所著《资产阶级征服者》[98]——几乎完全避而不用曾用来研究旧制度时期的计量方法。阿德兰·多马尔对巴黎资产阶级的研究多少算是例外[99]，路易·舍瓦利耶（Louis Chevalier）*有关"危险阶级"（ _classes dangereuses_ ）的著作不属于年鉴传统。[100]马克·费罗在分析第一次世界大战中的欧洲和革命中的俄国时，讲到了与经济力量相互影响的集体心理倾向。[101]

72

---

　　* 　路易·舍瓦利耶（1911—2001），法国政治学家，主要著作有《19世纪上半叶的劳工阶级与危险阶级》等。——译者

　　第六部的历史学家们认为，《年鉴》对晚近历史的相对忽视很大程度上是出于某种偶然性，即几乎年鉴传统中的所有大师都是研究近代初期的欧洲或研究中世纪的历史学家。但仅此一点大概无法解释为何年鉴派历史学家对近代史晚期和现代史兴趣索然。在第六部赞助下出版的历史著作，并非局限于法国或西班牙、意大利的旧制度时期，或是局限于中世纪，布罗代尔的《十五至十八世纪的物质文明、经济和资本主义》一书就包括了15世纪到18世纪的整个世界。老一辈的年鉴派学者对非西方和不发达国家历史的兴趣现在继续存在，并和一种有关原始文化的人类学新关注结合起来。

　　一位德国批评者坚持说，年鉴派历史学家只涉及"特定社会的静止结构"，而对历史性变革几乎不屑一顾。这种看法并不完全正确。埃马纽埃尔·勒华拉杜里最近的确写道，他对于"静止不变的历史"比较感兴趣。在这种历史中，人口统计的、技术的和社会的结构依然比较稳定。他相信，在15世纪到18世纪初的欧洲情况就是如此。[102]但是那些年鉴派名著的主题，包括布罗代尔关于地中海的著作——这部著作考察了16世纪晚期地中海地区经济和政治重要性的相对下降——讲的都是"变"，即近代资本主义的出现及其对社会关系的改变。但不管怎样，从研究早期资本主义社会的历史向研究工业化时期历史的突破，并没有取得很大的成功。这一失败在一定程度上被解释为，"系列史"[103]的计量方法仅仅适用于对某些社会进程的分析，这些社会进程可以轻易地隔离开来，并产生于前工业化社会相对稳定的结构中。但是"长系列史"在第六部之外得到广泛应用，特别是被注重理论的经济史学家们用来分析工业社会中的增长和周期发展。年鉴派历史学家不能对从旧制度到近现代的变化做出分析，在一定程度上反映出他们缺乏一种有关社会变化的综合性理论。

在某种意义上，"系列史"运用了一种基础－上层建筑的幻想：选出被认为是社会基本因素的变量，然后将它们分别列出并相互比较，就能描绘特定地理历史区域中某一时期的全貌。在《朗格多克的农民》中，勒华拉杜里的确远远超出了将片断加以拼凑的历史，而写出了一部整合的社会史，并在很大程度上考虑了时代的思潮。古贝尔在《1600—1730年的博韦和博韦西地区，对17世纪法国社会史的贡献》一书中则从循环往复的人口和经济周期转向研究结构本身的变化，比如日益增长的经济力量和资产阶级的作用。如果说年鉴派历史学家缺乏有关社会变化的综合性理论，这无疑在一定程度上是由于他们对各种形式的"历史形而上学"（metaphysics of history）采取怀疑的态度，而这种怀疑是有益的，也由于他们对各种系统论述的文学理论的有益的怀疑（healthy skepticism），这些理论无法用经验证据加以证明。考察到韦伯派学者和马克思主义者注意的某些因素，诸如思想观念、权力冲突、社会标准和经济利益、传统、人物个性，以及其他经常被年鉴派历史学家忽视的东西，这种怀疑当然颇为有理，但它并不排除进行理论性系统阐述的需要，这些阐述超出了人口和经济现象所提供的确切可量的系列。

许多年鉴派历史学家方法论上的局限性大概不能完全根据科学观点加以解释，而必须根据传统和《年鉴》杂志及第六部的组织结构加以了解。涂尔干的遗产，它对结构和集体意识的强调、对人类有意行动的忽略依然严重地影响着第六部。在第六部中，《年鉴》的制度化可能也限制了它的灵活性。在某些情况下，集体取代了独立的学者，他的工作室变成了"实验室"。在法国，一个关于科学的极广泛的概念，长期以来使历史学处于科学学科之列。国家科学研究中心已拨出大笔资金用于历史研究。在这一国家中心里，处于支配地位的观点把自然科学当作规范，并鼓励具体的，可以衡量的成果。比起其他欧洲国家，历史学家们在更大的程度上求助于计算机，制订了各种雄心勃勃的计划，诸如使完整的、数字化的军事档案为社会历史学家所用，这些档案涉及所有19世纪法国应服兵役的人，并按出生日期大致相隔一代加以选择。[104] 此外，法国的研究集中进行的程度更高，这与美国形成尖锐的对比。在美国，历史学家们分散在百余所大学里，而在大学中，和他们那些从事行为科学的同行相比，他们仅仅从基金会那儿得到小规模的支持，但他们在选择研究题目和研究方法方面，却可以享有较大的独立性。少数教授对研究和任命的控制支配也没有达到法国的程度。[105] 另一方面，第六部的建立使历史有可能和诸人文科学融为一体，而在美国，这种融合却未实现。美国历史学家较少进行跨学科研究，同时行为科学依然与历史学相距甚远。

尽管布洛赫、费弗尔和布罗代尔偶尔做出相反的声明，年鉴派历史学家是否在一种政治的意义上把他们的职业视为一门介入科学（science engagée）*，还是值得怀疑的。如果答案是肯定的，他们也是为了一个现世的、温和的平等共同体。他们认为，历史学家总是根据当前的利益和观点行事，但这并不影响

75 他们诚实地重现往事。他们政治上中立的态度以及他们对广大群众的"物质史"的关注，使之有可能在斯大林死后与东欧社会主义国家的历史学家建立（在某些情况下是恢复）密切的接触。布罗代尔评论道，苏联和年鉴派历史学家将不可避免地提出不同的问题，但就他们都是诚实的历史学家而言，他们将能够就自己的研究成果达成一致。[106] 因此布罗代尔认为，在科学探索的过程中，历史研究依然相对不受意识形态偏见的左右。

从皮埃尔·肖尼关于权力的明显的保守主义到皮埃尔·维拉尔的马克思主义，年鉴派历史学家的政治观点极为不同。[107]

---

*   意指研究学问受其个人情感、价值意识等的影响。——译者

但是，学术思想和政治思想肯定并没有像孚雷在他与索布尔的上述争论中所宣称的那样截然分开。[108]孚雷和索布尔的争论肯定具有政治色彩，在某种意义上，对过硬数据的重视特别是有关前工业化社会的数据，使年鉴派历史学家不能批判地对待过去与现在。年鉴派历史学家与列维－斯特劳斯结构主义的密切关系并不令人惊奇，费尔南·布罗代尔与列维－斯特劳斯之间的私人联系可以追溯到20世纪30年代他们在巴西圣保罗大学共事的岁月。更为重要的是，结构主义把重心从动态的发展社会转移到静态的持久制度，在这些制度中，表现出持久不变的人性，正如注重事件的史学可能忽视的，"可观察的现象和可得到的材料并不来自有意的探索，而毋宁说是一种潜在制度的局部展露"。[109]马克思主义者，在某种程度上甚至包括根据同情了解的观点研究历史的历史学家，可以部分接受这一看法。结构主义方法的特点，首先是从根本上贬低"特殊目的"的重要性；其次，认为现代文明的独特性并不重要。在某种意义上，这可能反映了一种关于西方文明及其对合理性高度尊重的流行的价值判断，反映了一种对理性和非理性之间（或用福柯的话说是清醒和疯狂之间）、人和自然之间是否存在本质区别的怀疑，这种本质区别对于自古代作家到马克思所信奉的线性史观（linear oriented historical thought）是十分重要的。

1971年夏，《年鉴》"历史与结构"专号的引言告诫人们说，不要把"工业化欧洲的价值体系、它对变革和创新的迷信"应用于"所有时代和各种文化"。[110]这种观点绝不排除对现代技术社会进行认真研究的可能性。相反地，它要求开阔历史眼界，把致力于欧洲的探讨变为一种同样考虑到非技术社会中潜在结构的比较研究。比传统的或马克思主义的方法更为自觉的是，他们在集体潜意识中探索文化现象和社会现象的根源。然而，这也反映了年鉴派历史学家相对来说对现代化问题并无兴趣，而不只对马克思主义者，而且对韦伯学派同情理解传统的历史学家来说，现代化问题都是关注的中心。[111]

虽然年鉴派历史学家在重要的方面纠正了作为西方史学传统自古以来存在的重心偏离——他们强调历史人物的"特殊目的"，并把欧洲史和世界史混淆起来——但问题仍旧存在：当年鉴派学者研究"整体史"的时候，他们是否不再排除或忽视作为积极动力的人，从而并未割裂历史呢？正如10年前他们与雷蒙·阿隆进行争论时那样，他们今天仍然缺乏一种了解政治的模式。但是，正像弗朗索瓦·孚雷现在看来准备承认的那样，如不考虑政治的决定作用，就几乎不能了解现代世界，大概也不能了解旧制度时期。人口统计和经济局势模型被应用于比较稳定的社会，效果显著。在这种社会里，技术革新和政治影响不太重要，但研究旧制度的年鉴派历史学家，诸如布罗代尔、古贝尔和勒华拉杜里，强烈地意识到在从旧制度向现代社会变化过程中发生的结构变化，在现代社会中，气候-生物周期的自动性不再正常地发挥作用。年鉴派历史学家正确地坚持说，对政治决定进行描述性探索不太科学，对"特殊目的"必须在结构范围内加以理解，但他们经常把政治因素排除于他们自己的历史分析之外。正如我们所见，这使他们对政治和思想文化史的探讨采用了一种非理性主义的方法，这和传统事件史学家们的方法没有很大差别，而对后者他们坚决予以拒绝。事件、政治决策、思想观念都是"尘土"，是"转瞬即逝的"、令人费解的。他们没能解决，或者，如J. H. 赫克斯特在特别提到布罗代尔关于地中海的著作时指出的，甚至没能提出"如何把历史的永久现象与那些飞速变化的现象连在一起这一历史研究中长期存在的困难问题"。[112]由于极力强调社会结构的重要性，他们忽略了考察人类在创造历史中发挥的作用，而且把研究人类是在什么条件下创造自己的历史的工作留给了马克思主义者和其他人。

在某种程度上，年鉴派的研究引人注目地不受方法论上教条主义的影响，但他们近年来却不断被人谴责为这种方法论上的教条主义者。《年鉴》一如既往是国际和学科间进行讨论的讲坛。他们无限地扩大历史学家的视野，不仅在空间上突破了西方文明的框架，探索非西方的以及原始文化和思维，而且在主题和方法论方面扩大了历史学家对人类社会生活各个侧面感兴趣的范围，其中包括生物学的方面以及幻想和神话形成的领域，同时还探索到不仅是"史前的"而且是近期的各种各样非书面 78 的表达方式。[113] 他们把历史科学和最广义上的"人文科学"结合起来，不仅就古典的社会科学或是行为科学而言，而且就结构人类学，精神分析学，最现代形式的艺术、文学和语言学而言，都是如此。他们向历史著述古典传统的狭隘观念进行了挑战，这种传统自修昔底德以来就主要关注于有权力和有文化的个人的自觉行动。然而，正如我们所指出的，年鉴派的研究方法也不仅在论题上，而且在方法论上限制了他们的眼界。就运用更为严谨的概念分析那些参与了特殊历史变革的有目的的人类行动而言，年鉴派几乎无所作为。他们曾在理论上对历史客观性的概念提出疑问，实际上他们却继承了这一概念。他们有时认为，存在着独立于人类意愿而起作用的、可以通过超越不同意识形态的严格科学方法加以了解的客观社会进程。因而他们朝着将史学非政治化的方向努力，这种非政治化遭到了马克思主义批评家的指责，认为它本身实际上已包含了政治评价。

自1947年以来，我们看到年鉴派在国际上引起了越来越多的重视。20世纪30年代，布洛赫和费弗尔相对说来还不属于法国历史研究的主流，那时法国的历史研究还受巴黎大学的支配，极为重视狭隘的政治、外交和军事的历史。第六部的建立标志着年鉴派迅速上升为法国历史和社会科学研究主流的开端。在过去的15年中,《年鉴》杂志和第六部的工作在全世界广为人知,《年鉴》的影响超越了严格的东西方界限,特别在波兰,人们给予《年鉴》方法以极大的注意,而《年鉴》也刊登了大量波兰历史学家的文章。此外,在意大利、匈牙利,近年来在英国及其他地方,《年鉴》也拥有细心的读者和研究者。在英国,1964年建立的剑桥人口与社会结构史研究小组与第六部有了密切往来。在联邦德国,《年鉴》曾受到广泛批评,直到近期读者也寥寥无几,但布罗代尔的《十五至十八世纪的物质文明、经济和资本主义》最近被译成德文,年鉴派文集的编选工作也在进行中。[114]在美国,马克·布洛赫的经典著作早已有了译本,但这一"学派"的近作相对来说仍然不为人知,现在,几种年鉴派名著和两部年鉴派文集接二连三地出版了。[115]的确,在法国以外,年鉴派缺乏那种曾有助于使之在法国学术界确立统治地位的组织基础,不过,年鉴派已比任何别的史学流派都更胜一筹,成为今天全世界历史学家进行科学性历史研究的典范。[116]

第三章　超出"历史主义"之外
——自费舍尔争论以来联邦德国史学中的一些发展

在德国，直至20世纪以后相当一段时期，我们在第一章 中加以讨论的历史主义传统仍旧岿然不动，相对来说并未被时代的破坏性政治剧变撼动。卡尔·兰普莱希特于19世纪90年代对传统历史编纂学的挑战并未将德国历史研究引入新途径。相反，它却导致人们强烈反对将概括引入历史写作，并令德国职业历史学家们有意识地团结起来，以捍卫传统的历史研究模式。直至最近数年，种种政治、社会和机构因素都阻碍了德国历史科学严肃认真地重新定向。当德国历史研究于20世纪六七十年代开始走上新方向时，其他国家的类似发展，一方面接受实验科学的概念和方法，另一方面又继续强调历史现象的自主性，反映出对陈旧的德国历史和社会科学思想模式的继承。

在一个重要的意义上，对卡尔·兰普莱希特的反动标志着德国历史科学从已取得的学术地位退却，朝着对社会因素加以考虑、以理论为主导的历史发展。甚至J. G.德罗伊森、海因里

希·聚贝尔（Heinrich Sybel）[*]，尤其是海因里希·特赖奇克[1]都
曾在其叙述中在有限的范围内对社会和经济发展及不断变化的
文化背景加以考虑。在19世纪与20世纪之交，存在一种丰富的
社会经济史传统——这一传统最重要的代表是古斯塔夫·施穆
勒——和一种对文化史的强烈兴趣，这一兴趣可回溯到19世纪
初叶甚至18世纪。[2]卡尔·兰普莱希特的著作在很多方面代表了
这些传统的综合。

以国民经济历史学派（Historical School of National Eco-
nomy）为代表的德国经济史在关于历史知识的特性和国家与
经济的关系等问题上与政治史学家基本上所见略同。[3]在兰普
莱希特争论的前10年，古斯塔夫·施穆勒曾针对维也纳的卡
尔·门格尔（Carl Menger）所持的边际效用理论，捍卫了国民
经济历史学派的历史观点。倘若门格尔根据古典政治经济学传
统，曾看到可能系统阐述普遍有效的经济理论，古斯塔夫·施
穆勒就强调了所有经济行为都发生于具体的历史环境之中、反
映社会的价值，并被国家的干涉左右。施穆勒并不否认理论在
经济科学中的作用，也不否认实验性资料在制定经济理论中的
地位，他却强调这种理论的历史性。

但是，对兰普莱希特的反动反映了这样一种意图，即有
意贬低理论的作用和社会因素对于理解历史的重要性。诸如威
廉·文德尔班和海因里希·李凯尔特著作中的哲学论述，强调
历史科学和文化科学所运用的个别解释法与自然科学的一般概
括法截然不同，因为历史和文化科学力求理解事件的独特过程，
而自然科学致力于制订解释性规律。我们已经见到[4]，诸如威
廉·狄尔泰和李凯尔特这类新康德派哲学家，还有马克斯·韦
伯，他们对这种区别的理解与历史学家不同。哲学家承认包括

---

　*　海因里希·聚贝尔，德国历史学家。——译者

历史在内的所有科学都是概念体系而非对现实的描述，而历史　82
学家则继续坚持兰克的信条：历史学家有能力如实地重现过去。

　　德国历史学界墨守传统历史方法的那种坚韧性必须根据20世纪德国的政治背景加以考察。一大批历史学家有意识地尝试返回兰克的观念，即致力于研究国际舞台上强国的冲突。[5]历史学家摆脱了价值判断，着手分析各大国客观的权益。这些权益能够被独立地进行理解，将社会及经济因素排除在外。历史作为一门科学，其任务在于根据对国家文献进行批判性的审查，如实地、叙述性地再现一系列历史事件。致力于捍卫狭义的德国民族利益，以及坚持国内政策的一切方面必须服从于外交事务的迫切需要，这与对政治史的普遍关注密切相关，但脱离了政治史更广泛的结构情境。

　　关于德国力量在世界上扩张这一问题，兰普莱希特本人与保守史学家的基本观点相同。但他的评论者诸如迪特里希·舍费尔（Dietrich Schäfer）*、格奥尔格·冯·贝洛和其他人，在广泛的社会文化史研究之中，见到了一种思想上的、对现存政治秩序的潜在威胁。在这一政治秩序中，一种半专制的、非常贵族化的军事君主制是反对社会革命力量最可靠的保障。在魏玛时期，德意志帝国的社会压力大大加剧，这加强了对历史编纂学传统的坚持。这个传统起源于普鲁士复兴时期那种极不相同的历史背景之中。进行历史研究和讲授历史的组织结构有助于维持传统的模式。德国历史学界的征聘方式——与我们曾加以描述的法国方式并非截然不同，但通过迥然相异的政治和知识遗产发挥作用——有助于保持思想和学术上的一致。

　　就其对民主化的仇视和对社会主义的恐惧而言，德国历史　83
学家绝不是绝无仅有的。就强调外交和军事史而言，他们也

---

　　*　迪特里希·舍费尔（1845—1929），德国历史学家。——译者

绝非独一无二。异乎寻常的只是，19世纪历史编纂学的见解在德国大学中直至进入20世纪60年代以后还能顽强地保持不变。[6]比起其他国家来，德国大学的体制及其对人员的征聘极为不利于持不同见解者。

大学的贵族式体制使正教授（*Ordinarien*）对青年学者们具有极大的权力。资格授予制度（*Habilitation*）规定一位谋求教授职位的学者必须在一位教授的指导之下写第二篇论文。这加强了正教授对年轻一代史学家的控制。对候选者的非学术性考虑在教授委员会秘密投票赞成授予资格时扮演了重要角色。接受资格授予仅仅为成功的候选者提供了大学任教资格（*venia legendi*），即作为无薪大学教师（Privatdozent）授课的权力，并没有稳固的职位或有保障的收入。而这些人现在一般来说早已步入中年。一旦具有大学任教资格，他就等待着被"召到"大学教授的职位上。文化部有权从一张由学院准备的名单中挑选大学教席候选人，这就进一步确保了稳定。极其相似的社会背景是显而易见的。历史学教授职位——甚至往往在天主教大学中，例如慕尼黑天主教大学——从人数不多，成分类似的圈子中征聘人员。这些人几乎全都是新教徒[7]（间或也有被新教环境所同化的犹太人），来自中上层官吏、牧师家庭，偶有来自律师或医生家庭的。这些人在人文主义的大学预科和大学中接受同样的教育，有意识地与新教市民阶级（*Bildungsbürgertum*）的社会和政治渴望融为一体。

1870年以后，绝大部分教授都坚定不移地支持现有秩序，只是偶尔有小小的偏离：像特赖奇克这样的人更偏向于保守主义；以施穆勒为首的其他人更偏向于社会主义；赫尔曼·鲍姆加滕（Hermann Baumgarten）[*]或特奥多尔·蒙森（Theodor

84

---

　　[*]　赫尔曼·鲍姆加滕（1825—1893），德国历史学家，主要著作有《查理五世》等。——译者

Mommsen）[8]更偏向于自由主义。1898年颁布的阿隆法（Lex Aron）甚至有效地从大学低级教学人员中排斥了持不同政见者，例如社会民主主义者，从而进一步限制了产生思想分歧的可能性。但是对于确保统一来说，比法律上的努力更重要的是大学内部的压力。这些压力超出政治领域，涉及世界观和方法论。因此，像库特·布赖西格（Kurt Breysig）*这样一位政治上的正统派——J. G. 德罗伊森和施穆勒的学生，参与撰写《古普鲁士族大事记》——一旦开始发展自己对比较文化史的兴趣，那么在普鲁士的社会民主党政府于20世纪20年代不顾其同事们的反对为他设立了一个新教席之前，他不能获得教授职位。持异见者只是在已获得学术席位之后才成为持异见者的。诸如法伊特·瓦伦丁（Veit Valentin）**、库特·布赖西格、阿图尔·罗森贝格（Arthur Rosenberg）***、埃卡特·克尔（Eckart Kehr）****和古斯塔夫·迈耶（Gustav Mayer）*****这类人坎坷不平的经历只是有效地对职业进行控制的更为众所周知的例子。[9]

　　职业史学中，在方法论和政治前景方面确实产生了一种持异见的倾向，但这是一种温和的异见，它们完全存在于民族传统之内。最能代表这一异见的或许是《历史杂志》（*Historische Zeitschrift*）编辑弗里德里希·迈内克（1896—1935年任编辑）。[10]此人在身为该刊编辑的早年间曾深深卷入对兰普莱希特的攻击。迈内克同恩斯特·特勒尔奇、马克斯·韦伯和

*　库特·布赖西格（1866—1940），德国历史学家。——译者

**　法伊特·瓦伦丁（1885—1947），德国历史学家，主要著作有《从神圣罗马帝国到第三帝国：德国人民的历史与文明》等。——译者

***　阿图尔·罗森贝格（1889—1943），德国历史学家。——译者

****　埃卡特·克尔（1902—1933），德国历史学家。——译者

*****　古斯塔夫·迈耶（1871—1948），德国历史学家。——译者

汉斯·德尔布吕克（Hans Delbrück）[*]一样，属于忠实的反对派。他们相信帕斯托尔·弗里德里希·瑙曼（Pastor Friedrich Naumann），认为一种行之有效的德国世界政策（*Weltpolitik*）需要沟通霍亨索伦王朝与工人阶级之间的鸿沟。必须为社会民主党找到一个政治替代品。与此同时，必须给予马克思主义一个学术性答复。迈内克和韦伯代表同一倾向内不同的两极。二人均企图避免对历史进行狭隘的、叙述性的探讨。历史学家迈内克与历史社会学家韦伯之间的对立当然是引人注目的。迈内克寻求"观念"，而这些观念是由创造历史的伟人体现的。而韦伯尽管承认具有超人魅力的个人的作用，却寻求对操纵历史的非人格化力量进行因果性理解。但答案将在人的意识中发现。归根到底，官僚政治、强权国家和资本主义都是由一种最大限度地扩展自己作用的内在逻辑推动的，这一逻辑是由一种世界观、一种内心世界的禁欲主义决定的，仅仅是部分地受到相互冲突的社会利益的影响。而且，韦伯始终不是一个历史学家。包括韦伯在内的温和的持异见者仍旧坚定地效忠于一个高居于社会利益之上、根据对外政策的迫切需要而行动的民族主权国家。一种现实主义的考虑使他们反对泛德意志的最高纲领派战争目标，而支持1918年11月之后的魏玛共和国。因为在第一次世界大战过程中，德国力量的局限性是显而易见的。

　　1918年德国的战败使德国大学里历史编纂学的和政治的保守主义有所加强。[11]职业史学关注的中心是驳斥对德国犯有战争罪的指控。魏玛时期历史讲席教授的职位主要由威廉时期的历史教授们占据，而现在在共和国中，这些职位甚至受到更大的威胁。即使是基本上保守主义的、以国家为中心对社会和经济史进行探讨的方法也遭到怀疑。这一方法遵循施穆勒的传统，

---

　　*　汉斯·德尔布吕克（1848—1929），德国历史学家。——译者

在魏玛时期为奥托·欣策所奉行。迈内克奉行温和的保守主义，效忠于共和国，致力于将狭隘的、以事件为中心的政治史变为更加广泛的、以思想为重点的政治史。他在历史学界虽处于劣势，但他作为更富于批判性的年轻一代史学家的导师，具有不可低估的重要意义。

　　魏玛共和国时期确实出现了一种相反的倾向，这一倾向对昔日德意志政治更加直言不讳地进行批判。但这一倾向仍基本处于传统的、以事件和人物为中心的政治史架构之内。如果说保守主义者和温和派保守主义者弗里德里希·迈内克等人曾为他们心目中的德国政治及知识遗产比西方更民主的、更理性主义的传统优越而欢呼，那么自由主义批判的核心就在于相信德国由于未追随"西方"议会化模式，在其政治发展中转向了错误和灾难。但是对于诸如约翰内斯·齐库尔施（Johannes Ziekursch）[*12]、弗朗茨·施纳贝尔（Franz Schnabel）[**13]以及稍后的埃里希·艾克（Erich Eyck）[14]这些自由派批评家来说，德国政治史发展的悲剧很大程度上归咎于领导及道德文化原则的失误——因此他们对俾斯麦极其关注，虽然是从批判的角度出发。

　　1933年以后的几年并不标志着德国历史研究的根本性转折。当局敷衍了事地强迫职业史学实现一体化（*Gleich-schaltung*）[15]的企图基本上收效甚微。一体化也是不必要的，根据一种生物种族主义的"民族社会主义"，老的保守主义的一代很难说是民族的，然而他们肯定了独裁主义的国家。但甚至那些并不隐瞒他们对纳粹国内政策不满的历史学家，例如于1935年被迫辞去《历史杂志》编辑职务的迈内克、被迫退休的

---

　　*　约翰内斯·齐库尔施（1876—？），德国历史学家，主要著作有《新德意志帝国的政治史》等多种。——译者

　　**　弗朗茨·施纳贝尔（1887—1966），德国历史学家。——译者

赫尔曼·昂肯（Herman Oncken）*或暂时被禁止出国旅行而后在1944年反希特勒阴谋时期被拘留的格哈德·里特尔（Gerhard Ritter）**，仍旧坚定地支持第三帝国的对外政策。他们认为这一政策是传统民族政策的继续。1933年，德国永远失去了一批持民主观点的、更富于批判性的历史学家。这批人中包括古斯塔夫·迈尔、埃卡特·克尔、阿图尔·罗森贝格、汉斯·罗森贝格、法伊特·瓦伦丁、阿尔弗雷德·瓦茨（Alfred Vagts）***、乔治·W. F. 哈尔加滕（George W. F. Hallgarten）****和海约·霍尔本（Hajo Holborn）*****，他们中没有一个人是正教授。

87　　　以上所述保守派和温和保守派历史编纂学观点的共同之处，在于坚持德国观点和"西方"观点具有根本分歧。我们下面将论及的自由派历史学家，同样认为德国和西欧历史发展根本不同，但在孰优孰劣的问题上持相反的见解。对于约翰内斯·齐库尔施或埃里希·艾克这类自由主义者，正如对于保守主义者一样，俾斯麦是理解德国近代史的关键。自由派俾斯麦评论家中占据教授席位者寥寥无几，只有齐库尔施和天主教历史学家弗朗茨·施纳贝尔是例外。当自由派寻求大学教席时，就像法伊特·瓦伦丁、古斯塔夫·迈尔、埃卡特·克尔那样，他们都发现此路不通。

　　纳粹上台之后，对德国历史进行重新审视就变得刻不容缓了。这一工作由流亡中的德国历史研究承担，也成为处于流亡

---

* 　赫尔曼·昂肯（1869—1945），德国历史学家。——译者

** 　格哈德·里特尔（1888—1967），德国历史学家，主要著作有《路德传》等多种。——译者

*** 　阿尔弗雷德·瓦茨（1892—1986），德裔美国历史学家，主要著作有《军国主义的历史》《防卫与外交：士兵与对外关系行为》等。——译者

**** 　乔治·W. F. 哈尔加滕（1901—1975），德裔美国历史学家，主要著作有《从俾斯麦到今天的德国工业与政治》等。——译者

***** 　海约·霍尔本（1902—1969），德裔美国历史学家，主要著作有《现代欧洲的政治崩溃》《美国军人政府：其组织与政策》等。——译者

之中的德国历史研究的中心任务。[16]就强调人与思想而言，大部分这类著作相对说来遵循了传统的方法论准则。埃里希·艾克关于俾斯麦道德失误的详尽研究[17]；直至20世纪60年代以后还吸引着侨居国外的德国历史学家对纳粹主义"文化根源"的广泛关注；乔治·莫斯（George Mosse）[*]所著《德国意识形态的危机》（*The Crisis of German Ideology*）[18]；弗里茨·斯特恩（Fritz Stern）所著《文化绝望的政治》（*The Politics of Cultural Despair*）[19]；战后不久由汉斯·科恩（Hans Kohn）[**]编辑成论文集《德国史：一些新看法》（*German History: Some New Views*）[20]；还有一部根据马克思主义观点写成的著作，即格奥尔格·卢卡契著《理性的毁灭》（*Der Zerstörung der Vernunft*）[21]都是这方面的重要代表作。这些著作强调思想的作用，却承认观念与广义的社会结构之间的联系。对于诸如科恩、霍尔本[22]、莫斯和斯特恩这类自由派史学家和诸如亚历山大·阿布施（Alexander Abusch）[23]和格奥尔格·卢卡契这类马克思主义者来说，德国自由主义的失败与资产阶级在19世纪或20世纪未能在德国获得实际的政治权力有关，因此西欧和北欧的民主政治仍旧是德国发展的范例。

　　1945年并非如某些联邦德国历史学家所说的那样，标志着联邦德国历史研究的根本中断。大学师资构成基本上保持原状。曾被逐出大学和德国的自由民主派史学家无一人归国定居。受到种族主义迫害的保守派历史学家，诸如汉斯·赫茨菲

88

---

　　[*]　乔治·莫斯（1918—1999），德裔美国历史学家，主要著作有《纳粹文化》《德意志人与犹太人：纳粹德国之前的左翼、右翼以及对第三种势力的寻求》等。——译者

　　[**]　汉斯·科恩（1891—1971），捷克裔美国历史学家，主要著作有《哈布斯堡帝国，1804—1968》《反思现代性：历史学家与人类责任》等。——译者

尔德（Hans Herzfeld）[*]、汉斯·罗特费尔斯（Hans Rothfels）[**]和汉斯·约阿希姆·舍普斯（Hans-Joachim Schoeps）[***]，重返德国大学，就赫茨菲尔德而言，他比在魏玛时期稍许更愿意接受民主的立场和方法论上的创新。除了很少的例外，例如曾狂热地反犹的金特·弗朗茨（Günther Franz）[****]和埃尔温·赫尔茨勒（Erwin Hölzle）[*****]，那些曾支持纳粹历史编纂工作的史学家仍旧留在大学或重返大学了。大学的组织结构和征聘方式同样原封未动。对现代的批判和应用现代社会科学概念的尝试，在历史讨论班之外的新的政治科学讨论班中获得了较为普遍的发展。例如,K. D. 布拉赫尔（K. D. Bracher）[******]对魏玛共和国的崩溃进行的分析。[24]在历史学家们中间，像奥托·布伦纳（Otto Brunner）[*******]和特奥多尔·席德尔（Theodor Schieder）[********]这些于20世纪30年代成为职业历史学家的新一代人，开始认识到事件史的局限，提倡对历史进行结构上的探讨（*Struktur Geschichte*）。布伦纳应用于中世纪区域史[25]的结构主要涉及行政和宪政形式，强调概念（*Begriffe*）和世界观的中心作用。维尔纳·康策（Werner

----

[*]　汉斯·赫茨菲尔德（1892—1982），德国历史学家。——译者

[**]　汉斯·罗特费尔斯（1891—1976），德国历史学家，主要著作有《俾斯麦：东方与帝国》等。——译者

[***]　汉斯·约阿希姆·舍普斯（1909—1980），德国学者，主要著作有《犹太基督教的神学与历史》《超过同代人的俾斯麦》等。——译者

[****]　金特·弗朗茨（1902—1992），德国历史学家，主要著作有《俾斯麦的民族感》等。——译者

[*****]　埃尔温·赫尔茨勒（1901—1976），德国历史学家。——译者

[******]　K. D.布拉赫尔（1922—2016），德国历史学家，主要著作有《纳粹夺取政权与契约》等多种。——译者

[*******]　奥托·布伦纳（1898—约1983），德国历史学家。——译者

[********]　特奥多尔·席德尔（1908—1984），德国历史学家，主要著作有《作为历史现象的欧洲民族国家》《作为科学的历史》等。——译者

Conze）*设在海德堡的现代社会史工作组致力于探讨工业化对政治和社会，包括对工人阶级的影响。随法国革命而发生的法律及宪法方面的变化看来是导致工业化的主要因素。[26]如果着眼于工业时代中社会基本结构的变化，1933—1945年所发生的事件就无足轻重了。海德堡小组继续对19世纪德意志各邦国的工业化进行研究。而在这一范围之中，包括俾斯麦在内的政客们和劳工运动的伟大人物们的领导仍旧是决定性力量。海德堡小组所撰写的著作的一个重要主题是社会民主党工人与德意志民族国家的融合。毫无疑问，这种新型的、对历史及工业化从结构上进行探讨的方法反映了某种关注，这种关注是与20世纪50年代末及60年代初的政治和学术气氛相投合的。这种方法允许将包括近代工业时期社会史在内的社会史与传统的历史和学术概念相结合，将德意志视为西方工业社会的组成部分，但强调德意志民族国家的独特之处和本质上的稳定性。最后指明了一种民族一致性，这种一致性超越了社会经济方面的阶级冲突。

　　1945年以后，对德国的过去进行重新考察的症结所在，是纳粹时期在德国历史中所占据的地位。对于像乔治·莫斯这类国外的自由派历史学家来说，纳粹夺取政权看来并非是"历史的偶然"，而是事先进行了长期的准备[27]，而德国大学中那些诸如迈内克或格哈德·里特尔这类曾被迫处于"内心出境"状态，或者像汉斯·罗特费尔斯这样的由于"种族"方面的原因曾被迫事实上离境的自由派保守主义或保守主义历史学家，现在却强调1933—1945年所代表的德国历史的中断。[28]纳粹主义的根源不在于德国的过去，相反，应在法国大革命的政治民主、社

89

---

　　*　维尔纳·康策（1910—1986），德国历史学家，主要著作有《第一次世界大战中的波兰民族与德国政治》《三月革命前德国的国家与社会，1815—1848年》等。——译者

会主义和工业主义的传统中寻求其根源；并非缺乏民主化，而是过分的民主化应为纳粹主义承担责任。就对纳粹的否定而言，存在着广泛的一致；但在大量关于反纳粹的抵抗运动的著作中也存在这样的企图，即将纳粹时期的军队、官僚政治与政党截然分开。[29]慕尼黑的当代史研究所试图用文件证明纳粹时期的暴行，但却几乎不去分析1933年以前的时期。看起来，只需要对有关德国现代史的传统观点进行有限的修正。人们对俾斯麦帝国基础（*Reichsgründung*）的稳固性依然没有表示怀疑。格哈德·里特尔现在开始在俾斯麦之后的时期中发现了普鲁士在传统上并未受其影响的军国主义的起源，正是军国主义加剧了第一次世界大战以前的国际紧张局势。[30]但尽管德国的政策使之处于外交上的孤立地位，却不能认为它应为第一次世界大战的爆发负直接责任。同盟体系应为这场欧洲各国并非心甘情愿地滑入的战争负责。尽管魏玛共和国的保守派历史学家们曾谴责过贝特曼－霍尔维格（Bethmann-Hollweg）*所设想的温和的战争目标，并崇拜鲁登道夫（Ludendorff）**的领导。但现在，在第二次世界大战之后，贝特曼－霍尔维格却成为明智的政治家，而鲁登道夫则成为军国主义的代表者。在魏玛时期的历史研究领域内，自由派保守主义曾代表邪恶的少数派主张，现在这已成为联邦德国大学中公认的主张。

联邦德国社会似乎已清除了纳粹的过去但又保全了昔日的传统，因而似乎处于一种同自身和平共处的气氛中，此时，弗里茨·费舍尔（Fritz Fischer）***所著《争雄世界》[*Griff nach der*

---

　　*　贝特曼－霍尔维格（1856—1921），德国政治家，第一次世界大战前及第一次世界大战期间德意志帝国的首相，具有行政管理才能但不善于统治。——译者

　　**　鲁登道夫（1865—1937），德国军事家、政治家。第一次世界大战期间同兴登堡共掌德军指挥权。——译者

　　***　弗里茨·费舍尔（1908—1999），德国历史学家，主要著作有《幻想的战争：1911至1914年的德国政策》等。——译者

Weltmacht（1961）][31] 一书似乎极不受欢迎。现在著名的"费舍尔争论"标志着联邦共和国历史研究的转折点。挑起争论的弗里茨·费舍尔的研究完全合乎套路，从审查国家档案入手，在此过程中对1914年9月9日有关贝特曼-霍尔维格首次制定德国战争目标的备忘录进行研究，保守派民族主义者历史学家从方便出发，曾有意忽略了这一备忘录。在引论性的两章中，费舍尔就对外政策与国内政策同经济利益的相互关系提出重要问题。这些问题需要更复杂的社会分析方法，而直至那时为止，除埃卡特·克尔和乔治·W. F. 哈尔加滕等非马克思主义学者外，还很少有人提出过这一问题。

　　对于非德意志人来说，费舍尔的著作所激起的强烈情绪是令人难以理解的。费舍尔提出的两个主张尤其引起争论：第一，德意志帝国政府不仅于1914年7月冒险发动了世界大战，并曾为此积极准备。路易吉·阿尔贝蒂尼（Luigi Albertini）[*]在很久以前就已得出这一结论，他的著作尚未被译成德文。[32]第二，广泛的兼并主义战争目标不仅被鲁登道夫这样的泛德意志极端分子宣传，也得到德国公众舆论的一致支持，从多数派社会民主党到极右翼均包括在内。历史学家们曾强调指出泛德意志极端派与以霍尔维格为中心的温和派政府领导人之间的路线截然不同，但费舍尔表明这种分歧只是"规模和方法"上的。[33]也许更引起轩然大波的，是他指出，德国对中欧、巴尔干和近东实行经济、政治统治和在中非建立一个海外帝国的主张并不是在战争过程中提出的，而是体现了战争之前并持续到战后时期的利益。路德维希·德希奥在20世纪50年代任《历史杂志》编辑期间，曾因企图探溯两次大战期间德国政策的连续性受到很多批评。[34]但是在德希奥仍旧强调"外交政策第一"，并将德国的扩张主义视

*　　路易吉·阿尔贝蒂尼（1871—1941），意大利历史学家、记者。——译者

为她在法国衰落之后发挥霸权作用的结果的同时，费舍尔则强调外交政策与国内社会及经济利益之间极密切的相互关系。费舍尔提出，并非德国作为一个陆上大国的外部地位，而是其社会及政治结构决定了20世纪她的悲剧性历史。个中含义，费舍尔虽然并未清楚地说明，但是一目了然的：德国在第一次世界大战中所推行的政策所包含的连续性直至20世纪60年代仍要求不仅对德国的过去，而且对德国的现在进行批判性的重新评价。

费舍尔的著作问世以后，其弟子们出版了有关文献和进一步的研究[35]，诸如伊曼努埃尔·盖斯关于德国对波兰作战目标的著作。[36] 1964年，在西柏林召开的德国历史大会上，争论达到高潮。随着争论的缓和，费舍尔论点的实质，即德国政府对于战争爆发负有有大部分责任及德国战争目标本质上的侵略性，日益为更多的联邦德国学术团体所接受。这种观点上的转变在一定程度上反映了更新换代，即与过去距离更大的年轻一代的崛起，但毫无疑问也反映了联邦德国社会本身的某种根本性变化。拉尔夫·达伦多夫（Ralf Dahrendoff）[37]和达维德·舍恩鲍姆（David Schoenbaum）[38]指出，尽管纳粹在思想意识上进行抵制，但20世纪30年代是一个朝着更加"现代性"的"社会革命"的开端。在货币改革与马歇尔计划开始实施之后的数年中，这一经济现代化进程继续发展，农业、小商业与手工业部门的社会影响日渐衰落，而对政治民主化的反对曾主要来自上述部门。由于几乎全部人口都加入到消费经济潮流之中，过去紧张的阶级关系，特别是工人阶级政党与所谓"资产阶级政党"之间的关系变得缓和了。新一代中的很多人现在以批判的眼光来看待过去独裁主义的组织结构和心理状态。与此同时，冷战紧张局势和冷战心理状态的缓和允许对高度工业化社会以及第三世界的问题进行更富于批判性的考察。学生运动的压力有助于开始进行延误已久的大学改革。20世纪60年代后期及20世纪70年

代初期，创立了新的大学、新的历史学教席、新的为较年轻的
学者专设的职位，使学生及青年教员在更大程度上参与大学的
决定——包括人员任命——并改变了资格授予制度。这些改革
在联邦德国内部实施的程度有浅有深，几乎到处都遭到来自正
教授及一部分保守公众的强烈反对，无论如何，这些改革都削
弱了那种与传统结构水乳交融的一致性。

　　20世纪60年代，人们重新对魏玛时期社会理论家的著作产
生了兴趣，其中包括那些于1933年被迫流亡而于20世纪50年代　　93
基本上被冷落的社会理论家，并对德国之外，尤其是对英语国
家所进行的关于社会科学的讨论产生了日益浓厚的兴趣，尽管
到那时为止相对忽略了法国的发展。在20世纪五六十年代，越
来越多的青年历史学家来到美国和英国进行学习和研究。政治
科学、哲学及社会学领域的流亡学者们[39]的归国，不仅重新唤
起了对魏玛时期文化潮流的兴趣，并且促成了对社会科学理论
的更深入了解。20世纪60年代，历史研究开始日益采纳社会科
学的概念和理论，但这种采纳是极有选择并很注重实效的。

　　尤其是汉斯·罗森贝格作为客座教授访德，使较年轻一代
的德国历史学家了解到经济增长理论和经济周期理论对于分析
政治进程的作用。包括特奥多尔·阿多诺（Theodor Adorno）[*]和
马克斯·霍克海默这些于战后重返法兰克福[40]的，以及诸如于
尔根·哈贝马斯（Jürgen Habermas）[**]和阿尔弗莱德·施密特这
些较年轻的人在内的法兰克福学派哲学家和社会学家削弱了对
于量化行为科学的热情，有助于重新唤起对马克思的兴趣，虽
然是一个大大强调了其黑格尔一面的马克思；与此同时，法兰

---

[*]　特奥多尔·阿多诺（1903—1969），德国法兰克福派哲学家，主要著作有
《否定的辩证法》《对被毁坏的生活的思考》等。——译者
[**]　于尔根·哈贝马斯（1929—　　），德国法兰克福派哲学家、社会学家，主要
著作有《理论与实践》《晚期资本主义的合法化问题》等多种。——译者

克福学派指出了计量方法的局限性，但并未将其全盘否定。法兰克福学派否定由实证主义者、计量行为科学家和历史主义者共同赞成的"对事实进行单层次"的研究，提倡一种"批判的理论"，这一理论将指明目前存在的政治和社会不合理性，并旨在将社会关系转变为一种自主的个人所组成的共同体。这一共同体摆脱了非理性的束缚及统治。[41]在法兰克福学派的理论中，马克思关于非异化的人的幻想同弗洛伊德的悲观主义融为一体，因为他们认为意义深远的社会改组有局限性。这样，法兰克福学派为非共产党的温和左派提供了一种受欢迎的理论，尤其引起那些已浸透德国历史主义传统，但拒不接受其政治遗产的德国知识分子的共鸣。很难估量法兰克福学派对20世纪60年代历史学家的直接影响，尤其因为这一学派几乎没有提供不属于思想史或文化史范围的历史著作样本。汉斯-乌尔里希·韦勒（Hans-Ulrich Wehler）*或许是20世纪60年代晚期、70年代早期最有影响的历史学家。他毫不含糊地承认马克斯·霍克海默和一种"批判理论"对他的启迪，这一理论"为了一个合乎理性地组织起来的未来社会的利益，对过去及现存社会进行批判性的检验（'*kritisch durchleuchtet*'）"。[42]然而，正如我们将看到的，更重要的是某些马克思主义的和韦伯派的主张，这些主张允许将英-美社会科学传统对概念严格性及精确度的强调，同法兰克福学派对社会进程的理解及致力于对这些进程进行批判性的价值评价在一定程度上结合起来。

紧接费舍尔争论之后，历史学家们转而对德国最近的过去进行批判性考察，但与20世纪50年代及60年代早期所流行的考察相比，它具有不同的侧重点和方法。当力求理解纳粹主义这一现象时，德国历史的连续性问题得到了极大的关注。历史学

---

* 汉斯-乌尔里希·韦勒（1931—2014），德国历史学家。——译者

家们开始越来越多地在威廉时期和俾斯麦时期寻求对后来德国发展的理解，并开始在一定程度上不再根据再现特殊个人的行动而是通过对社会结构进行批判性考察来探讨这一时期。一部遵循这一新方向的重要早期著作是费舍尔的学生赫尔穆特·伯梅（Helmut Böhme）*所著《走向强国的德意志》[*Deutschlands Weg Zur Grossmacht*（1966）]。[43]伯梅认为，1866年及1871年所发生的事件与其说是俾斯麦的政策导致的，不如说是工业革命及普鲁士在争夺中欧经济优势的战争中战胜奥地利的结果。贸易利益取代了外交事务，成为政策的主要决定因素。在普鲁士领导之下，统一德国的基础早在克尼格雷茨会战（battle of Königgrätz）**之前就由1864年关税同盟（*Zollverein*）的恢复奠定，这一关税同盟与普鲁士经济息息相关。如果说1871年帝国 `95` 的建立是自由贸易政策的支持者们一手促成的，那么1873年大萧条的经济压力则导致了与东方大农业利益集团更紧密的联盟、对保护贸易主义的要求，以及俾斯麦领导下的帝国在1879年之后沿着保守主义的政治及社会路线重新定向。这样一来，正是在德国条件下所发生的这一工业化进程阻碍了德国中产阶级获得政治支配权，却使蓬勃兴起的大经济企业领导人更靠拢仍旧由旧时享有特权的个人和集团牢固把持的普鲁士国家。

　　伯梅利用档案研究的重点一直是德意志各邦国的贸易政策。从1966年开始，一大批力求对威廉时期经济压力集团的作用进行细致研究的著作开始问世。因此，在一定意义上说，费舍尔曾提出的关于经济利益集团对外交政策的影响这一问题正在根据从这类组织、商业社团和政府机构的卷宗中所发现的档案证

---

　　*　赫尔穆特·伯梅（1936—2012），德国历史学家。——译者
　　**　克尼格雷茨战役亦名为萨多瓦之战。克尼格雷茨位于现捷克斯洛伐克境内的易北河上游，1866年7月3日，普军在此大败奥军，遂将奥地利排除在一个由普鲁士统治的德意志之外。——译者

据加以探讨。进行这些新研究的作者一般在20世纪60年代才接受了博士训练，一些人曾受教于费舍尔在汉堡的讨论班，而另一些则受教于格哈德·A. 里特尔（Gerhard A. Ritter）*（不要与格哈德·里特尔混同）在柏林或明斯特的那些讨论班，或受教于如特奥多尔·席德尔或维尔纳·康策这类更因循守旧的导师。为了给自己的研究奠定理论基础，他们有意识地从魏玛时期持异见的历史学家，如在1933年正值青春年华之时死于美国华盛顿的埃卡特·克尔的著作中，以及流亡时期的异端历史学家，如1949年和1950年作为客座教授短期返德，在柏林自由大学任教的汉斯·罗森贝格的著作中寻求理论依据。上述二人在20世纪50年代均为德国历史学家所忽视。汉斯·罗森贝格对于官僚专制主义在普鲁士的兴起所作的经典性分析《官僚政治、贵族和专制制度：1640—1815年普鲁士的经验》（*Bureaucracy, Aristocracy and Autocracy: The Prussian Expertence, 1640-1815*）[44]

96　直至今日仍未在德国出版。到20世纪50年代末，克尔发表在魏玛时期杂志中的论文和他的专论《1894—1901年的舰船制造与党派政治，试综览德国帝国主义内政、社会和意识形态的先决条件》[45]已被年轻一代历史学家广泛阅读。在上述著作中确实可以发现一种应用于历史的"批判性理论"、一种将马克斯·韦伯关于官僚政治的发展及社会地位的概念同马克思主义关于国家作为阶级统治机构发挥作用的观点加以结合的尝试。因此，汉斯-乌尔里希·韦勒于1965年出版埃卡特·克尔最重要的论文[46]，以及克尔关于军舰制造的著作于1966年再版，都发生在联邦德国历史编纂学重新定向的转折关头。

自1966年以来，论述政治压力集团的新作如雨后春笋，纷纷问世，其中包括汉斯-于尔根·普尔（Hans-Jürgen Puhle）**

---

　*　格哈德·A. 里特尔，德国历史学家。——译者
　**　汉斯-于尔根·普尔（1940—　），德国历史学家。——译者

关于《农民联盟》(*The League of Farmers*) [47]的研究；汉斯·耶格尔(Hans Jaeger) *[48]和哈特穆特·克尔布勒(Hartmut Kaeble) **[49]关于工业家协会的调查；海因里希·奥古斯特·温克勒(Heinrich August Winkler) ***[50]有关工匠和小零售商压力集团的分析；福尔克尔·伯格哈恩(Volker Berghahn)关于建造军舰对于国内政治所起作用的研究。[51]这在一定意义上是对1901年以后时期继续进行克尔式的分析；彼得-克里斯蒂安·维特(Peter-Christian Witt)有关德意志帝国自1903—1913年财政政策的著作[52]和迪克·施特格曼(Dick Stegman)对政党及压力集团于1897—1918年期间在"反社会主义政治同盟(*Sammlungspolitik*)政治"中发挥作用的研究。[53]

这些研究较少涉及经济利益集团的直接影响，例如乔治·W. F. 哈尔加滕对1914年以前帝国主义的研究[54]，而对社会及政治统治领域内一些更深入的问题尤为关注。上面提及的那些研究——可能克尔伯勒是一例外——都同意克尔和罗森贝格的基本观点：在德国经济与社会政治现代化之间存在一种不平衡。按照这种观点，德国的经济现代化进程是在不同于英国、美国或法国的条件下发生的，使诸如容克、官僚及军队这类前工业或前资产阶级集团可能在一工业社会中维持其社会影响和政治影响，在国家领导下成功地进行了工业化。再加上在社会和政治方面做出了某些让步，从而有助于满足资产阶级的重大利益。但是在资本主义条件下所进行的工业化进程中，深受前工业化或早期工业化时期官僚专制主义左右的社会内部现存冲突与矛盾被大大加剧。并非一个近代工业国家，而是一个"工业的农业国家"[55]诞生了。资本主义工业经济利益集团有助于实

---

　*　汉斯·耶格尔，德国历史学家。——译者

　**　哈特穆特·克尔布勒(1940—　)，德国历史学家。——译者

　***　海因里希·奥古斯特·温克勒(1938—　)，德国历史学家。——译者

现一种扩张主义的对外政策和制造军舰。只有同容克的农业利益达成妥协才能实现后一目标，这一妥协将维护一小撮早该寿终正寝的上层人物的政治及社会权利。这些历史学家论证，上述妥协不可能为一种推行资本主义的世界政策提供其长期发展所需要的社会基础。世界局势要求在国内实行社会及政治民主化。但为使农业家同意支持增加陆海军军备而达成的妥协排除了实行民主化的可能性，从而促使工农业出于截然不同的利益企图携手建立一个反社会主义政治同盟。这些研究证明，这一同盟不仅促成了那些导致第一次世界大战及德国战败的事件，而且，克尔认为，还有助于加剧"那些统治者的党派利益与真正的国家利益之间的冲突"。[56]政治同盟使殷实的资产阶级和下层中产阶级及工匠们重新封建化（温克勒），汉斯·罗森贝格和H-J.普尔认为，政治同盟有助于亲法西斯的、种族的、反犹的情绪出现，迪克·施特格曼认为，这些情绪在纳粹国家中最充分地发挥出来。

克尔对经济利益集团政治行动的归纳无疑过分概括，缺乏充分的经验证据作为基础。以上提及的研究开始提供了这一基础，并对各类压力集团的目标和政策做了更加分门别类的描述。[57]然而，这些著作或许在某种程度上更有助于对德国历史上这一时期进行批判，而不是进行方法论上的创新。正如汉斯－于尔根·普尔所指出的，他们中绝大部分人有意识地寻求基本运用传统历史方法，通过对原文证据进行批判性审视以获得理解，但他们将这一方法运用于新材料和新问题。[58]

然而，我们讨论过的那些研究企图超出"传记或政治史，对超个人的情境进行考察，但根据文本，这一情境并不总是显而易见的"。[59]除了像罗森贝格、韦勒、科卡和科泽勒克

（Koselleck）*那类有意利用关于社会结构和变化的充分发展的概念的历史学家，理论在这些著作中的作用不应被夸大。大部分有关压力集团的作品是由那些自认为首先是"工匠"的人撰写的。不存在那种在法国高等研究实践学院第六部或社会主义国家的科学院历史研究所内才可能存在的协力配合的组织基础。研究工作集中在大学里，继续由历史学家本人进行。除了在少数情况下，例如在威廉·阿贝尔直至1972年退休前所指导的哥廷根社会经济史研究所中，通力合作的事例颇为少见。甚至较大的合作研究计划，例如那些由哥廷根的马克斯·普朗克历史研究所承担的对18世纪欧洲各等级的研究，在科隆进行的关于民族主义的研究，或在海德堡从事的对工业化的研究也由学者们分工进行，使他们作为专家为更广泛的专题研究作出贡献。

尽管如此，在我们刚刚讨论过的那些历史学家的著作中，至少包含了某些关于方法的一般概念。像年鉴派历史学家一样，他们试图探索事件发生的结构情境，但更使他们感兴趣的是诸如立宪、行政及法律制度这类反映人类行动和观点的结构，而非年鉴派感兴趣的那些更基本和无意识的因素，如无意识的人口统计因素和经济因素。因此，德国历史学家中新型批判性团体所关注的结构需要一种对每一历史现象中具体的、独特的成分加以考虑的特殊概括或文本类型。

在其方法论设想中，从社会角度研究政治史的新方向在很多方面吸取了马克斯·韦伯提供的范例，在较小程度上则吸取了奥托·欣策提供的范例。正如我们前面提到的，海因里希·李凯尔特在兰普莱希特争论时已强调指出，历史学家从不如实地描绘过去。[60]自然现实或历史现实是杂乱无章的事件，科

_____

　*　于尔根·科卡（1941—　），德国历史学家。赖因哈特·科泽勒克（1923—2006），德国历史学家，主要著作有《批判与危机》《过去的未来》等。——译者

学家或学者借助于概念把秩序强加于它。对于李凯尔特和韦伯来说，文德尔班对人文科学或社会科学的个别解释法——寻求对独特事件的解释——和自然科学的一般概括法——旨在找出规律——加以区分并无道理。因为人文科学同自然科学一样，即使不需要规律，也需要概括。社会科学和人文科学方法论上的独特之处来自其主题，来自这一条件，即"每一文化事件都体现了为人所承认的价值，出于这个缘故，它不是被造成的，就是，如果它已发生了的话，被培养的"。[61]它也来自这一事实，即历史学家或人文科学家探讨文化时，它探讨的是价值体系。韦伯赞成李凯尔特的观点，即"关于文化进程的知识只有根据意义（*meaning*）才可以理解，而这一意义是具有独特形式的现实生活，它对于生活在独特而个别的关系之中的我们来说才存在"。[62]

100　　但是，人文科学探讨的是必须在其具体历史语境中加以理解的价值和意义，绝未排除对价值和意义进行解释的可能性，相反，却使这种解释成为可能。至少我们正加以讨论的历史学家们毫无保留地接受韦伯的基本设想是：人们有目的地正常行动，去追求那些就其本身来说归根结底并非来自理性或经验秩序的目的。但是由于人的行为是由价值支配的，因此有可能通过经验或理性程序来解释人们如何共同行动以追求这些价值。韦伯所设想的"同情理解的社会学"（*verstehende Soziologie*）并不涉及人类动机根源、不涉及对行为的分析，因此并非是心理学[63]的一部分。当人们在最有效地追求指导其行为的目的时，会遵循上述对行为的分析，从而有可能发展解释模式、启发式模式的"理想型"。这一启发式模式允许人们掌握遗传学概念中独特的历史复杂性。韦伯并非将这些"理想型"设想为"前提"，因为它们并不试图描述现实，而只是提供了一种启发式研究的原则，据此原则能够对真实的历史发展进行评估。

韦伯对近代西方社会的分析涉及一个现代化概念，这一概念以一种修正的形式在大部分我们所讨论的、关于德国的批判性作品中重现。后来的历史著作，因其狭隘地集中注意于19世纪及20世纪的德国问题，确实缺乏那种普遍的历史眼光，而这种眼光是韦伯的著作所特有的。在韦伯看来，对古代犹太教、古希腊罗马，及中国和印度的分析是理解西方理性化进程独特之处的关键。这一论点——认为应在新教、现实的禁欲主义中探求近代世俗理性主义的根源——对于理解近代资本主义来说也并不是必不可少的。韦伯本人承认近代资本主义不再需要宗教禁欲主义的支持。但批判性著作接受韦伯的设想，一股强大的力量正朝着一个更为"理性的"，即高效率、有成效的集体活动组织运动，这体现在官僚主义化、资本主义的扩张和精神生活科学化的趋势中。官僚主义化——在此主要以普鲁士为例——是否事实上像韦伯所说的那样明确地标志着一种使政府合理化的变革，抑或是否并不包含抵制变化和墨守成规的不合理成分，当然可以提出这个问题。此外，欧洲大陆早熟的官僚主义政府同英美远为缓慢的官僚主义化形成鲜明的对比，这可能在很多重要的方面反映了政治及经济条件近代化的不平衡发展。

韦伯敏锐地意识到：与西方不同，德国的近代化是不平衡的；在德国仍旧存在一个受达官贵人阶级、"知识贵族"[64]支持的贵族式"农业社会"，这个社会作为一种政治力量严重阻碍了德国的现代化——这是韦伯极为关注的——并削弱了德国在国际舞台上的作用。同样，韦伯还认识到，随着放弃社会和政治抱负，产生了社会冲突因素，放弃的原因是既要实现近代工业化，又要维持一种试图巩固现存权力、地位和财富分配的统治制度。绝不能过分强调韦伯对德国历史研究的影响。奥托·欣策于20世纪10年代和20年代企图引进有关发展的类型学概念并运用比较法[65]对诸如官僚政治、资本主义、封建

101

主义这类欧洲制度的发展加以分析，他在一定程度上具有承前启后的作用。就认识论而言，欣策是一个大大超过韦伯的现实主义者。他认为，历史学家赖以工作的概括和类型不仅是他们发明的启发式研究手段，而且体现了直接得自历史主题的"直观的抽象"（anschauliche Abstraktionen——依靠对客体冥思苦想而获得的抽象）。但在当时，欣策对魏玛共和国的

102　青年一代历史学家始终影响甚微，而且他缺乏韦伯那种广度和批判性的政治态度。他更狭隘地、非批判性地致力于研究法国革命前一时期影响经济发展的普鲁士行政制度，而只稍稍涉及工业化时期。

　　20世纪60年代和70年代德国政治历史编纂学中的批判方向——魏玛时期的克尔和流亡时期的汉斯·罗森贝格分别为其先驱——绝不能被称之为韦伯学派。遵循这一方向的历史学家，诸如克尔，同欣策一样，否定新康德学派的下述见解，即社会科学概念并不反映现实，而仅仅用于将混乱不堪的事件加以组织，从而理解事件，然而，他们仍然得益于韦伯对要人身份、官僚政治和资本主义的分析，因为这些同韦伯对德国近代化特殊性的考察有关。韦伯热衷于政治，但是坚持认为，作为科学家而非政客，一个学者必须在探索中努力摆脱政治评价。与此截然相反，年轻一代公开赞成对德国社会、政治结构和民族价值进行批判性考察。他们虽然并不认为自己是马克思主义者，但在对政治进行分析时，比起韦伯，他们把阶级冲突和经济利益放在更中心的位置，并更为尖锐地强调资本主义在激化德国社会内部紧张关系和促成1914年和1933年悲剧中所起的作用。

　　埃卡特·克尔，在一定程度上也包括罗森贝格，他们以对18世纪和19世纪普鲁士和德国政策的批判性研究，成为有关利益集团论著的重要典范。比起韦伯，克尔和罗森贝格更加认为，作为一种向更合理的社会制度进行改革的阻力，官僚政治

发挥着重要的作用。克尔同罗森贝格一样，认识到大贵族地主的资本主义性质。专制主义国家创立官僚政治以削弱贵族和地主的权利。军事压力在18世纪加剧了官僚主义化和中央集权化的进程，但却使官僚政治日益独裁化。对于克尔来说，一个法治国（Rechtstaat）的建立标志着"农业资本主义对君主制的胜利"，在这个国家中，依靠适当的诉讼条款保障官僚政治不受国王的任意干涉。克尔认为施泰因改革确立了"官员专政"[66]，罗森贝格认为这一改革确立了"官僚专制主义"。[67]克尔认为，独立的官僚政治的发展与普鲁士资本主义的发展水乳交融。未来的社会矛盾存在于这一现象之中，即普鲁士官僚政治既满足了"资产阶级"的经济利益，又维持了资本主义农业阶级的政治作用。德意志命中注定的政治结局是"资产阶级政治活动的土崩瓦解"。克尔认为，这一结局起源于在独特的普鲁士-德意志条件之下发展资本主义的"内部必然性"[68]，即资产阶级满足了自己的政治要求，同时与农业资本主义结成同盟。"资本主义经济不可抗拒的发展"[69]巩固了这一联盟，并导致了德国外交政策中的危险路线，对此，克尔在他关于军舰的著作中进行了分析。"外交事务第一"的传统概念被推翻，克尔将外交政策视为国内利益所发挥的作用。[70]建立舰队与其说是作为"维护国家自主权"的工具，不如说是作为"经济自主权和为经济扩张而战斗的工具"，而且更重要的是，作为"一种手段，重新巩固受到威胁的工农业联合统治，以抵制作为一种政治力量而兴起的无产阶级"。[71]克尔认为马克思没有充分理解德国状况的基本特征，即"经济同政治力量的矛盾"，操纵德国政治的不是"工业资本主义经济制度的合法代表——资产阶级，而是一种从根本上被历史所超越的经济制度——封建主义——的合法代表。[72]在这种条件下，资本主义社会秩序日益增长的紧张关系必然（zwangsläufig）使"民族国家"转变为"一个阶级国家，并导致国际事务中的实力政策"。[73]

尽管如此，克尔对德国历史所进行的概括性分析提出了某些方法论方面的问题。与韦伯迥然相异，克尔所探讨的是他认为严格遵循内部必然性的"客观"社会过程。理论上说，为这些过程发现找到令人信服的经验证据应当是可能的。这些过程毕竟发生在现实世界，与韦伯相比，克尔似乎在更大程度上认为上述过程决定政治行为和根本态度而非反之。但是，克尔用来分析这些发展的方法在根本上涉及对广义上的"资本主义"或"农业"经济集团，或者诸如官员、军官、教师这类社会经济集团，或"阶层"（Stände）以及政党的政治见解进行讨论。克尔的著作始终是饶有兴味的主题。然而，为建立经济利益同政治行动之间的关系所需要的基本档案工作刚刚开始进行，因而，对德国阶级的分析要求进行经验性研究，这是目前十分缺乏的。在一定限度之内，计量成为社会分析的重要工具。这里克尔的缺陷在很多方面也是韦伯的缺陷——在一定程度上又是马克思的缺陷。韦伯将社会学视为一种"经验论"的学科。但他对社会结构和社会发展的分析仍旧是印象主义的。总是能够为解释性理论找到经验性例证，诸如韦伯关于资本主义的宗教起源的观点，但如何选择证据，以提供一个令人信服的事例，却不存在标准。归根结底，韦伯和克尔都未超出同情理解方法的重要局限。在一部分关于利益集团作用的著作中，也存在克尔所具有的局限性，这类著作轻易地接受了克尔的概括，作为其研究的框架。

105　　　罗森贝格和韦伯二人都超越了克尔，力求将在很大程度上能够数量化的经济增长理论与历史分析相结合。其他历史学家在较低程度上也这样做了，如伯梅强调指出经济的周期发展，尤其是1873年的大萧条对政治发展的深远影响。1873年大萧条作为原因要素，在很多有关经济压力集团兴起的研究中具有重要地位。罗森贝格在其论述大萧条的著作[74]中试图将19世纪晚期的德国和奥地利历史作为一项假设的范例来进行研究。该假设认为，经济活动的漫长周期不仅能为对经济过程和增长进行经验调查提供线索，也能为研究发展和结构联系的非经济方面，从而为理解"历史本身"（"*der*" *Geschichte*）提供线索。[75]就这样，罗森贝格探讨了1873年萧条对于政治及经济自由主义的衰落、反犹主义和他称之为"前法西斯"态度的出现以及克尔已经加以论述的巩固农业与工业利益联盟的影响。然而，他承认，必须根据中欧特殊的政治遗产对这次萧条的影响加以理解，而非仅仅将萧条作为对一系列经济状况的机械反应。[76]

韦勒在其所著《俾斯麦和帝国主义》[*Bismarck und der Imperialismus*（1969）]一书中，试图把更广泛的工业化理论和俾斯麦时期的德国殖民政策联系起来。韦勒甚至比罗森贝格更明确地强调指出，一定不能将工业化视为一个始终如一的、线性经济增长过程，而应视为一个以不平衡的波动、危机和民族差异为标志的增长。"经济、社会、政治和思想意识构成一个整体，一个独立的控制论体系（*Regelsystem*）。"[77]因而韦勒所研究的俾斯麦时期的帝国主义，不能仅仅从经济方面加以理解，而是必须根据社会、政治和意识形态因素加以考察。对于韦勒来说，俾斯麦时期的殖民主义是国内政治的一个职能，正如对于克尔来说，后来一个时期的海军主义是国内政治的一个职能一样。俾斯麦并未获得殖民地以推行其世界政策，但从一个工业大国的经济扩张中产生了一个世界强国。[78]殖民政策采取"受操纵的社会帝国主义"形式，平息了经济危机时期所加剧的社会冲突，阻碍了工业社会中必不可少的改革。但在这部书中，紧接着理论部分之后，叙述事件进程（*Ereignisgeschichte*）的章节再次表明，在解释性理论模式与实际历史事件之间建立联系是何等困难。韦勒对俾斯麦殖民政策的叙述与传统的叙述并不截

然不同。正如韦勒正确指出的，正是在这一时期，德国建立了
一个在俾斯麦之后稍事扩张的殖民帝国。[79]但在此书的叙述性章
节中所描述的俾斯麦政策，与其说受到市场周期活动或工业利
益的影响，不如说是部分受到偶然因素以及为建立一个对德国
经济并不重要的帝国而推行的外交政策的影响。罗森贝格和韦
勒都强调萧条对于外交政策的重要性。但二人极为不同地看待
萧条的影响。对于罗森贝格来说，不景气的经济及其社会紧张
关系促使俾斯麦避免"所有国际冒险"[80]，韦勒却认为这正是德
意志帝国主义的根源。韦勒和罗森贝格的著作——罗森贝格的
研究更加明显——基本上都采取假说的形式[81]，尽管并未解决提
出的问题，但是对注重理论和问题的历史研究方法进行了探索。
这一方法试图缩小经验论方法与探索意义及意向因素的方法之
间的鸿沟。韦勒和罗森贝格有关对外政策问题的分歧，再次说
明，为使对历史发展进行的解释具有学术一致性而制定概念和
方法是何等困难。

　　根据马克思主义的观点，罗森贝格和韦勒二人都因未利用
一种关于社会变革的综合理论而受到批判。[82]人们指出，罗森贝
格未致力于解释周期为何发生，而是满足于注意到周期的发生
并利用它作为一个分期的手段。韦勒试图以资本主义增长，尤
其是生产过剩和市场无政府状态来解释危机的发生。从对他进
行评论的马克思主义评论家的角度来看，他没有充分重视利润
率的不断下降。由于将每一经济危机作为一个独特的事件加以
探讨，试图用可孤立存在的因素对每一次危机加以解释，并运
用一种"理论的多元主义"解释这些因素，韦勒受到进一步的
批判。[83]韦勒不会否认这一点，并公开承认在历史解释中，"某
种理论上的折中主义是规律而非例外"。[84]这样一种折中主义当
然限制了科学的严格性，并在选择那些用以分析每一危机的理
论时持主观的态度。但人们可以这样争辩说，在社会科学发展

的这一阶段，如果人们不希望尝试无法用经验加以证实的思辨历史理论的非科学方法，这种缺陷是不可避免的。在对韦勒、罗森贝格和沃尔夫拉姆·费舍尔（Wolfram Fischer）[*]进行批判时，赖因哈德·施普雷（Reinhard Spree）从马克思主义的立场出发，抱怨历史学家们"使自己局限于部分分析或微量分析，任意地对现实中的各个部分加以限定，并将大量数据归入限定的范畴或'准规律'之下，以便发现经验主义的规律，从而削弱了复杂性"的历史学家们。[85]但施普雷并未解决我们早些时所提出的问题，即一种辩证的、"将社会作为具体整体的辩证概念"[86]，如何才能减少他在韦勒的方法中所发现的主观和武断成分。

　　韦勒同马克思主义者一样，承认历史的政治作用。他将历史视为一种既反映时代的历史性、又作用于时代的"活生生的、政治的、批判的社会科学"。[87]对于韦勒来说，19世纪和20世纪的历史同工业化的历史不可分割地结合在一起。他强调指出，在目前德国的形势下，历史学家的任务在于为克服某种"滞后"而效力，这种"滞后"存在于经济发展、社会发展与政治发展之间，致命地困扰着1871至1945年的德国历史。韦勒论证道，在认识到现代科学总是"固定在某些基本的价值观念中"这一点，韦伯是正确的，而这些价值观念随着社会现实的变化而被修正。韦伯赞同自由资本主义的个人主义制度和某些西方文化价值准则，韦勒却感到，在今天，一种"群众性民主社会国家的长远目标"更为优越，"然而，在这一国家中，社会对个人的绝对权利的要求（Anspruch）受到抵制，工业世界被人性化——社会的要求在一定程度上服从于理性计划的控制"[88]，这基本上是德国社会民主党目前的目标。

108

---

　　[*]　沃尔夫拉姆·费舍尔（1928—　），德国经济史学家。——译者

汉斯-乌尔里希·韦勒和汉斯·罗森贝格在我们刚刚讨论
过的历史学家中是佼佼者。他们有意识地企图将社会科学理论
同历史研究融为一体，从而加强历史研究的解释价值。自1970
年以后的数年中，在联邦德国，有关理论在历史研究中的作用
的著作有规律地增多了。[89]这些著作根据截然不同的观点写成。
一方面，20世纪60年代，格哈德·里特尔作为德国历史学界
的泰斗，仍然能够在同弗里茨·费舍尔的论战中把维护民族
政治传统，同重申对政治人物进行历史主义的研究加以结合，
与此同时，新的著作同意，德国的历史主义经典遗产具有缺
陷。承认历史科学的德国传统不够完美。这一感觉不仅意味
着对德国昔日政治的幻灭，而且意味着对近代技术社会的文化
价值和历史重要性产生了怀疑，在这一社会中很多同过去的联
系都中断了。

　　20世纪60年代晚期和70年代早期，这种对历史功用性的
怀疑表现为大学中的学生由历史学逐步改学社会学和政治科学，
109　表现为中等学校的历史课程为社会研究（*Gemeinschaftskunde*）
的课程所取代。[90]与这种对历史的普遍不满相关联的是，历史
学家日益确信他们在德国曾从事的历史研究不足以满足一个
科学学科的要求，这里科学是根据*Wissenschaft*一词的广义去
理解的。有关这门科学的性质存在对立的概念，反映出明显的
差异。这些概念反映了我们在第一章中论述的新实证主义观
点、阐释学观点同马克思主义的辩证观点之间的冲突。卡尔-
格奥尔格·法贝尔一方面承认阐释方法在历史中的作用，另一
方面又力图强调根据经验数据[91]进行概括的作用。而民主右翼
历史学家，诸如迪特尔·格罗[92]和盖斯的多卷集《未来史学之
管见》（*Ansichten einer zukünftigen Geschichtswissenschaft*）[93]的
撰稿者们，仍然对将不作价值判断的概括引入历史研究持批判
的态度。但是在历史学家中达成了一种广泛的一致，即历史与

社会科学不可分割——虽然对这些科学的设想极为不同，而且反过来，社会科学也不能仅仅从结构或功能上进行探讨，而不考虑时间和变化的因素。进一步的一致在于认为，历史研究为获得科学性质需要使用清晰的理论，虽然关于什么性质的理论适合于历史研究还存在分歧。当然，历史学家的任务仍是将用理论指导历史研究的要求转化为实际的运用。20世纪60年代后期，那些论述利益集团的作品仅仅在有限的意义上依靠理论指导研究问题。这些作品的理论设想基本上是模糊不清的，而在企图发展清晰明了理论的诸如韦勒的《俾斯麦和帝国主义》和汉斯·罗森贝格的《俾斯麦和大萧条》(*Bismarck und die grosse Depression*)这类著作中，理论模式与事件之间的联系依然是极其薄弱的。

　　但仅仅将社会科学的理论应用于历史研究是不够的；还需要一个由经验主义的社会研究构成的坚实基础，在此之上建立 110 这些理论。一般来说，正是在人口统计学研究、注重理论的经济史和计量方法领域中，联邦德国的学术成就——有时也包括民主德国的——比法国、英国和波兰的历史研究落后。作为编者，汉斯－乌尔里希·韦勒的伟大贡献是使德国历史学家了解到，在德国之外，尤其是在英语和法语国家里，人们力图应用社会科学理论对历史现象进行分析。与此同时，韦勒在一系列重要的论著[94]中探讨了这些方法在历史研究中的局限性。这些著作较为系统地阐述了在《俾斯麦与帝国主义》一书中加以发挥的理论立场。韦勒使人们注意到，英美国家和法国所做的工作和尝试，即对人口统计学、经济增长和政治行为所做的量化研究，和将人类学和心理分析的概念引进历史研究的尝试。他看到，计量历史学家，诸如新经济史学家们，依靠计量方法精确规划所要探索的问题，并对清晰的前提及模式进行严格检验，从而做出了伟大的贡献。但是，韦勒警告说，这些由孤立的可测性可变物入手的方法由于"不可避免要进行定性研究"[95]，因此对于探讨历史局势中的复杂性来说，是有局限性的。韦勒认为，引进假设推理模式的过程——诸如对新经济史的研究——具有下述危险，当从历史中抽象出经济学时，他们既歪曲了经济事实，也歪曲了历史事实。因为从经济平衡理论出发——这种理论以完美的竞争和供求规律不受阻碍地发挥作用为特征，它们忽略了那些永远阻碍这种平衡的具体政治因素和其他方面的因素。

因而，对经济进程的理解需要用"历史社会经济理论取代那些自命为普遍适用于研究孤立的经济问题的理论"。[96]韦勒认为，马克思和韦伯继续提供了"历史社会科学"的重要范例。这是他们的伟大贡献之一，这也是德国政治经济史学派的伟大贡献，即摒弃了那种依靠脱离"真正历史"[97]的抽象概念进行研究的经济科学。马克思和韦伯同熊彼特和格申克龙一样，在制订可应用的经济理论方面显然超出了德国政治经济史学派，当然这种经济理论仅限于一定的历史范围之内，但仍然能够将一种内部发展逻辑概念化。关于工业化进程的分析，格申克龙优于沃尔特·罗斯托的地方，在于格申克龙用特殊的历史因素解释一些国家工业化模式的多样性，在这些国家中，向工业经济的突破与英国"经济起飞"的古典模式相比，反映了相对"落后的经济"[98]环境。不可能有普遍的历史理论。一种理论越普遍，就越刻板、越空洞，因而对于历史学家就越无用。[99]但韦勒认为，在历史研究中，有两个方面可能使用理论。大量来源于社会科学的社会理论可能用来探索特殊的历史问题。但除此之外，"中等范围"[100]的历史理论是可能的。他相信，正如马克思、韦伯或格申克龙所使用的理论，这些理论可能提供在一定程度上可由经验证实的假设。尽管承认价值概念和文化利益决定历史学家所提出的问题，韦勒仍然同新康德派截然不同，确信"存在于过去的结构不受研究主题的支配"。[101]这些结构只有在学术研究中所提出的对立的解释中才变得显而易见，无论如何，这些结构为检验历史理论提供了客观依据。

　　然而，问题仍旧在于，"中等范围"的理论如何应用于历史研究。尽管20世纪60年代后期有关利益集团的研究一般来说属于韦勒所谓的"批判性的"，但就方法而言，它们大部分相对说来颇为因循守旧，致力于按照书面文献研究领袖人物在政治经济生活中所采取的决定。但过去五年的研究已迅速超出了这一范围，有意识地试图利用来自社会科学，特别是来自国际流行的、关于经济增长和经济周期的、来自韦伯的社会学概念与方法。此外，在较小程度上，也有意识地利用来自最新人口学研究的方法和概念。1972年开始出版的"历史科学批判研究"丛书[102]便是这种新趋势的一个例证。这套丛书恰恰致力于研究韦勒认为对于今天的历史学家最为主要的问题，即借助于来自当代社会科学的理论和方法，从"批判的"立场出发，致力于研究资本主义工业社会的机能失调，对近代工业世界中的政治和社会发展进行分析。

　　自20世纪60年代以来，德国历史研究日益注重研究德国的工业化。但这些研究与韦勒和罗森贝格所进行的不太相同，没有应用理论研究经济、社会结构和政治之间的相互关系，也没有将这一研究置于坚实的经验基础之上。在德国，计量研究仍然不太常见，尽管诸如那些与社会政治协会（一个由教授等人于19世纪70年代组成的、对由工业化所引起的社会问题进行科学研究的组织）关系密切的德国官员和学者在19世纪积累了大量统计学资料。正如詹姆斯·希恩（James Sheehan）[*]最近指出的，"德国社会政治史学者们拥有极为丰富的计量数据。但他对

112

　　　*　詹姆斯·希恩（1937—　），美国历史学家，主要著作有《德国史，1770—1866》《德国国会中的政治领导，1871—1978》等。——译者

这种材料的社会学或历史洞察力却相对不足"。[103]在魏玛时期，诸如特奥多尔·盖格尔[*]等社会学家编制了有关德国社会结构和流动性的大量统计数据。但当代德国社会史学家们却较少利用这一成果。最新出版的《德国经济社会史手册》（*Handbuch der deutschen Wirtschafts-und Soziolgeschichte*）仍旧反映出，历史主义观点甚至深深地控制着经济史学家们。编辑者们忽视了德国之外的经济史发展状况，因而迟至1971年还坚持说，德罗伊森于一个世纪之前在《历史》（*Historik*）中所提出的、强调特殊性的传统历史方法仍旧适用于经济史。多卷本《德国农业史》（*Deutsche Agrargeschichte*）[104]于20世纪60年代出版，除了一个例外——威廉·阿贝尔所撰部分——其余都从宪法、行政和法律史的角度探讨农业史。历史研究的空间范围局限于德意志"民族"或1871年以后的帝国；经济史或农业史的分期则根据君主统治的朝代划分。

113

沃尔夫拉姆·费舍尔在20世纪60年代后期提倡一种有关过去的"经验论社会科学"。[105]1967年，他仍然抱怨说，就方法而言，德国历史研究从马克思主义者和非马克思主义者有关英国早期工业化时期生活水平的辩论中学到的太少。[106]他号召历史学家将研究经济史、国民生产总值的估计数字、实际收入、价格和贷款水平的计量方法同对早期工业化时期的阶级进行社会学分析结合起来。在他本人的研究中，他试图检验马克思关于在资本主义条件下工业化导致阶级结构简化的论断，并不仅就工业化晚期，并就工业化早期对此概念提出疑问。近年来，区域性研究，诸如奥托·比施（Otto Büsch）[**]有关柏林－勃兰登堡地区[107]工业化的著作，越来越常见，并引起了对人口统计学的

---

    *   特奥多尔·盖格尔（1891—1952），德国社会学家，主要致力于写作有关社会分为各阶层的经验论著作。——译者
    **   奥托·比施，德国历史学家。——译者

兴趣。但比施和沃尔夫冈·克尔曼（Wolfgang Köllmann）[*108]有关人口的研究并未响应费舍尔和韦勒的号召，对理论毫无兴趣。比施坦白地证实他对"关于工业化、经济增长和社会变化之间关系的理论性讨论"[109]兴趣索然，宁愿为相关学科提供检验其理论、假设和模式所需的经验性材料。

对于将经验性社会科学应用于历史研究的抵制，尽管不断 114减弱，但仍旧十分强有力。更年轻的在社会和政治方面更富于批判性的历史学家远甚于自己所承认地从前辈们那里大量接受了唯心主义历史观，尤其是对经验研究和计量研究的敌视。法国年鉴派的著作在德国无人理解，被像格哈德·里特尔这样的老一代保守派史学家和诸如迪特尔·格罗[110]之类的"批判理论"的青年信徒们断然拒绝。格罗的论点同法兰克福学派哲学家，诸如阿多诺和哈贝马斯在其同"实证主义者"卡尔·波普尔和汉斯·阿尔贝特[111]著名的辩论中所提出的观点类似。格罗谴责年鉴派的客观主义，强调指出历史作为一门"批判性的社会科学"，其目标在于"解放"，必须将分析和经验方法同阐释学的同情理解方法相结合。格罗无疑是正确的：数量系列本身并不具有自己的解释，不考虑"人"如何"创造其自身的历史"。但格罗同哈贝马斯一样，就方法论而言，几乎不能为历史研究提供比古典历史学家直观的同情理解方法更严密的方法论准则。就此而言，韦勒的研究再次代表了一种受人欢迎的尝试，他试图填补解释性社会科学方法、模式建立、量化以及在历史——特别但不完全在经济史——著作中所运用的类似方法同德国强调意识和人类决定作用的同情理解方法之间的鸿沟。

确实，惊人的是，联邦德国的研究与大不列颠的形成了鲜明的对比。在大不列颠，诸如埃里克·霍布斯鲍姆这类马克思

＊　沃尔夫冈·克尔曼（1925—1997），德国历史学家。——译者

主义者同非马克思主义者一样，埋头搜集有关工人阶级状况的广泛的经验资料和数量资料，而在联邦德国，这类研究直到最近还几乎完全由诸如威廉·阿贝尔及其小组这类历史学家进行，他们认为自己作为学者，不应进行价值评价，在政治上不属于任何一派。威廉·阿贝尔对农业史和经济史所进行的高度计量

115 性探讨仍然是一种十分罕见的现象。威廉·阿贝尔完全摆脱了纳粹时期包围着农民研究的民族（*völkisch*）浪漫主义，于1935年出版了一部关于中世纪晚期以来农业萧条和繁荣周期的计量研究著作。[112]该著作以一长串关于人口、工资、价格和食物消费的数据为基础，试图依据欧洲内的比较，调查自市场经济初期到工业化初期人口统计学因素与经济因素之间的相互关系。不仅在纳粹时期，而且直到20世纪60年代，当阿贝尔的调查和方法在法国、大不列颠和波兰已引起很大关注时，他的工作在德国仍然被有意忽视。直至60年代初，他本人在农业学院仍然受到孤立。自那之后，他的哥廷根的社会经济史研究所发掘出大量有关德国城镇的资料。虽然这些资料十分清楚地说明了德国老百姓的生活，特别是手工业工人的贫困程度及周期，因而对于经济学家和社会学家都极有价值[113]——阿贝尔也对有关工业化初期贫困化原因的争论做出了重要贡献——但他的研究有意回避了不能轻易地加以量化的政治因素和社会学因素，诸如社会地位问题。

直到最近，在联邦德国——或者，正如我们将在下一章所看到的，在民主德国——所撰写的工人阶级史主要是有组织的工人阶级运动史，在1918年以前时期主要是德国社会民主党史。德国学术研究直至最近还缺少鼓舞英国人"自下而上的历史"的激进传统。然而，近年来出现了许多不仅对工人阶级的经济状况，而且对诸如家庭生活和阅读类型这类主题进行具体

探讨的论著。正如罗尔夫·恩格辛（Rolf Engelsing）[*]有关18世纪和19世纪，德国从社团社会向近代资本主义社会转变时期的中下层社会史的文章所着手进行的一样。[114]恩格辛不仅关心生活水平和生活费用，而且关注政治觉悟、教育、阅读材料的选择。恩格辛研究"近代时期读者大众史"的尝试与我们前面探讨过的《18世纪法国的书籍与社会》所研究的主题类似，但二者在方法论上的差异是引人注目而饶有兴味的。恩格辛基本避免运用计量方法，而从广泛挑选的书面原始资料——书信、日记、著名人物及无名之辈的回忆录——中寻找例证，这些原始资料描述了广泛而国际化的阅读材料和阅读习惯，这一描述却是印象主义的。同样，他关于阶级和社会地位的概念避免使用法国团体用来进行计量研究的标准 。瓦尔特·格拉布以一种截然不同的形式所从事或指导的、有关18世纪晚期和19世纪雅各宾主义和德国激进民主运动的研究，也力图根据书面证据重现为一般历史学家所忽略的广大人口的意识。[115]

　　对工业化初期所进行的重要研究继续强调一种社会学的同情理解方法，这种方法在极大程度上得之于马克斯·韦伯，在一定程度上来自卡尔·马克思。需要提及两项研究成果：赖因哈特·科泽勒克所著《改革与革命之间的普鲁士》[116]和于尔根·科卡关于1847年至1914年间西门子公司白领雇员的研究[117]，上述两项研究均属于维尔纳·康策在海德堡所编辑的名为"工业世界"的那套丛书。科泽勒克认为，普鲁士是一个"力量的增长与其工业化相一致"[118]的国家。但工业化进程实际上基本不是科泽勒克研究的重点。理解社会政治后果的关键是对普鲁士立法和行政的分析。科泽勒克在普鲁士官僚政治的改革政策中看到了日后社会政治紧张关系的根源。一方面，摧

116

---

* 　罗尔夫·恩格辛（1930—1986），德国历史学家。——译者

117　毁了古老的等级制度的这些政策为更适应工业化的社会和经济
　　秩序开辟了道路；另一方面，由于取消了行会和社团传统上
　　对穷人的保护，这些政策在工业贫困日益增长的时期造成了穷
　　人与国家的直接对抗，这一对抗为欧洲1848年革命提供了基
　　础，并促进了日后反对民主化的倾向。科泽勒克显而易见是打
　　算超越"传记历史和政治史"，撰写一部使"持久的结构"清
　　晰可见的社会史。但是他坚持认为，这样一种结构史归根结
　　底必须依据对原文的解释和传统的"历史语言学方法"[119]，尽
　　管后者可由大量数量资料加以补充，正如实际上科泽勒克所做
　　的那样。归根结底，历史是意识的历史。科泽勒克同康策一
　　样，认为一个时代的社会史，包括近代工业世界的社会史的关
　　键存在于指导一个时代的概念之中。社会史因此必然是"概念
　　史"（*Begriffsgeschichte*），它同对历史学家贡献甚微的思想史
　　（*Ideengeschichte*）截然有别。康策的研究所因而承担了编写
　　出版一部有关"基本历史概念"[120]的大词典的工作，它对于通
　　过语言了解工业世界是一贡献。这部词典的第一卷现已问世。

　　　　于尔根·科卡对近百年来西门子公司白领雇员同资方关系
　　的发展进行了分析[121]，他进一步使官僚主义化理论和社会分层
　　理论同档案研究联系起来。科卡的著作同大量有关1914年以前
　　半个世纪德国史的批判性作品一样，致力于研究德国工业化的
　　条件，他们认为，与其他国家，诸如大不列颠或美国相比，德
　　国的工业化发生在一种前工业性官僚政治和传统更深入人心的
　　条件之下。从这一观点出发，科卡探索了白领"中产阶级"和
　　白领心理在德国的出现，在尚未问世的更近期的研究报告中，
118　探索了美国的白领"中产阶级"。今天，很多年轻一代历史学家
　　都和科卡一样对比较史学颇感兴趣。尽管在一个多世纪中，大
　　约从1848年至20世纪60年代，至少在那些同诸如马克斯·韦伯
　　这类历史社会学家完全相反的历史学家的著作中，比较史学十

分罕见，但自1965年以来，很多著作在国际对比的框架下观察德国的发展、旧制度、早期工业化、议会化、有组织的资本主义、帝国主义、法西斯主义——当然，这些著作几乎总是致力于研究近代德国的发展的问题。

这样，自从费舍尔争论以来，在德国史学界的一般趋势中，发生了引人注目的变化。这一变化不仅反映了对国家过去的重新评价，而且反映了方法论上的重新定向。这一重新定向不能同政治观和社会观的变化截然分开。但20世纪70年代中期的历史编纂学，既反映了同国际历史科学中各种趋势的融合，也反映了对传统德国主题的坚持。直到20世纪50年代后期，与世隔绝，仅仅关注德国问题而对国外方法论方面的讨论漠不关心的态度还是德国史学的特征。现在，形势有所改观。重新引进国外社会科学研究方法的标志是：1973年在马克斯·普朗克历史研究所组成了一支研究队伍。[122]这支队伍有计划地对原始工业化进行深入的地区性研究，利用由年鉴派和剑桥人口及社会结构史小组所发展的方法进行尝试，这些方法中包括那些至今在德国仍被忽视的、重新构成家庭的方法。其他有关原工业化和早期工业化的研究完全依据经济数据，并试图分析主要经济部门在工业"起飞"中的作用。这是由理查德·蒂利（Richard Tilly）*及其门生在明斯特所进行的。哥廷根小组打算利用尽可能数量化的，有关人口、农业、制造业、政治和社会机构、社会文化标准的各种数据，进行深入细致的微观历史研究，"以避免个别方法的不确定性"。这一尝试依靠假设进行，以建立历史理论与经验数据之间的关系。

我们上面提到的丛书"历史科学批判研究"和新杂志《历史与社会：历史社会学杂志》（*Geschichte und Gesellschaft.*

＊　理查德·蒂利（1932—　），美国历史学家，主要著作有《1815—1870年莱茵兰的财政机构及工业化》。——译者

Zeitschrift für Historische Sozialwissenschaft）的创办体现了类似的开放态度。《历史与社会：历史社会学杂志》于1975年问世，其宗旨是成为德国和非德国学者的"社会科学史研究"论坛。"历史，"它在内容简介中声称，"将被视为一门同邻近的社会科学，尤其是社会学、政治科学和经济学密切相关的历史社会科学。"但比起年鉴派和剑桥小组的研究来，它更加有意识地努力"不忽略政治观点"。年鉴学派的研究以工业化以前的欧洲社会进程为中心，《历史与社会：历史社会学杂志》与"历史科学批判研究"丛书的编辑们则打算集中研究紧接着18世纪工业革命和政治革命以后的那一时期。马克思和韦伯继续提供了进行"批判研究"的社会科学概念，虽然这些研究在原则上极其需要承认需要经验的确证，即使实际上显然很少是这样。

　　在这一方面，"历史科学批判研究"丛书中于尔根·科卡所著的一卷《1914—1918年大战中的阶级社会》[123]对第一次世界大战的政治进行了分析，它具有特殊的意义。这一著作超越了弗里茨·费舍尔及其弟子们的研究，也胜于探讨经济利益集团的历史学家们的研究成果。科卡认为，上述这两派都曾继续"依赖按原文解释的传统方法"去理解经济和政治生活中主要人物们的决定，而不是去探讨变化本身的社会经济结构"。[124]在这一论著中，科卡关注的仍然是这些进程的政治方面。科卡试图以一种来自马克思的阶级理论，但脱离了更广泛的马克思历史哲学的内容，而且无可否认，这一模式以更为近期的冲突理论作为多少有些折中的补充探讨这些进程。科卡所利用的马克思的阶级斗争理论在三个层次上起作用。一是物质基础，在此之上，阶级成员和各阶级的对立是由生产资料所有制和对生产资料的控制所决定的；二是"主观"层次，在此之上，主观的"阶级立场"促进了对其阶级利益的主观意识；最后是依据他们的阶级利益而组成的阶级组织，这些利益导致了在政治行动中表现出来的阶级冲突的具体形式。

有人会说，脱离马克思关于历史和社会概念更广泛内容的阶级冲突理论失去了其辩证的眼光，成为一种相对机械的解释模式。科卡未必会否认这一点。但科卡争辩说，对于理解德国在第一次世界大战期间不断增长的政治冲突，这一模式十分有用。而第一次世界大战导致了德国1918—1919年的革命。这一模式并未提供一种马克思认为可能的、关于实际发展过程的客观复制品，而是制定了一个理想型，这一理想型可用于鉴别和分析"历史事实的某些成分和因素"。[125]因而这一模式是启发式工具，不能证明是否真伪，而仅能同现实相比较。战争所加速的进程符合马克思主义模式的进程；在战争期间，由于工人和白领雇员实际收入下降，同工人相比，白领雇员享有的特权地位降低，阶级变得更加单一。大企业在经济上所受的损失普遍轻于小企业。虽然经济困苦程度与政治反抗之间并无直接的联系，但并非对和平的渴望，而是阶级紧张关系决定了1918年革命。科卡将这次革命视为"与第一次世界大战中德国社会史相符的结局"。[126]

科卡强调指出，毫无疑问，马克思主义的模式必须加以修正。尽管国家"显然"是由经济上处于统治地位的阶级操纵的工具，但实际上官僚政治国家在很大程度上是作为一个自主的因素而发挥作用。面临战争的危急状态，政府决定中的自主成分变得更明显了，由于国家建立了对于经济的控制，为了追求战争的胜利，与战前相比，它更经常地贯彻执行一些与有组织的资本主义背道而驰的政策，以适应工人的要求。科卡认为，马克思列宁主义关于国家垄断资本主义的理论并不足以解释战时的经济政策。必须运用马克思主义的模式中所不包含的因素解释工人阶级革命运动的失败。这些因素之一就在于复杂的大

型组织（诸如德国工会和社会民主党）的官僚主义化过程，而
这一过程的结果是追求自身组织目的的官僚与其成员分裂。这
一官僚主义化过程在战争期间加快速度，并在相对保守的社会
民主党多数派与不断激进化的工人阶级的分裂过程中加剧了。
社会民主党多数派企图使工人拥护现存制度。为了考虑对立的
倾向——这些倾向削弱了用以解释政治变化的阶级模式的作用，
必须确定许多其他因素，诸如城镇与农村的差别或宗教分歧，
以及少数民族集团的作用。但科卡认为，这些对立倾向并未使
这一模式失效，而是限定了它的范围，因而增加了它的启发性
价值。

科卡的研究仍然是一种尝试，而他也是这样认为的。科卡
的模式提倡并要求确证。这一确证可以包括科卡论述某种"客
观"因素时所得出的数量证据。这种"客观"因素包括职业分
布、实际工资和名义工资、食物消费或德国公司盈利的变化。
科卡承认，一旦过渡到他所称之为政治意识的"主观"层，并
使这种意识转变为政治冲突，证据的问题就会变得更为复杂。
在这类研究中，量化的局限性和进行社会学理解的需要变得极
为明显。

科卡和"历史科学批判研究"的撰稿者们关于"历史社会
科学"的概念，同年鉴派那种作为"人类科学"的历史概念之
间存在明显的差异。尽管他们同主宰德国历史研究古典传统的
唯心主义概念一刀两断，承认社会进程相对独立于有意识的人
类倾向，愿意利用行为科学的经验论方法和计量方法，但对历
史持新型"批判"态度的年轻一代德国历史学家们继承了马克
思和韦伯的传统，比法国年鉴派历史学家们更强调自然现象与
历史现象之间残存的差异，强调对历史现象需要进行绝不能完
全简化为数量的"意义分析"。为寻求一种严密的历史社会科
学，他们愿意大大超越马克思和韦伯所提供的经验确证模式，

却同他们一样，继续对包括计量化数据在内的经验数据是否恰当持怀疑态度，这类数据脱离了更广泛的历史关系。

总地来说，与那些探讨因早期近代化产生的社会政治紧张关系的著作相比，研究第三帝国的著作在概念上更加因循守旧，因而我们对这些作品的讨论仅仅是只言片语，虽然K. D. 布拉赫尔、汉斯·蒙森（Hans Mommsen）*和其他人运用政治科学概念研究了魏玛和第三帝国时期的政治，这些重要尝试是值得注意的。

---

　*　汉斯·蒙森（1930—2015），德国历史学家。——译者

第四章　马克思主义与现代社会史[§]

　　直到最近，在马克思主义经济学家和历史学家乃至他们各自的学术团体之间，仍存在着明显的对立。马克思曾完全埋头于研究古典经济学理论。他曾试图在一定程度上运用政治经济学自身的方法来驳斥政治经济学。反过来，尽管马克思的经济分析遭到政治经济学家的拒绝，它还是成为古典经济学的一部分。马克思虽然深刻认识到经验主义在经济分析中的局限性，但他自己却试图制定假说演绎体系，取代古典政治经济学家的体系，并像后者一样接受实证检验。在一定程度上，鲁道夫·希尔费尔丁（Rudolf Hilferding）、罗莎·卢森堡（Rosa Luxemburg）等人对马克思主义经济理论进行的进一步发展形成了马克思主义经济学的延续传统。相比之下，马克思的历史写作，包括马克思和恩格斯自己的写作在内，并不如马克思经济学在概念和方法上那般严格。马克思的史学著作更加直接地与当前政治形势的需要有关，并且由一种总的哲学设想和政治价值观指导。由于缺乏一种共同的方法论立场，马克思主义历

---

　　§　作者非常感谢诺曼·贝克对本章写作的帮助。本章第5节即由诺曼·贝克（Norman Baker）撰写。［诺曼·贝克（1936—　），侨居美国的英国社会历史学家。——译者］

史学与学术性历史研究的主潮日益隔绝，而它们各自在其中起作用的极为不同的制度框架也各不相侔。马克思主义者也未成功地将其严格的经济发展模式与对历史事件的分析联系在一起，除非进行广泛的概括。 124

近几十年来，马克思主义历史学家加入了职业学者的团体，19世纪中，这个职业化过程改变了历史研究，在20世纪仍然影响着马克思主义的历史撰述。像卡尔·马克思和弗里德里希·恩格斯本人、弗朗茨·梅林（Franz Mehring）*、让·饶勒斯（Jean Jaurès）**、V. I. 列宁和列昂·托洛茨基（Leon Trotsky）这样伟大的早期马克思主义历史学家，都曾是政治家、活动家，或者（如弗朗茨·梅林那样）是居于党内领导地位的宣传家。他们都把历史著作当作阶级斗争的战略工具。自20世纪20年代和30年代以来，马克思主义历史日益由大学和研究机构里的职业历史学家撰写，造成这一变化的条件在苏联和1945年以后易北河以东的社会主义国家，同在法国及意大利这类国家里，是截然不同的。在法国和意大利这类国家中，马克思主义历史学家不过是各种不同学术团体的一员。但是，即使是在那些职业化伴有鲜明的意识形态指导的国家里，职业化总地来说也增进了马克思主义历史学家对史学传统研究方法的了解；它也增进了对话的可能性，并使非马克思主义史学家重视马克思主义者向传统科学历史概念发起的挑战。

本文并不试图全面概述当今的马克思主义历史编纂学。马克思主义历史研究的多样性使我们无法用抽象的词句来解释它，因而我们选择了一种历史的探讨方法。第一部分将简短地考察

---

　　*　弗朗茨·梅林（1846—1919），德国工人运动活动家、政治家、历史学家。主要著作有《中世纪末期以来的德国史》《德国社会民主制度史》等。——译者

　　**　让·饶勒斯（1859—1914），法国社会主义者、历史学家。主要著作《社会主义的法国革命史》等。——译者

马克思和恩格斯本人的历史著作，这会比一般设想的更难以简
125　化为一个普通的公式。第二部分将试图考察近来马克思主义历
史学术的几种流派，着重点是西方的历史研究，因为那里的研
究极适宜于与我们前两章讨论过的历史方向进行对话。

1

马克思确信，经济学和历史学二者都要上升为严谨的科学。
他还确信，除了启发式目的，它们无法脱离所发生的更为广阔
的整体背景。但马克思所理解的科学方法，一直是需要深入阐
明的主题。

在马克思关于科学的概念和法则论的科学概念之间，存在
着明显的一致性。[1]在他的经济著作中，马克思肯定试图阐述
构成历史进程重要基础的各个发展“规律”，“本书的最终目的
就是，”马克思在谈到《资本论》时说，“揭示现代社会的经济
运动规律”[*2]。对规律的科学阐述要求理论，即在一定程度上
允许数量阐述和易由经验证实的理论。在《资本论》中，马
克思试图阐述一些规律，比如“利率降低趋势的规律”，他确
信这条规律会通过某种公式得到表达，这种公式将被历史发
展证明是正确或者谬误，使得所有经济学家，无论其信仰如
何，都很满意。

但马克思仍旧断然拒绝了一种关于事实的相应理论和这种
理论所涉及的经验主义。他一贯将事物的本质（*Wesen*）与现象
（*Erscheinungsform*）加以区分，并在《资本论》中告诫说，“必
须把资本的一般的、必然的趋势同这种趋势的表现形式区别开
来”。[3]同样，他在《德意志意识形态》中也告诫历史学家，不
要根据表面价值来看待历史证据。[4]对经验论的批判也许在“《政
126　治经济学批判》导言”关于方法的一节中得到最充分的发展。

在文中，马克思特别警告说，如果"我们从当时实在和具体的条件入手，例如在政治经济学中从"作为生产行为基础的"人口"入手，我们就会达到空洞的"抽象"，达到一个"关于整体的混乱概念"。如果我们从具体因素，例如从人口着手，而抛开阶级和其他构成人口的因素，结果便是如此。但是，"具体之所以具体"，马克思说，"因为它是许多规定的综合"*5，也是因为科学的任务就是把握在涉及整体（*Totalität*）时的具体。

作为表现"整体"的这个"具体"仅仅能凭借理论得到理解，而每一种理论，马克思认识到，事实上是对整体的基本但片面的抽象。下述事实使对历史的理解更加复杂化了，即如"维科所说的那样，人类史同自然史的区别在于，人类史是我们自己创造的，而自然史不是我们自己创造的"。[6]然而，人类史不是在由人们选定的条件下创造的，而是在"直接碰到的、既定的、从过去承继下来的条件下创造"。[7]人类的行动创造出各种力量，这些力量在历史发展的某个阶段可以独立于人类的意志发挥作用，事实上控制了人类。这使得马克思有可能把"社会经济形态的发展"——这一发展对他来说"构成了历史"——看成是一个受规律支配的"自然历史过程"[8]，但这些规律不是自然科学意义上的规律，而是社会结构在特定发展阶段的规律。[9]因此，它们是得自现实的思维产物，为一定历史条件下的行为提供了解释理论。但具体的历史情况总是比理论要复杂。因此，当马克思使资本主义发展的一般"规律"，比如利率降低的规律概念化时，他认识到，总是要考虑某些影响，这些影响"抵消"这些规律，并且使这些规律"只有趋势的性质"。[10]

这样，对于了解具体历史情况来说，经验分析是不够的，马克思同黑格尔一样，认为规律和事件之间的联系是辩证的。127的确，马克思希望把辩证法从黑格尔的唯心主义"神秘形式"

中解放出来，并将其置于物质世界的坚实基础之上。[11]因而对马克思来说，辩证法的动力不是存在于"思维过程"[12]，而是存在于矛盾之中，这些矛盾是"物质生产力"和"它们一直在其中活动的现存生产关系或财产关系"的发展造成的。[13]但同时，辩证法这一概念预先设想了一种逐渐向合理性发展的过程，这一合理性不仅在于为了生产目的而更有效地组织物力和人力，而且在于创造了"生产的物质条件；而只有这样的条件，才能为一个更高级的、以每个人的全面而自由的发展为基本原则的社会形式创造现实基础"。[14]

就强调变化而言，马克思对社会的探讨是彻底历史主义的，但这一探讨却依然是规范化的。的确，这些规范与自然法则论不同，不是那种因为人在"作用于他身外的自然并改变自然时，也就同时改变他自身的自然"的与历史无关的标准。[15]对马克思来说，所有社会科学都是从人类存在的物质基础出发的历史科学，但由于所有社会科学不仅就经济失调而且就社会失调对社会状况加以检验，它是批判性的和规范化的。

弄清辩证法的规范化特点很重要，因为规范的和现存的社会制度截然不同，这构成了马克思的经济学方法以及历史学方法的一个基本要素。《巴黎手稿》中的人道主义以及其中一种对人的概念已为众所周知，这种"生物"把自己"当作普遍的因而也是自由的存在物来对待"[16]，但他在私有财产的条件下从他的"人类本质"那里"异化"了。然而，人类价值的规范条件与"无自然基础的"既定历史社会形态实质上"无理"的条件之间存在着类似的差异，这在《资本论》和《形态》*之中比比皆是。马克思对政治经济学的基本批判既是哲学性的，又是经济学性的。他指责说，政治经济学依据一种荒谬的价值观念起作

---

*　原文为 *Grundrisse*，即指《资本主义生产以前各形态》。——译者

用，这种观念把财富看作"物的属性"，而看不到它"对人的价 128
值"。[17]马克思写道："诚然，政治经济学曾经分析了价值和价值
量（虽然不充分）……但它甚至从来也没有提出过这样的问题：
为什么这一内容要采取这种形式呢？为什么劳动表现为价值，
用劳动时间计算的劳动量表现为劳动产品的价值量呢？"[18]

像在《1844年经济学哲学手稿》中那样，马克思在《资本
论》中表明，资本主义代表着发展的终极形态。在这种形态下，
"生产过程支配人而人还没有支配生产过程"[19]，社会关系变成
了"物的关系"。[20]"从劳动过程的观点来考察生产过程，那末
工人并不是把生产资料当作资本，而只是把它当作自己有目的
的生产活动的手段和材料"，被资本主义劳动过程取代；在这
过程中，"不再是工人使用生产资料，而是生产资料使用工人
了"。[21]资本主义注定最终灭亡，不仅因为从长远来看，它在经
济上将自我毁灭，而且因为与此同时它是毁灭人性的。为了创
造"剩余价值"，要求"劳动的价值必定总是小于劳动的价值产
品"，[22]这使资本主义陷于矛盾之中，即资本主义制度中"一切
发展生产的手段都变成统治和剥削生产者的手段，都使工人畸形
发展"。[23]但资本主义生产过程的这个要求强迫社会用"全面发
展的个人，来代替只是承担一种社会局部职能的局部个人"，以
适应"不断变动的劳动需求"。[24]并且把"生产资料的集中和劳
动的社会化"[25]发展到与资本主义制度本身水火不相容的程度。
这样，不论是1867年写《资本论》时的"成年"马克思，还是
1844年时的"青年"马克思，都认为资本主义生产造成了对自
身的"否定"。[26]归根结底，同黑格尔一样，马克思也认为科学、
伦理学和历史发展进程是一致的，即使推动这一进程的动力不 129
再来自自动起作用的思想，而是来自"现实"的生活世界，来
自由物质力量引起的矛盾之中。[27]

问题是，如何将这个辩证概念变为对历史的科学探索呢？

马克思和恩格斯在《德意志意识形态》中指出，历史的写作必须从人类生活的"生产物质生活本身"以及它们在历史进程中通过人类活动的变化出发。[28]但马克思在其历史著作中是否成功地将人们生活的物质条件同历史事件的过程或检验历史假设的过程经验性地加以结合，还值得探讨。尽管他要求所有社会现象都必须在能动的、总的环境中加以观察，马克思却写了两种极为不同的历史：一是《资本论》第一卷式的经济社会史，他在很大程度上排除了对政治因素的考虑；另一是政治史，比如"路易·波拿巴的雾月十八日"，在书中，马克思认为，所有政治冲突都表现为阶级冲突，但很少把阶级分析置于经验性探究的基础之上。

《资本论》第一卷既是经济理论著作也是经济社会史著作。这一卷的大半部分涉及工作日、工厂制度以及工资立法发展的历史，而且并没有如马克思所愿那样清楚地根据理论部分得出。在理论部分中，马克思有意把资本主义从其具体的历史环境中抽象出来，以找出其内部联系、其"不可抗拒的规律"[29]，这规律支配着作为制度无论何时何地都可能显现出来的资本主义。一旦使工人被迫与生产资料相分离的"原始积累"过程建立了充足的资金储备，一个"每一个积累都成为新的积累的手段"[30]的自发过程就开始起作用，直到制度内部矛盾导致其灭亡为止。

正像我们指出过的，马克思在对资本主义发展规律的分析中，试图把这些规律从一个具体的历史环境中抽象出来。但对马克思来说，资本主义仅仅产生于欧洲那样一个特殊的历史背景之中。马克思在写于1877年的一封著名的信中着重拒绝"把我关于西欧资本主义起源的历史概述彻底转变成一般发展道路的历史哲学理论"的尝试，"一切民族，不管他们所处的历史环境如何，都注定要走这条道路"。[31]但是，如果资本主义发生在其他社会中，如俄国，它也会遵循同样的发展道路。

　　然而，在《资本论》中，马克思分析的那种得以遵循其自身内部规律的资本主义发展，与马克思所探索的英国社会经济发展的实际过程之间显然存在着巨大的差异。马克思写道，"资本主义生产的内在要求"，是"在一昼夜24小时内都占有劳动"[32]，而"资本的不断趋势"就工资而论，是"使工人降到……不费分文的地步"[33]。但关于工作日和工资发展的长期历史却提供了一个比马克思的模式远为复杂的图景。马克思叙述了从黑死病流行期直到18世纪，当大多或者局部地区还处于前资本主义时期，立法是如何有助于延长工作日和压低工资。由于1832年改革法案，国会成为资本家追求资本主义利益的有效工具，也正是在这一时期，颁布了限制工作日长度和调整工作条件的工厂立法。然而，机械化加剧了劳动强度，工厂主可以钻法律的空子，从而抵消了很多上述立法的限制。无论如何，像马克思直率地承认的，是英国在19世纪中叶使资本主义发展不那么先进的国家，比如法国，制定了立法。如果说，资本主义固有的、使工作日越来越长、工资越来越低的趋势并不能以明确的方式显现自己，马克思认为，这是因为与资本主义生产固有规律不同的各种因素在抗拒着这些趋势。资本主义的矛盾创造了一个近代工人阶级，这一阶级觉悟日渐提高，成为历史发展的重要动力。工作日的长短决不纯粹是经济力量的结果，而总是"资本家阶级与工人阶级之间长期的多少隐蔽的内战的产物"。[34]因此政治史成为了解经济史的钥匙，即使反而只能在其社会经济关系中了解政治史。

　　引人注目的是，马克思和恩格斯有关英国政治史或是法国和德国经济史的著述寥寥无几。马克思和恩格斯关于德国和法国政治史的分析，很少像在《资本论》中对英国那样详细考察这些社会的经济发展。当然，基本论点是，政治领域是对立

的阶级利益决一胜负的舞台，这些冲突的结果总地来说由历史
的大方向决定，这一方向在欧洲世界导致"封建"生产方式为
"资产阶级"生产方式所取代，直到资本主义的内部动力和内部
矛盾导致了阶级社会的消亡。但正如马克思和恩格斯在他们关
于19世纪德国和法国的著作中、恩格斯在他关于16世纪德国农
民战争的书中所分析的，政治史的实际进程要比上述马克思和
恩格斯以最笼统的形式加以概括的阶段理论复杂得多。[35] 马克
思在《路易·波拿巴的雾月十八日》和《法兰西阶级斗争》中、
恩格斯在《德国的革命与反革命》和《德国农民战争》中面临
的问题，是他们在《共产党宣言》中预言的资产阶级自由派革
命为什么没有导致无产阶级革命。答案基本在于这两个国家政
治经济十分落后，比如说由于"德国资产阶级不幸就在于……
出世得太迟了"。[36] 但这一解释与马克思在《资本论》第一版序
言中再次谈到的、所有资本主义国家经过了同样的发展阶段，
因而"工业较发达的国家向工业较不发达的国家所显示的，只
是后者未来的景象"[37] 的设想相矛盾。在法国和德国，害怕革
命无产阶级的资产阶级，正如马克思在《路易·波拿巴的雾月
十八日》中所极力证明的，由于经济利益的冲突而深深地分化，
其成员或是像在德国那样，向前资本主义社会的社会政治制度寻
求支持，或是像在拥有强大农民的法国那样，到波拿巴主义那儿
请求帮助。尽管马克思强调政党深深扎根于财产关系之中[38]，但
他认识到，波拿巴在法国的胜利不能完全根据阶级利益来解释，
而要求对政治传统和回忆的重要性有所了解，同时这一胜利也
是出于个人、如路易·波拿巴和十二月十日社成员*的狡诈，所

132

---

　　* 十二月十日社，或称"十二月十日会"，是路易·波拿巴于1849年成立的，
为路易·波拿巴复辟帝制制造舆论的组织，因路易·波拿巴于1848年12月10日当选
为总统而得名。参见马克思"路易·波拿巴的雾月十八日"，《马克思恩格斯全集》
第8卷，人民出版社1961年版，第171页。——译者

谓十二月十日社，是个没有明确社会基础的、阴谋攫取政治权力的团体。[39]一旦大权在握，波拿巴主义者的国家就设法在一定程度上抵制各经济利益派别或阶层的直接压力。恩格斯比马克思更倾向于道德主义，他把1848年德国革命的失败归于不愿承担自己客观历史任务的资产阶级的"懦弱"，并因此永远不可能"在德国"实现"政治自由主义——资产阶级的统治"（不管是采取君主政体还是共和政体的形式）。[40]

　　《路易·波拿巴的雾月十八日》没有恩格斯式的道德主义，试图仔细对历史进行经济解释。但马克思并不自认为"发现"了阶级斗争。他写道，"在我以前很久，资产阶级的历史学家就已叙述过"它，但他"证明了"这一斗争将会采取的历史方向。[41]《路易·波拿巴的雾月十八日》是一部具有政治倾向性的历史，它透彻的解释和漂亮的风格胜过了A.梯叶里（A. Thierry）*、弗朗索瓦·基佐、路易·勃朗（Louis Blanc）**和洛伦茨·冯·施泰因昔日按照阶级冲突对法国政治的分析。但尽管马克思和恩格斯认为在经济危机和政治动乱之间存在着一定的关系，却几乎并不打算把1848年到1851年的事件置于这一时期的周期性经济运动中加以研究。阶级分析仍旧是印象主义的、缺乏经验调查——尽管认识到经验主义的局限性，这种调查仍是马克思主义科学概念在理论上所需要的。依据马克思主义观点、更紧密地联系经济理论和经验证据撰写批判性政治社会史的任务，还有待于后世历史学家去完成。

133

----

　　*　奥古斯坦·梯叶里（1795—1856），法国历史学家。主要著作有《诺曼人征服英国史》《法国史信札》等。——译者

　　**　路易·勃朗（1811—1882），法国小资产阶级反社会主义者，历史学家。主要著作有《劳动组织》《十年史，1830—1840》《法国革命史》等。——译者

2

正如我们所指出的，马克思主义历史编纂学在过去几十年里加入了职业化的普遍过程。在苏联，以及稍后在易北河以东的其他国家里，共产党政府执政与学术界重新改组同时发生。在西方国家以及日本，用传统方法训练出来的马克思主义历史学家开始进入大学，从事历史研究，那里的历史专业反映了多种多样的意识形态和方法论立场。这样，他们几乎从一开始就被迫利用对于双方都是共同的方法与非马克思主义学者进行对话。在社会主义国家，问题并不以这种方式出现。在研究中，重要的任务经常按照党的方针指派给各科学院，而党也领导着自己的独立研究机构。但是，人们应该注意，不要把东欧社会主义国家的学术成就降低到一般水平。国家与国家之间存在着深深的差异，这些差异不仅反映在学术传统上，而且也反映在政治条件上。在苏联和民主德国[42]，研究课题、方法论研究以及阐述，都高度从属于党和国家的指导，但在1956年以后的南斯拉夫、波兰和匈牙利，以及在20世纪60年代的捷克斯洛伐克，一般来说程度较轻。在民主德国，历史研究在政治和思想上曾惨遭纳粹主义的摧残，但1945年后的这些年，历史专业人员几乎全部被撤换，那些在积极反对纳粹主义的斗争中度过多年岁月的人当上教授，担任了学院的要职。在其他国家，比如战前就具有丰富的社会史传统的波兰[43]，像扬·鲁特柯夫斯基（Jan Rutkowski）*和亨利克·沃夫米扬斯基（Henryk Łowmiański）**这样的非马克思主义历史学家也能回到大学，并且引人注目地参

134

---

* 扬·鲁特柯夫斯基（1886—1949），波兰历史学家。——译者
** 亨利克·沃夫米扬斯基（1898—1984），波兰历史学家，主要著作有《斯拉夫国家形成的经济基础》等多种。——译者

加了对年轻一代马克思主义历史学家的严格训练。在现存的大学及其历史学术传统的范围内，法国的历史学术没有什么根本的突破。

马克思主义历史学术的职业化使得其学者有可能在学术上与非马克思主义者进行交流，尽管在某些国家中，学术上的思想政治倾向阻碍或延迟了这种交流。当然，在西方国家中，各派历史学家同是具有共同史学传统的学术团体中的成员，促进了这种交流。南希·希尔（Nancy Heer）*在最近的一篇研究论文中，依靠统计数字，说明了苏联的历史学家从由党训练向由大学训练的逐渐变化，并且提出，尽管在制度上并未明显转向自由化，但自1956年以来，"在苏联，历史写作和改写的过程，与其说是对政治的反响，不如说是历史学家和政治家之间的对话"。[44]

20世纪50年代，法国的罗兰·穆尼埃和苏联历史学家鲍里斯·波尔什涅夫（Boris Porshnev）**之间就已经发生了激烈的辩论，他们利用成批的补充文件，着重讨论17世纪农民起义的性质。虽然这场争论就解释而言没有达到一致，但却提出了重要的概念及方法论方面的问题。[45]尽管波尔什涅夫和穆尼埃在意识形态方面存在分歧，但语言共同体保留了下来，10年以后，法国的年鉴派史学家与寻求建立社会经济发展结构模式的波兰和匈牙利经济史学家、社会史学家之间，甚至有更多的共同语言。由于马克思主义史学家逐渐强调学术精确性，并接受了社会科学的概念，从而使马克思主义方向与非马克思主义方向在有关劳工史诸如英国劳工史的研究中相互碰撞，并在一定程度上同心协力。当与马克思主义史学的对话成为可能之际，英国相对独立于马克思主义而发展的工人阶级历史左翼传统，强烈地意

135

---

*　南希·希尔（1927—？），美国学者。——译者
**　鲍里斯·波尔什涅夫（1905—1972），苏联历史学家。——译者

识到了它那种基本属于叙述体编年史的方法在概念上的局限，而新一代马克思主义历史学家，既富于批判性又摆脱了教条主义，精通方法论并熟悉现代社会科学，因而能够为分析工业化条件下工人阶级作用的变化提供合理的假设。

　　在社会主义国家中，尽管历史学家的职业独立性不断加强，但即使在今天，在诸如苏联和民主德国这些国家与波兰、匈牙利或西方国家之间，仍旧存在着清晰可辨的界线。在第一类国家中，意识形态的导向仍旧明显；在后一类国家中，相对说来确立了学术自主。两种关于客观现实的不同概念似乎占支配地位。几乎所有马克思主义者都同意民主德国《历史研究导论》［Einführung in das Studium der Geschichte］（1966）的说法，"一门摆脱了所有前提的历史科学是不可能存在的"，"对历史的研究和讲授受到限制，是为了达到特定的社会目的"。[46]但更开通的马克思主义者会对党性观念提出疑问，这一观念使历史科学成为为党派服务的"主要思想武器"，被视作客观意识的贮藏所。[47]

136　　　　迄今在苏联和民主德国占据主导的史学理论（尽管并不总是支配着历史著作），否认意识形态与科学是两回事，从而很难以使那些并非从暂时方针出发的学者信服的方式将历史解释与详细历史证据结合起来。因此，彼得·博尔哈根（Peter Bollhagen）*在《历史研究导论》中断定，"规律性"和"历史"是一回事[48]，"历史作为自然历史的单一的辩证过程，发生在一种合乎规律的关系之中"[49]，而这一合乎规律的过程可以按照马克思和恩格斯所概括的发展阶段进行历史"分期"[50]，他把这些都视为马克思主义历史编纂学的基本设想。英国的埃里克·霍布斯鲍姆争论说，"马克思的阶段论中没有什么东西使我们可以寻求一个总的发展规律"[51]，而民主德国史学家却声称，马克思

---

　　*　彼得·博尔哈根，德国历史学家。——译者

主义史学家的任务是证明"由低级向高级状态进步的历史发展"是合乎规律的。[52]

　　因此，马克思主义与其说被看作一种方法，不如说是一个哲学体系。由于强调历史科学的思想和政治作用，从而为研究政治史提供了方法，尽管具有唯物主义前提，但这一政治史研究方法似乎异常保守，致力于研究人和思想。这充分体现在12卷本教科书《德国历史教科书稿》（*Lehrbuch der deutschen Geschichte. Beiträge*）[53]和8卷本关于德国工人运动的历史中，前者是以马克思主义观点对德国史进行全面概述的第一次尝试，而后者正如其导言所解释的[54]，主要以马克思、恩格斯和列宁的著作、"工人阶级政党的决议和德国工人运动主要领袖的演讲和文章"为根据。[55]尽管也偶尔讲到罢工，提到工作条件，但其描述的并非诸如于尔根·库钦斯基在其关于资本主义制度下工人条件的多卷本历史中所做的[56]，是一种"自下而上的历史"，而是由伟人和对立的意识形态所支配的制度化政党的历史。

　　与此同时，马克思主义史学家所理解的"唯物主义历史观"使人们致力于积累有关下述主题的历史资料，这给人留下了深刻的印象，如：前工业化时期中农民和手艺人的经济、社会条件，工业化时期工人阶级状况和工人协会、罢工和社会抗议运动，以及"帝国主义时代"经济利益在形成内外政策中的作用。从1960到1970年，民主德国关于历史研究的著作说明了上述领域内令人难忘的资料积累。[57]民主德国的研究为德国政治的社会史提供了重要的基础，在于尔根·库钦斯基的指导下，历史学家搜集有关18世纪后期以来工人生活条件的数据。汉斯·莫戴克（Hans Mottek）*对早期工业化的研究不仅提供了重要而真实的材料[58]，而且由于指出了在铁路这类部门的投资，从而对过于

137

---

　　*　汉斯·莫戴克，德国经济史学家。——译者

简化的英国模式提出了修正，这个模式以前被马克思主义者和非马克思主义者应用于研究德国的早期工业化，按照这个模式，工业革命是从轻工业中使用机器开始的。

由于尔根·库钦斯基在1960年创办的《经济史年刊》（*Jahrbuch für Wirtschaftsgeschichte*），成为对近期经济史研究进行批判性国际讨论的论坛。这本杂志也刊登了卡尔·奥伯曼（Karl Obermann）*有关人口因素在19世纪40年代的革命运动中，人口因素发挥了作用。[59]奥伯曼的贡献部分在于他把对革命觉悟的研究置于具体的社会关系之中，这在一定程度上有助于应用计量方法。但在民主德国，早期人口统计研究一直是争论的主题。[60]在民主德国，不仅关于共产主义，而且关于自由和民主运动，以及那些自从19世纪中叶以来在德国一直被传统历史学家有意忽视了的个人的广泛研究也是极有价值的。[61]同联邦共和国一样，近年来，民主德国的学者对研究经济利益与第一次世界大战前和战争中的对外政策，以及战时的国内政治之间的联系投入了极大的兴趣。[62]尽管与联邦德国的研究相比，所根据的理论前提不同，但它也依据来自公司、政党和政府机构的文字证据，这与我们在前一章所讨论的联邦德国著作非常相似。尽管进行了扎实的档案工作，上述许多研究仍倾向于利用过分公式化的解释模式，或者无需这些，完全由经验性研究入手。在民主德国，没有像波兰马克思主义者那样做出认真的努力，以一种能够在更大程度上由经验证实的形式来系统地阐述马克思主义理论。

138

3

一些波兰经济社会史学家更有意识地尝试跨越理论与经

---

* 卡尔·奥伯曼（1905—1987），德国历史学家。——译者

验观察之间的鸿沟，关于他们，我们这儿可以举出维托尔
德·库拉（Witold Kula）[*]、耶日·托波尔斯基^{**}和安德烈·威
赞斯基（Andrej Wyczański）^{***}，尽管他们都是马克思主义者，
但仍然在许多方面继续推进了战前为扬·鲁特柯夫斯基和
弗兰希杰克·布亚克（Franciszek Bujak）^{****}所代表的社会经
济史传统。在两次大战之间，鲁特柯夫斯基、布亚克和布
洛赫、费弗尔之间的接触就已十分密切。1926年创办的刊
物《经济与社会史年鉴》（*Rocznike Dziejow Spolecznych i
Gospodarczych*）的研究重点与《经济社会史年鉴》^{*****}颇为类
似，同布洛赫和费弗尔一样，鲁特柯夫斯基和布亚克试图从
注重事件转向研究结构经济社会史。他们战后的追随者仍然
十分了解所有社会科学特别是经济学方面的国际讨论。1956
年以后，波兰和法国史学家之间恢复了密切的学术往来，《年
鉴》成为他们用法文发表研究成果的经常性论坛。像年鉴派
历史学家那样，库拉、托波尔斯基和威赞斯基是结构主义者，
但他们从历史唯物主义观点出发，比其法国同行更注重生产 139
过程和"对经济剩余的占用"。[63]正如库拉指出的，他们感
到遗憾的是，"马克思主义科学"，尽管在其纲领中反对任何
"带有个人痕迹的"历史，但实际上却颇为不幸，往往带有类
似的态度。[64]但与民主德国历史学家的声明相反，他们强调，
在马克思主义历史探索中，"方法"比"规律"重要。[65]

　　库拉和托波尔斯基同意，马克思试图依据对"真正的"经
济和社会进程的分析，构造一个解释"模式"。库拉和托波尔斯

---

* 维托尔德·库拉，波兰历史学家。——译者
** 耶日·托波尔斯基（1928—1998），波兰著名马克思主义理论家、历史学
家。——译者
*** 安德烈·威赞斯基（1924— ），波兰学者。——译者
**** 弗兰希杰克·布亚克（1875—1953），波兰历史学家。——译者
***** 前者为波兰杂志，后者即法国年鉴派所办的那份刊物。——译者

基承认，构造模式的方法绝不是马克思所独有的，而是大部分现代经济理论所共有的。托波尔斯基接受了布罗代尔关于模式的定义，即模式是"简化的计划"，是"牢固地与方程式或函数相连的假设或解释系统；这个等于那个或决定那个"。[66]大量现代经济理论和计量方法——例如长期和短期趋势、周期和增长的定义——对马克思主义历史学颇为有用，在马克思主义史学和非马克思主义史学之间，存在着广泛的一致点。托波尔斯基和库拉都强调，马克思主义经济史学与传统的政治经济学不同，无论如何一定会认识到，"经济史学家必须永远牢记在心，他的兴趣首先在于能动的过程"，因而他不关心"一般时间（后者用于纯粹的经济学模式和自然科学模式中），而关注于所谓定时的时间，即处在时间流逝中的明确位置上的时间"。[67]库拉警告说，因此，他一定要避免"非历史的抽象"和"非理论的历史主义"这两种极端。[68]类似的情绪最近在皮埃尔·维拉尔为沟通年鉴派史学与马克思主义史学而进行的努力中流露出来。[69]托波尔斯基指出，马克思主义者试图构造一种考虑到发展的抽象逻辑以及这一发展发生的具体历史因素的"真正模式"，其方法大大不同于马尔切夫斯基或福格尔之类计量经济史学家所用的、抽象工具主义的模式。[70]

140　　　因此，波兰历史学家依据一种与民主德国和苏联历史研究极为不同的规律观工作。他们不愿把"阶段规律"上升为全世界历史学的准则。库拉评论道："我们别去操心世界文化的进化是向一个还是几个方向发展。""让我们以这一令人惊讶的事实作为出发点，即今日世界已把这个行星的所有社会都渴望的工业文明类型当作它的典范。"[71]他坚决认为，马克思的经济史并不了解适用于各个社会的规律。相反，它试图建立在特定时空环境中支配经济的规律，它凭借试图隔离社会结构中稳定与变化两类基本要素的模式去做。首先用定性的词句对这些模式加以阐述，然后能够部分地用定量资料加以"具体化"。

波兰学派一直主要关注对前资本主义的、"封建"的、农业占优势的经济进行分析，其中基本生产单位是大地产。[72]这类关于封建主义经济的经典著作由库拉完成，他企图构造一种关于16世纪到18世纪波兰经济的理论。[73]这个模式利用了某些适用于所有经济制度功能的理论说明，然后试图考虑这一时期波兰经济某些独具的特征，这类特征中包括占优势的农业、农民和贵族农庄的存在、农奴的处境和农业经济中的徭役、土地所有制范围内手工业独特的作用，还有行会。然后，这项研究试图构造一个模式，从而可能计算在一种市场作用有限、无酬劳动发挥作用的经济中所获取的农业利润，耶日·托波尔斯基企图修改这一模式，使之适应这一时期在西部波兰起作用的条件，从而进一步使这一模式"具体化"。[74]与此同时，在他关于欧洲资本主义起源的著作中[75]，他企图再次借助于"具体化"的经济发展模式，为对"能动增长"区（英国）、"适度增长" 141 区（法国）和"迟滞"区（波兰）的资本主义积累进行比较研究奠定基础。A.威赞斯基利用包括外贸资料在内的各类定量数据，试图计算波兰的生产总额，与欧洲其他地区进行比较，而在对16世纪贵族农庄的研究论文中，他试图为这样一个考虑规模、投入劳动和生产量之类因素的农庄建立一个数量模式。威赞斯基试图探索被布罗代尔定名为"物质史"的各个方面，比如食品消费数字，它是"自下而上的历史"的基础，同时也探索读写能力，这以波兰为中心，但从欧洲范围内加以比较观察。[76]由于超越经济结构进而研究心态，库拉试图凭借对原始时代以来不断变化的重量单位和计量单位加以历史分析，发现一把钥匙，用以探索世界文明进程中不断变化和经久持续的观念。[77]

曾针对《年鉴》的某些批判，也可以轻易地用来指责这些波兰学者的研究。结构历史相对来说脱离事件史，特别是政治事件史。但实际上，与库拉相比，经济发展和政治结构的关系在托波尔斯基的著作中起着更重要的作用，而托波尔斯基和库拉两人都日益强调历史变革中社会主观意识的作用。这些经济史学家也没有像年鉴派历史学家那样，经常使历史结构随意与时间的运动相脱离。以上着重叙述波兰经济史，这不应给人留下一个关于波兰马克思主义历史编纂学的过于狭隘的印象。我们之所以选择以上史学家，是因为他们在力图把经验性探索与理论相结合方面，显而易见地比其他波兰马克思主义史学家更成功。与民主德国相同，马克思主义观点有助于扩展历史学家提出的问题，有助于加强对社会经济条件和阶级冲突的物质基础的关注。1951年，这一关注促成了物质文化研究所的建立。这类关注全部反映在亨利克·沃夫米扬斯基关于波兰国家起源的经典研究[78]，以及波兰科学院历史研究所于20世纪50年代开始准备的多卷本波兰史[79]中。但1956年在许多方面都标志着波兰马克思主义历史编纂学的重新定向。一方面，它导致人们致力于把历史著述完全从明确的马克思主义假说中解放出来，并且标志着向传统的专题研究或向应用计量经济学方法或人口统计学方法的回归，这往往类似于《年鉴》的情形，并相对来说脱离了表达清晰的理论范畴，在另一方面，它也表现为哲学家们——比如阿达姆·沙夫（Adam Schaff）*、莱塞克·考瓦考夫斯基（Leszek Kołakowski）**，以及最近的莱塞克·诺威克（Leszek Nowak）***——对马克思重新解释。这一重新解释对马克思主义历史编纂学发生了影响。只要马克思主义社会经济史不加批判

142

---

　　*　阿达姆·沙夫（1913—2006），波兰科学院院士，主要著作有《处于十字路口的共产主义运动》等，1984年被开除出波兰统一工人党。——译者
　　**　莱塞克·考瓦考夫斯基（1927—2009），波兰哲学家，主要著作有《马克思主义史学》《朝向马克思主义的人文主义：今日左翼文集》等。——译者
　　***　莱塞克·诺威克（1943—2009），波兰学者。——译者

地接受一个过于简化的、来自马克思的历史发展大纲，它就会致力于相当实证主义地依靠档案研究积累资料。理论与经验主义研究始终并存，却并未努力使二者相结合。由于摆脱了对马克思历史观狭隘的决定论解释，通向另一种历史编纂学的大门便敞开了，这种史学不仅逐渐意识到理论在历史中的作用，而且认识到需要制订能够应用经验证据的、范围有限或中等范围的理论。因此，1956年以后，波兰历史编纂学对于波兰国内外哲学及各门社会科学中进行的方法论讨论日益能够接受了。

4

　　直到1945年，法国共产党内——或者其他左翼政治团体内——的理论家和宣传家们与职业历史学家之间还存在着一条明显的鸿沟。法国共产党内部受过专业训练的历史学家寥寥无几，比如让·布吕阿（Jean Bruhat）*，他是党内最重要的——也是最教条主义的——历史理论家之一，在斯大林时代曾对法国革命经历加以解释。1945年以后，一些年轻的历史学家入了党，但党内仍旧存在教条主义，对历史研究并无太大的兴趣，只是按照党的路线变化和政治局势暂时的策略要求对法国大革命以来法国历史上的革命紧要关头进行重新解释，这一切使党内激进主义和学术工作无法有意义地共存。正如戴维·考特（David Caute）**所说，"尽管这些历史学家在党内工作积极，他们的专业职位与他们的非马克思主义同行不相上下"。[80]

　　20世纪50年代，这条鸿沟缩小了。像在别的国家一样，党

143

----

　　*　让·布吕阿（1905—1983），法国马克思主义史学家，以研究巴黎公社史著称。主要著作有《法国工人运动史》等。——译者

　　**　戴维·考特（1936—　），英国学者，主要著作有《1789年以来欧洲的左派》《西方的衰落》等。——译者

内教条主义让位于对历史方法和解释持更开放的态度。党的思想性刊物《思考》(*La Pensée*)组织了一系列关于把马克思主义原理应用于历史的学术讨论会。1953年,皮埃尔·维拉尔在《思考》发起的关于"马克思主义和历史学"的学术讨论会上,抱怨马克思主义者缺乏独到研究以及马克思主义历史学家不去利用统计技术。[81] 在罗歇·加罗迪(Roger Garaudy)[*]的指导下,党组织的马克思主义研究中心在连续性专题丛书中,努力以马克思主义观点严肃地探讨涉及历史发展问题和当代西方与非西方社会问题的现代社会科学的发展。但就本书所探讨的马克思主义对现代历史社会科学发展的贡献而言,党内讨论像在这些讨论会和出版物中体现的那样[82],仍然经常过分僵硬地拘泥于马克思主义阶段论和马克思主义的术语,以致不可能使马克思主义者与非马克思主义者之间的方法论交流获得成果。

因此,我们愿意集中讨论党外的学术研究。关于什么属于马克思主义史学的考察范围,这显然制造了比我们在本章关于东欧社会主义国家历史研究的前几节中所遇到的严重得多的问题。在那些国家中,存在着一个明确规定的马克思主义学术组织。某种强调经济决定政治和阶级斗争作用的马克思主义,成为大量法国历史著作,特别是研究法国革命和19世纪革命暴动的历史著作的特征。20世纪,对法国大革命史的研究已经从20世纪早期诸如阿尔方斯·奥拉尔(Alphonse Aulard)[**]和路易·马德兰(Louis Madelin)[***]之类共和主义与非共和主义历史学家所进

144

---

    * 罗歇·加罗迪(1913—2012),法国共产党员、学者,主要著作有《科学社会主义的法国起源》《马克思主义的人道主义》等。——译者

    ** 阿尔方斯·奥拉尔(1849—1928),法国共和派历史学家,大革命史研究家,主要著作有《法国大革命政治史》等。

    *** 路易·马德兰(1871—1956),法国历史学家,主要著作有《法国大革命》《法兰西的斗争》等。

行的政治解释明显地转变为阿尔贝·马蒂埃（Albert Mathiez）[*]
和乔治·勒费弗尔对经济和阶级因素的日益强调。但这一新方
法之所以具有重大的意义，是因为它力图把政治事件置于其结
构关系中加以观察，而不是因为用左派政治观点进行研究，这
使那位试图使《年鉴》观点和研究方法与马克思主义协调一致
的皮埃尔·维拉尔在1971年评论说："今天，当我们举目四望，
便发现历史学家所写的历史更像按照马克思（或按照伊本·赫
勒敦）所写的历史，而不像按照雷蒙·阿隆所写的历史（即修
昔底德式的历史）。"维拉尔认为"一个基本假设"对现代历史
研究十分重要："历史的题材是有结构的、易于思考的、是像其
它任何种类的现实一样可以科学地看透的"。[83]但这并没有真正
地区别开马克思主义历史科学与我们讨论过的《年鉴》或有关
政治的德国社会史学家的历史科学。正如维拉尔首先认识到的，
马克思主义者继续从一个关于历史现实结构的严格概念出发，
将生产方式视作社会结构的核心，这一结构以"关于社会矛盾
的经济准则为标志，它必然使这一结构陷于毁灭"。[84]因而，马 145
克思主义包括应用理论结构辩证地理解"人类社会结构"，但同
时，由于洞悉历史形势的客观需要，也承担着改变这些社会的
实际政治责任。

　　但马克思主义并不把自己仅仅视为实践，而视为受科学理
论影响的实践。维拉尔正确地指出，马克思主义认为历史能够
进行科学分析，这是马克思主义者和其他注重社会科学的历史
学家所共有的。这样，就为马克思主义与非马克思主义历史学
家进行对话提供了基础，尽管关于经验主义的局限、历史调查
中价值的角色、社会科学研究的政治职能及其他基本问题，二
者之间依然存在明显的差异。但是，为满足它自己对充分解释

---

　　[*]　阿尔贝·马蒂埃（1874—1932），法国历史学家，毕生从事法国大革命的
研究，主要著作有《法国革命史》。

的要求、对任何一组历史事件的马克思主义解释，都要求它所设想的结构与事件之间的联系不仅存在于理论之中，而且反映在经验证据里。

　　以下，我们集中研究有关法国大革命的著作，因为这类著作反映了一种持续不断的讨论，在这一讨论中，马克思主义与非马克思主义历史学家们试图建立社会经济结构与政治事件之间的联系。就这一联系而论，欧内斯特·拉布鲁斯20世纪30年代和40年代的著作必须再度被提到。无论就其意图还是就其经验主义的程度，他的著作，都不属于马克思主义之列，但对于接下来有关法国大革命的马克思主义分析仍是十分重要的。拉布鲁斯在其《18世纪法国价格与收入变动概略》[*Esquisse du mouvement des prix et des revenus en France an XVIIIe Siècle* （1933）] 中，曾用文献证明了1730年到1817年期间各种价格的上涨和工资相对缓慢的增长。对于我们来说，更为重要的是他在第二部书中试图把物价和工资的周期发展与政治事件相联系，这部书名为《法国旧制度末期和大革命初期的经济危机》[*La Crise de l'économie française à la fin de l'Ancien Régime et au début de la Revolution* （1944）]。[85]拉布鲁斯试图表明，必须在1778年到1787年阻碍物价和工资上涨的衰退、1787年到1788年的歉收、1789年制造业特别是纺织业中大规模失业这一结构中考察法国大革命的爆发。因此，"经济情势"有助于"革命情势"。的确，正如拉布鲁斯在对1789年、1830年和1848年革命进行的比较讨论之中所强调的[86]，就像在这几年中，只有当经济危机与由于社会冲突和结构矛盾影响而增长的政治危机同时发生，受"政府的轻率激起的行动"而促成时，经济危机才造成了革命形势。

　　拉布鲁斯对物价变动的分析，为以后对旧制度时期和法国大革命所进行的马克思主义研究和非马克思主义研究奠定了一

个重要的基础。然而，拉布鲁斯对政治行为的解释受到观点极
不相同的学者们多少有些道理的批评，他们认为这一解释过于
机械。例如，批评者中包括罗兰·穆尼埃和苏联哲学家伊戈
尔·康恩等。[87]乔治·勒费弗尔在经济社会环境中研究法国大
革命政治史，提供了一个更为重要的模式，他对社会经济的阶
级结构进行分析并把思想意识因素置于社会环境中加以考虑，
在这一方面比拉布鲁斯更加明显地迈进了一步。

　　勒费弗尔从让·饶勒斯那儿受到许多启发。在饶勒斯所著
的大革命经济社会史著作《法国革命的社会主义史》[88]的引论
中，他曾抱怨说，直到当时，法国革命史还基本依靠对政治性
文件——例如国家立法机构、巴黎公社，或是雅各宾俱乐部集
会的会议记录进行分析。但自马克思以来，经济史和政治史不
可分割已是一清二楚了，现在所需要的是利用和出版诸如乡村
和城市陈情书之类阐明法国革命时期经济社会状况的文件，有
关国有土地出售、生活费用和工资的地方资料。为此，饶勒斯
在1903年作为代表获准成立了"大革命经济史未刊史料搜集和
出版委员会"。

　　尽管勒费弗尔经常对法国共产党表示同情，但他从未成为
一名法国共产党党员[89]，他比拉布鲁斯更直言不讳地承认受到
马克思的启迪。实际上，如果没有马克思关于阶级斗争和阶
级斗争在政治生活中作用的观点，勒费弗尔的著作是难以想象
的。但与此同时，勒费弗尔告诫我们提防"过于狭隘地解释历
史的经济阐述"和"仅仅按照资产阶级的发展"来解释法国大
革命。他指出，马克思从未用过"历史唯物主义"这个词。[90]
他坚持说："历史学家进行描述是不够的，他必须计算。"[91]因
此，勒费弗尔超出了传统马克思主义直观地或是印象主义地对
阶级关系的研究，同时，在名为《法国大革命期间诺尔郡的农
民》的论文中[92]，他对革命期间阶级结构的研究置于学术和经

验研究的基础之上。由于利用了 1789 年前后大约 200 个农村当局的残存文件、公证记录、赋税征收、庄园登记记录，并且将财产和收入作为划分阶级的标准，勒费弗尔描绘了一幅比传统马克思主义的阶级范畴所表示的更为复杂的关于利益冲突集团的图景。1789 年，农民团结一致反对贵族，这掩盖了农民中拥有土地的"乡村资产阶级"和无地少地农民之间在政治上的尖锐分歧，前者希望消除对财产权的传统限制，后者则力图维持传统的乡村控制手段和集体权利，而法国大革命的进程加剧了这些分歧。勒费弗尔修正了传统马克思主义关于革命的阶级分析，在他后来的综合性著作中[93]，勒费弗尔进一步深化了关于1789 年自发性农民革命与城市革命不同的论点。没有一点理由可以把大革命简单说成是一次"资产阶级革命"。"封建"或领主权与资本主义绝不像传统马克思主义者设想的那样水火不相容。18 世纪下半叶，贵族权力得到了重申，与此同时，威胁着集体权利的资本主义生产向乡村侵入，这一过程增加了领主权的经济价值，使贵族阶级重申这些权力，加深了农民的不满。1789 年以前的财政危机、失业和歉收为革命的爆发提供了舞台，贵族对限制特权改革的反对则成为革命的导火线。但从一开始，致力于自由市场经济的资产阶级的目的，就与那些试图保留集体权利和稳定生活必需品价格的城乡贫民的目的不同。

　　但不能根据"敌对阶级的外表"[94]充分了解革命；进行革命靠的是革命参加者的思想意识。勒费弗尔广泛阅读了有关民众的社会心理学作品，诸如古斯塔夫·勒庞（Gustave Le Bon）*、埃米尔·涂尔干和莫里斯·哈布瓦赫（Maurice Halbwachs）的作品。在都出版于 1932 年的关于"革命群众"的论文和《1789 年大恐慌》一书中[95]，勒费弗尔为日后"革命集体心理"的研究奠

148

---

　　*　古斯塔夫·勒庞，法国社会心理学家。主要著作有《乌合之众：大众心理研究》《法国大革命与革命心理学》。——译者

定了基础。在《1789年大恐慌》中，勒费弗尔研究了乡村中群众对想象中的贵族阴谋那种歇斯底里的反应，这一歇斯底里发生在歉收和失业、行乞之风日盛和土匪出没的环境里，它也深深扎根于古老的阶级对抗，并直接有助于加强农民对封建领主制的进攻。

因此，尽管勒费弗尔从未接受一个马克思主义"体系"，但他仍然对法国的马克思主义历史科学做出了两项重要的贡献。他没有牺牲叙述，把对阶级冲突的分析置于一个坚实的档案基础之上，而马克思本人以及最正统的马克思主义史学家的阶级分析中一直缺乏这一基础。在传统马克思主义历史编纂学中，从未令人满意地建立起社会结构与政治事件之间的联系，即使是在马克思本人的著作中，政治事件仍以政治家和意识形态为中心。通过他有关"革命集体心理"的概念，勒费弗尔为基于阶级分析的历史开辟了道路，在这一历史中，人口的广大部分不再被设想为抽象的群众或阶级，而是被区分开，成为历史变革的积极动力。

阿尔贝·索布尔在他对共和二年巴黎无套裤汉的研究[96]中，推进了乔治·勒费弗尔关于城市平民政治行动的研究。从某种意义上说，索布尔继承了勒费弗尔的衣钵。作为勒费弗尔的学生，索布尔在1959年出版了《法国大革命期间诺尔郡的农民》的第一个易于理解的版本，继勒费弗尔之后成为《法国大革命史年鉴》（*Annales historiques de la Revolution française*）的主编，并被聘为一度由勒费弗尔担任的索邦大学法国大革命史讲席教授。索布尔不像勒费弗尔，他信奉马克思主义，而且是法国共产党的活跃党员。索布尔对旧制度和法国革命阶级性质所做的更为广泛的说明深受马克思主义关于社会经济结构概念的影响，引起了激烈的争论；而勒费弗尔本人关于法国大革命阶级性质的相当小心谨慎的分析也曾在某种程度上导致了争论。[97]但关于无套裤汉的研究却显然大体上没有对历史一般进程加以总概括。索布尔告诫说，要提防旧马克思主义的"过分简单化"，他相信，甚至饶勒斯在其《法国革命的社会主义史》中也曾犯了这个错误。这部书把大革命描述为"已成熟了的资产阶级的经济力量和精神力量壮大的结果"，资产阶级现在试图"把这力量用法律形式确定下来"。[98]

索布尔对无套裤汉的研究是以法国大革命中巴黎市府所建48个"区"的残留文件为基础的。在索布尔的分析中出现的巴黎的法国大革命，像乡村革命在勒费弗尔关于诺尔郡的研究中那样，并非简单地被视作一场资产阶级革命，而被视作不同利益、不同抱负的集团复杂而暂时的联盟所进行的革命。索布尔像拉布鲁斯那样，认识到诸如食品价格波动之类的基本因素对于城市人口政治行动的影响，但他强调说，无套裤汉不是一个真正意义上的阶级，"无套裤汉运动也并非某个阶级党派"。他们"来自社会各个阶层，因此没有阶级意识"。在索布尔看来，把他们集结到一起的是共同的意识观念和生活方式，是对贵族政治的憎恶，是对平等的社会和政治权力以及政治民主的追求。雅各宾派也不代表一个阶级。事实上，索布尔总结说："共和二年的全部制度依靠的是一个理想主义的民主政策观念，因此它是虚弱无力的。"尽管如此，他和勒费弗尔认为，大革命的思想，仅仅可以在经济发展的更广阔范围中得到理解：随着对经济实行社会控制的崩溃，18世纪资本主义经济生产稳步发展。索布尔像勒费弗尔那样，试图为导致"存在于历史本身辩证运动中的人民运动的衰落"找出"内部矛盾"。[99]如果没有人民大众和资产阶级之间的联盟，资产阶级革命将不会成功。[100]但领导者的目的，即使是在雅各宾时期也与城市各阶级的各种目的不同。恐怖加速了旧社会的毁灭。尽管有临时性的战时措施，它仍加速了取消社会对财产的强制，而从手工业工人和小商人那种前工业化立场看，这是正义和道德所要求的。工业资本即将在其中占统治地位的新社会矛盾的基础出现了。

索布尔的著作代表着明确的马克思主义立场，这有时表现为它力图把大革命与未能免于教条主义的"历史的辩证运动"[101]联系起来。但索布尔的历史主义和不系统地而是根据从档案中所见到的重现革命形势的尝试，使他与某些其他的马克思主义研究，比如达尼埃尔·盖兰（Daniel Guérin）[*]所著《1793—1797年第一共和国时期的阶级斗争》一书形成了强烈的对照。这本书以一种公开宣称"永远革命"的托洛茨基理论写成，它 151有意试图把当代概念应用于往昔，并且在阶级冲突中发现一种预示现代阶级斗争的"萌芽状态的无产阶级"。[102]尽管其思想态度激进，盖兰的著作在许多方面显得因袭传统，而且是唯心主义的，这不仅由于它不考虑经济数据和社会结构，而且由于它对领袖人物及思想冲突的强调，它很大程度地类似于我们描述过的某些苏联和民主德国的研究。索布尔像勒费弗尔那样，把历史放在一个对集体心理进行分析的广阔基础之上加以考虑，但将心理放在其具体的"物质"环境中进行分析的需要让勒费弗尔和索布尔接受了并非完全是马克思主义的社会分析方法。索布尔设想的马克思主义历史编纂学与经验主义历史社会学之间存在着广泛的一致之处，索布尔强调说，所有政治史都是社会史，同时他赞同孚雷和多马尔，认为社会史说到底就是计量历史。索布尔补充说，但是，社会史利用的数据不能是"脱离现实的和非社会化的"，而必须是一门"精确的关于结构的知识"、关于社会变革的"机械论"的、关于社会和经济"情势"的"知识"。马克思主义历史编纂学与社会结构计量历史学并不冲突，而是把后者看作一个更加准确了解社会各阶级对抗的动

---

[*]　达尼埃尔·盖兰（1904—1988），法国历史学家。

因的必备工具。[103]

　　在过去15年里，对革命形势中群众政治行动的研究显然大有进展，并且使法国以外的特别是英语世界的历史学家越来越多地投入研究之中。理查德·科布（Richard Cobb）[*104]和乔治·鲁德进一步为对法国大革命中政治行动进行社会分析做出了更重要的贡献。鲁德在献给乔治·勒费弗尔的《法国大革命中的群众》（*Crowd in the French Revolution*）[105]一书中，分析了 1789年到1795年间参加各种主要骚乱和示威游行群众的成分和行动。鲁德争论说，广大人民中政治积极分子的特性、利益和抱负"不能再被当作仅仅是对身在首都的记者、律师、演说家和政治家的思想、言论和法令的呼应或反响"，[106]他广泛利用了巴黎警察档案，并像勒费弗尔和索布尔那样，试图——有时也许过于机械地——把政治行动与食品价格的波动联系起来。尽管如此，像勒费弗尔和索布尔那样，他试图通过利用档案材料，把被米什莱描画为英雄的"人民"或被泰纳说成是魔鬼的"暴民"的无名群众的传统形象中所缺乏的个性和政治目的感还给人民。查尔斯·蒂利（Charles Tilly）的研究极为不同，他运用计量和结构的方法，几乎不做任何叙事。他力图依据经济发展和社会现代化程度的标志，解释为何各地对旺代地区革命与反革命的态度有所不同。[107]近年来，研究的视野从法国大革命扩展到19世纪爆发的革命，并回溯到18世纪的粮食骚乱。对前工业化和早期工业化时期英国动乱的同类研究也出现了[108]，但并非所有这些研究，比如科布和蒂利的研究，都从马克思主义立场出发。此后，马克思主义学者和非马克思主义学者之间，针对经济等级在旧制度时期和法国大革命时期的政治斗争中所发挥的作用发生了激烈的争论[109]，由于马克思主义历史学家逐渐

（左侧页码）152

---

　　* 理查德·科布（1917—1996），英国历史学家，主要研究法国大革命史，主要著作有《人民的军队》等多种。——译者

转向运用社会档案，并开始利用计量方法，而非马克思主义历史学家则把各个集团的对立利益放在它们的社会环境中加以考虑，就社会史由什么构成这个问题，在一定程度上导致了方法论上的一致。尽管各种社会科学都关注于理论和概括，但马克思主义史学和社会科学继续保持着自己的特点，即对具体历史条件特别的觉察，以及赞同将意识的作用作为社会变革的积极因素。在查尔斯·蒂利*的《旺代》（Vendée）一书中，他强调了可测量的、无个性特征的现代化因素，但却忽略了对意识的研究。

5

对英国工业化的历史讨论是马克思主义史学和现代社会史　153
进一步结合的例证，这一点并非完全不同于我们在法国所见到的情况。在进一步阐述之前，有必要提及某些对英国历史编纂学进行考察时必须加以考虑的特点。第一个特点是学术性历史职业发展缓慢，或者反过来也许更准确地说，是占显著地位的业余历史学家或非专家的长期存在。19世纪许多英国史的作者都不是职业学者，如果把1886年《英国历史评论》（English Historical Review）的创刊作为职业化集体研究发展的征兆，经过35年才建立起历史研究院这一事实可以证明这一进程的缓慢。直到步入20世纪，英国的全日制专业大学师生才垄断了严肃的历史撰述。可以举出许多理由解释职业化的缓慢步伐，其中包括个人主义的传统，人们常常提到英国对业余活动的爱好[110]，对历史撰述中文字质量的强调，少数大学，特别是牛津、剑桥和伦敦等大学长期居统治地位，对各门社会科学十分缓慢的接受。

在英国，与兰克派阐释学历史主义同时代的大多数业余和

---

　　*　查尔斯·蒂利（1929—2008），美国历史学家、社会学家，主要著作有《集体暴力的政治》《身份、边界与社会联系》等。——译者

职业作者属于辉格学派，强调政治和立宪，以如"实"叙述历史为基础，这一正统学派的成员满怀兰克式的激情，谴责巴克尔之类的实证主义者。与具有民族主义和高人一等优越感的德国阐释学历史主义相比，辉格学派内在的民族主义和精英主义假设更为明显，但它依靠着一种信念：历史合理地向着自由资本主义及议会政治的社会准则和体制进步。由于这一信念并未受创于来自左的或右的威胁，大部分英国历史著述继续保持这一传统，直到第一次世界大战的爆发。1914年以来的事件削弱了自由派的信仰，但并未产生19世纪晚期欧洲各国知识界所经受的那种催化性冲击。以前辉格学派显示出的十足信心消失了，许多甚为过分的概括遭到了批判和摈弃，但个人主义的自由准则和基本上属于兰克学派的方法论被保留下来，并且为职业准则的出现提供了基础。职业化促进了学科专门化，并且凭借更严格的文本考证和证明方法而加强了"科学"性。但是，它也继续坚持——即使不是日益加强[111]——研究历史现象的特殊性，同时职业准则也妨碍了观念上的创新，特别是涉及社会科学方面的理论时。

在两次世界大战之间诞生的英国历史职业具有两种略有关联的影响，这缓和了附属准则的限制，否则这些准则会更持久而有力地限制英国的历史编纂学。英国人唯理智论的实用主义态度，以及历史职业对非政治化的要求——不管是否正当，足以使职业准则容忍意识形态的多样化。因此，英国史学把一系列意识形态包含在普遍接受的证据准则之中，其中包括：容忍与历史研究中盛行的意识形态相反的意识形态；并可以进行有意义的争论，有时还存在富有成效的相互影响；不同的看法并不总局限于对争论的叙述。

尽管存在职业准则的限制性条款，但仍维持了一个进行争论的园地，这是自20世纪50年代中期以来，有助于重要的——

尽管绝非全部——准则变化的因素之一。在此变化过程中紧密关联的，是日益运用高深的社会科学概念、马克思主义具有巨大影响，以及更加强调扩大的新社会史概念。[112]本章的其余部分将主要讨论在有关英国工业化的历史性争论范围内的这些变化因素。

概括地说，20世纪中叶，两种有区别的，尽管并不总是完全不同的对工业化进行解释的传统被继承下来。这两种传统都发轫于19世纪上半叶。每一种都受到当时的关注或责难。随着时代的发展，虽有更加严格的专业学术标准以及与各门社会科学密切交流的影响，但每一种传统的基本原理却依旧原封不变。一个传统首先基于唯物主义准则，认为工业化影响基本上起着推动作用。在这一传统中，每当承认这一过程造成的不幸时，都要肯定所取得的物质利益是头等重要的。而主要，但并非完全由社会主义者所发展的相反的传统，从一种更为人道的观点出发进行评判。这一传统坚决主张，如果说有物质利益的话，也毫不足以补偿人们的艰辛苦难所付出的代价。这两种传统的评价方式和解释方式之间存在着差异。除了很少的例外[113]，直到第二次世界大战以来，属于这两种传统的历史学家才发展了使他们能够以一种持续的观点探讨工业化因果关系的概念工具（conceptual apparatus）。

到19世纪30年代，第一个传统充分发展起来。它依据对工业化所代表的物质进步，和对斯密（Smith）*、马尔萨斯和李嘉图（Ricardo）**所代表的，有关社会经济组织的机械理论含蓄或明确的认可进行研究。即使当这些作者[114]致力于研究工业化

＊　亚当·斯密（1723—1790），英国资产阶级古典政治经济学创始人。主要著作有《国富论》等。——译者

＊＊　大卫·李嘉图（1772—1823），英国资产阶级古典政治经济学家。主要著作有《政治经济学及赋税原理》等。——译者

156　所引起的社会问题，因此而常常受到人道主义的冲击时，这些
　　研究也不对工业化和随之而来的资本主义价值观进行根本的批
　　判或否定。相反，它们基本接受并希望解决发现的"问题"或
　　障碍，使得主要社会经济制度完全发挥出有益的一面。这一反
　　应可以被描绘为在其设想上是唯物主义的和偏向一方的，尽管
　　它的关心有时是人道主义的。

　　　　对现行社会、经济和政治体系不言自明的道德充满信心的
　　唯物主义传统，在辉格学派的支持下一直延续到19世纪下半叶。
　　工业化被视作自由放任主义的结果，并被认为是培育了自由放
　　任主义的政治制度和组织制度的优点。辉格学派的政治、机构
　　和组织偏见，使之致力于研究17世纪政治革命，他们基本上依
　　靠应用文献证据进行叙述性描绘，虽然仍信奉历史主义的观念，
　　但却并未据此研究接下来的英国史。这一段历史被看作从1688
　　年到19世纪晚期议会自由主义的稳步而必然的进步，工业化则
　　被视为这一过程中自然的组成部分，很少被看作孤立的现象，
　　或是根据其社会经济因果关系加以研究。一些主要人物，比如
　　莱基，有时曾违背这一政治偏见，但是，像在其《18世纪英国
　　史》(*History of England in the Eighteenth Century*) 中对卫理公
　　会的广泛论述那样，这样的论述几乎没有触及工业化过程的实
　　质。[115]尽管他们的偏见更加是政治性的，辉格学派的作者们明
　　显继承了一条那些在19世纪初接受了工业化及其占优势的物质
　　利益的作者所信奉的路线。辉格学派接受了与古典政治经济学
　　相同的宗旨以及其中固有的价值观。这些历史学家不是在写工
　　业化的历史，而是在写19世纪占优势的自由／资本主义正统观念
157　的历史。

　　　　从工业化的经验和对工业化的观察中，一个对立传统的
　　萌芽出现了。这一传统的作者们尽管绝不忽视特定的和直接
　　的问题，但却向崛起的资本主义正统观念的基本设想提出挑

战。当这一正统观念的各个方面开始具有特定的"自然"规律的特征时，它的批评者就不得不去探索社会经济理论或政治理论。[116]另外，由于被指责为反对基本唯物主义正统观念，批评就显然更是从人道的立场出发。在英国，工业化的早期批评者们根据丧失、剥夺，或其中可能包括但已然超过纯粹经济性的攫取，考察了这一过程的前因后果。在这一更为人道主义的传统之中，对工业化的批判性评价继续到19世纪下半叶，其中包括有威廉·莫里斯（William Morris）[*]、费边运动和阿诺德·汤因比[**]的评价。汤因比在1882年声称："工业革命的结果证明，自由竞争可以产生财富，但不能产生幸福。"[117]这个说法表达了这一传统的中心主张。尽管就英国历史编纂学而言，直到20世纪才充分感受到他们的影响，但马克思和恩格斯都明显属于这个传统。虽然马克思和恩格斯既把工业化视为社会经济组织根本变化的原因，又把工业化看作这一变化的结果，但他们对工业化含义的分析依据由变化引起的、特别通过"意识"表达的人类反应。马克思和恩格斯也提供了这两个传统长期缺乏的东西：能应用于对工业化的解释和评价的分析方法。

　　20世纪上半叶，这两种传统的发展都受到当时发生的一系列事件的影响。日益勃兴的工联主义和工党双方的政治力量，使反资本主义传统的历史学家对这些运动的发展颇为关注，而这一关注使人们对哈蒙德夫妇（Hammonds）[***]、韦布夫妇

---

　　*　威廉·莫里斯（1834—1896），英国作家、空想社会主义者，主要著作有《乌有乡消息》等。——译者

　　**　阿诺德·汤因比（1852—1883），19世纪英国著名经济学家和社会改良主义者，是阿诺德·约瑟夫·汤因比的叔父。——译者

　　***　J. L.哈蒙德与芭芭拉·哈蒙德，英国学者。——译者

（Webbs）[*]，以及 G. D. H. 科尔（G. D. H. Cole）^{**}的著作变得重

158　视了。[118]所有人都把工业化视为与过去一刀两断、翻天覆地的
经历，同时他们都对那些经历了这一过程的人怀有深切的同情。
不管怎样，他们把阶级觉悟看作工业化的"产物"，主要在制
度方面探索其发展的观点之中，有一种机械的因素。他们对工
业化的说明极为详尽，但对这一过程本身的解释总地来说却是
杂乱无章的，并且倾向于依赖较早的感觉，而不是依赖更加详
尽论述的、关于损失的理论。他们的方法论仍与辉格学派相近，
他们讲述着一个成功的故事，尽管这是为工人阶级组织而不是
为了维多利亚时代的中产阶级自由派讲述的。

　　在英国，历史研究开始缓慢地吸收经济理论，经济史也
缓慢地发展起来并与更为一般化的历史学科相结合。[119]然而，
战时，经济理论和由此发展起来的经济史开始对这两种传统
产生影响，并使每一种传统中都对工业化进行更为有条不紊
的分析。[120]在那个资本主义传统中，这些趋势最显著的代表
是约翰·克拉潘（John Clapham）^{***}和稍后的 T. S. 阿什顿（T. S.
Ashton）^{****}的著作。根据流行的经济标准，克拉潘评价工业化对
19 世纪大多数英国人的生活产生了有利的影响。克拉潘主张
的特征是，强调对 19 世纪条件的评价需根据对距当时最近的
前一个时期的条件进行彻底精确的鉴别。他争辩说，18 世纪

---

　　*　锡德尼·韦布与比阿特丽丝·韦布，前者（1859—1947）是英国著名社会
活动家，工联主义者、费边主义者；后者（1858—1943）亦同前者。二人合撰有
《工业民主》等。——译者
　　**　G. D. H. 科尔（1889—1959），英国历史学家，工人与社会主义理论家，
主要著作有《社会主义思想史》。——译者
　　***　约翰·H. 克拉潘（1873—1946），现代英国著名经济学家、历史学家。曾任
剑桥大学教授、不列颠科学院院长。主要著作有《英格兰银行史》《简明不列颠经济
史》等多种。——译者
　　****　T. S. 阿什顿，英国经济史学家。主要著作有《一个 18 世纪的工业家：沃灵
顿的彼得·斯塔布斯，1756—1806》等。——译者

的黄金时代只不过是神话，而非事实，他认为那些使得神话万古长存的作家在这里使人得出了一个错误的印象，认为19世纪是衰败、剥夺或丧失的世纪，克拉潘对18世纪的密切关注不仅是为了寻求证明这一观点，也是根据有助于工业化过程的商业、制度和技术发展寻求对工业化进行经济解释。[121]阿什顿继续了克拉潘这方面的工作，[122]他试图分离和评价有助于工业化的一系列经济因素，主要集中于金融因素及其中最为重要的优势利率。除开阿什顿自己的作品，他在加强对个别地区和工业中的工业化进行研究的过程中扮演了重要角色，这些研究产生了大量有关工业化作用的详尽资料，但对于因果关系的综合研究相对说来却收效甚微[123]，这部分工作回答的是工业化怎样发生而非为什么发生的问题。尽管利用了一个有限的概念框架，在经济史方面的大部分工作还是基本上遵循着历史主义传统。尽管强烈主张一种不做价值判断的客观历史，在阿什顿和其他人的著作中，一直存在于资本主义传统之中的物质假设仍然存在。由于致力于研究经济而附加于这个传统的原理是机械的和公式化的，这加强而非损害了其根本的唯物主义价值观。

　　尽管第一次世界大战以后时期社会科学对资本主义传统的影响主要来自经济学，但对于另一个传统来说，影响却来自社会学方法。R. H. 托尼（R. H. Tawney）*的大多数历史著作论及16世纪和17世纪，但它却与目前的讨论有关，因为在对工业资本主义的出现及其在英国的繁荣昌盛的长期解释中，它占有一席之地。托尼使工业化过程中的失落感具有更系统的形式，而这种失落感以前标志着英国历史编纂学中的反资本主义传统。[124]托尼认为，导致工业化的经济变化的根源至少要回溯到圈地运动和16世纪土地所有权的实质性转移。对于托尼

---

　　*　R. H. 托尼（1880—1962），英国历史学家，主要研究经济史，著有《贪婪的社会》《中国的土地与劳动力》等。

159

来说，它不仅仅是经济组织采取更为明显的资本主义形式的过程，而且是一个社会标准变化的过程：贪婪社会（Acquisitive
160 Society）*正在发展。尽管托尼并不僵硬地模仿韦伯，但他一般来说相信在占优势的社会准则和清教主义普遍信条之间存在密切的关联。在托尼看来，导致17世纪内战的政治争斗来自16世纪各种变化所引起的潜资本主义（latent capitalism）**与贵族制和君主制的准封建主义（quasi-feudalism）***之间利益和信仰的冲突，而不仅仅是宗教斗争，这就接近于马克思本人的分析了。尽管不一定经过深思熟虑，托尼的工作补充了同时代对立传统的经济史学家所展示的趋势，根据经济因素和各项制度来解释资本主义的发展。[125]

克里斯托弗·希尔（Christopher Hill）****继续了这种强调更广泛的社会因素和人道主义考虑，并注重经济力量的回应方式。另外，希尔又在时间上把这一方式向前推进了，并按年月顺序同工业化的实际时期更紧密地联系起来。[126]尽管希尔也基本上是一个经济史学家，但他比托尼更加密切地注意政治斗争的实际过程，而且特别注意这种斗争的制度方面。这是因为他很重视公共机构、教会、国会和法庭的作用，而上述机构在17世纪中叶英国的利益和价值观冲突中发挥着枢纽的作用。[127]在一个时期之中，希尔的工作反映了作为第二次世界大战以来历史编纂学发展主要特色的趋势，这些趋势将在本章的稍后部分加以讨论。从强调经济和法律入手，希尔逐渐把注意力转向集体和个人的意识[128]；转向态度和信念，这是了解从一种社会经济制度向另一种社会经济制度、从封建主义向资本主义变化过程的

---

* 意指追名逐利的社会，即资本主义社会。——译者
** 指代表资本主义萌芽时期的潜在政治力量。——译者
*** 指欧洲封建制末期的政权性质。——译者
**** 克里斯托弗·希尔（1912—2003），英国历史学家，主要著作有《1640年的英国革命》等多种。——译者

一个重要因素。因此，他驳斥了攻击马克思主义者、丑化马克思主义的陈词滥调。希尔写的基本上是一个经常通过宗教词句表达社会、经济和政治观念的时代。他既不将此作为枝节问题而不屑一顾，也不把它视为对17世纪解释中的鸡毛蒜皮。希尔把宗教作为一种真正的力量来认识和论述，这不仅是因为它在习俗上的重要性，而且因为它在形成思想观念的发展中起着最重要的作用。他也把传统价值观的其他表现视为变化过程中的一个必要组成部分，而不是看作加在这一过程上的累赘。[129]

职业化日益要求历史研究的"科学"严密性并增加研究数量，这些反过来又把复杂性强加于历史学，破除了某些传统的概括，并同时加强了对往日事件独特性的认识；进行广泛的、有条不紊的解释的能力似乎受到了限制。这一发展对过于简单化的马克思主义历史分析方法和对解释与回答工业化的人道主义传统都是一个挑战。希尔的著作既重视历史变化的复杂性，也相信能在基本上是马克思主义的体系中对这一复杂性加以了解，这是对挑战的实质性回答。

类似的挑战和应战一直在更直接地按编年顺序论述工业化的历史学家的工作中继续着。在最近20年里，尽管传统方法从未被抛弃，在技术和概念化两方面日益增长的革新因素却被这两种传统引进了工业化的研究之中。大部分革新是由于更接近于其他社会科学。开始于第二次世界大战之前的这一过程在20世纪50年代中期加速，存在下述几条理由：新的社会科学获得了学术地位，人们对这些新科学理论具有广泛全面的兴趣，以及学术讲坛日益加深了对这些科学的理解。这些都十分重要。改进了的统计方法，特别是计算机的应用通过让某些研究方式切实可行而鼓励了革新，这些方法以前曾因太费时间而无法运用。自20世纪50年代中期起，英国大学迅速增加，这也为新思想的产生创造了更多的机会。这一变化也与政治因素有关，冷战的缓和以及1956年以来许多英国学者脱离共产党，消除了一些以前可能影响争论的心理和观点上的约束。寻求并转向不太严格的意识形态立场令接受不同的概念和技术方法变为可能。

在资本主义传统中，最近20年中主要的革新是向构造经济模式发展的趋势，是迅速增加对更为复杂的统计技术的应用。历史解释过程中经济模式的发展，部分是由于凯恩斯（Keynes）[*]经济理论的影响，也由于希望在资本主义关系中找出工业化的准则并期待这些准则将会适用于当代不断发展的经济。美国人沃尔特·罗斯托的《经济增长的阶段：非共产党宣言》[130]提供了一个最雄心勃勃的例证。这个题目本身明确地使这部著作背离了英国史学家通常信奉的政治客观性和基本的资本主义设想，比如对"自由起作用的"经济学是合乎需要的这样的习惯要求。罗斯托的著作有很大的影响，尽管反对者与追随者同样众多。他根据某些国家特别是英国的工业化的特殊过程，创造出一个总的模式，与英国经济史中的制度化和微观经济学趋向背道而驰。从另一角度看，由于罗斯托试图提供一个基本经济模式以解释一个其起源和影响双方都既具有社会性也具有政治性的过程，因而容易受人攻击。[131]

作为坚持资本主义传统的英国经济史学家，R. M.哈特维尔（R. M. Hartwell）为回答罗斯托提供了范例。他同意格申克龙的观点，拒绝关于"工业发展统一前提"的思想。他争辩说："用阶段论的形式加以伪装的关于工业革命的局部说明，不过就是提出了一些重要的关于增长的变量，提出一些关于逐年增长的观念，而并没有解释增长。"但是，哈特维尔的确意识到，罗斯托的主张"是现代经济史学家中最有影响的"，而且他相信，"一个关于18世纪增长的、可由统计证实的模式可以用公式表

163

---

[*]　约翰·梅纳德·凯恩斯（1883—1946），英国著名经济学家，其理论一度影响颇大。主要著作有《就业、利息和货币通论》《自由放任的终结》等。——译者

示"，只要所搜集的证据允许用"定量—功能"的术语而非当前流行的"定性的"术语说明因素之间的关系。[132]哈特维尔关于工业化结果的著作也强调了解释和评价中数量证据的极端重要性。他是乐观主义者，坚决主张工业化从根本上说是有利的。[133]尽管哈特维尔声称，工业化产生了社会利益，提高了文化水平，使社会行为方式趋于缓和，他甚至将其表现形式推及19世纪40年代的社会抗议，但他的论证主要还是依赖于大量的统计资料，说明19世纪上半叶为英国大多数人所经历的物质条件在饮食、衣着、健康和住房方面都逐渐得到改善。

尽管在任何程度上都首先应用于经济史研究，但自20世纪60年代初以来，对统计学、对更加尖端的统计技术和计算机日益广泛的应用，已紧密地与人口统计学和社会结构史领域的发展联系起来。从表面上看，二者相互之间密切相关，而且在某些方面这是确实的，但前者日益关注更加动态的东西，致力于研究随时间而发生的变化，而后者的研究重点则是更加固定的东西，试图牢牢"把握"一个特殊社会，为了使其易于接受分析。最初似乎是人道主义传统的学者们受这两个领域的吸引 164 而投入到这两个研究领域之中，而且从这个角度来看，似乎是他们为这一方面的发展做出了最大的贡献。这样一种印象可能因为这个传统始终希望在理解过去时要深入到整个社会的下层阶级之中。一般来说，人口统计学和社会结构史的发展没有达到这个目的他们增添了关于人民大众发生了什么事，以及关于他们所生活的自然环境的知识，但人民大众仍然没有觉悟，也没有力量。[134]当彼得·拉斯莱特（Peter Laslett）*证明英国前工业化社会是单一阶级的社会时明确地持这一主张。[135]最近15年来，在英国，社会结构史主要是在剑桥人口与社会结构史研

---

* 彼得·拉斯莱特（1915—2001），英国学者，主要著作有《哲学、政治学与社会：汇编》《前辈的家庭生活与不正当的恋爱》等。——译者

究小组的领导下获得发展，而关于它的方向和研究成果，拉斯莱特做了主要的概括性说明，他主张这一专业化贡献具有独特的性质，有时主张它与政治历史事件并不相干，因此拉斯莱特过于武断了。[136]人道主义传统的历史学家对拉斯莱特的批评是强烈的，但却是有选择性的。在回击他关于历史学家以前忽视对其主题进行社会学探索的指责时，克里斯托弗·希尔举出了一长串人名，这些人的工作证明拉斯莱特的指责是错误的，这些人中包括许多"我不同意他们的很多解释，但其严谨的学识却令人尊敬"者。[137]希尔和爱德华·汤普森（Edward Thompson）*两人都批评了那种不把对社会结构的研究与对过去的更加综合的解释——无论是静态还是动态的——相联系的现象。无论如何，他们的确分清了拉斯莱特在这方面的失误和与剑桥研究小组有关的其他人所做的更加详尽的研究之间的区别。[138]他们的批评并不表明对社会结构史充满敌意，而是反映出对其潜在贡献的认识，以及对这一贡献尚未实现的失望。社会结构史未能为人道主义传统的历史学家提供一个新165的起点，这也许无论如何并不仅仅是由于剑桥研究小组特殊的研究方向造成的。由于统计分析变得更加复杂尖端，由于越来越多地应用计算机，可获得的材料——因数量多且时间上连贯而可以运用这些技术——成为影响社会结构分析的一股强大的力量。结果是对过去的观察和解释两方面，甚至考虑到诸如嗜好生儿育女之类广泛的行为现象时，也日益强调物质条件。[139]也许，正是担心这一强调会导致忽视影响往昔经历的非物质力量，使人们对剑桥研究小组工作的某些方面提出批评，特别是使汤普森提出了批评。

最近15到20年，唯物主义传统在经济史和社会结构史方面

---

　　*　爱德华·汤普森（1924—1993），英国当代著名马克思主义历史学家。除《英国工人阶级的形成》之外，主要著作还有《理论的贫困》等多种。——译者

的发展趋势使人们做出了类似于前面讨论过的克里斯托弗·希尔式的反应。关于马克思主义史学家的反应，可以集中注意于两个历史学家汤普森和埃里克·霍布斯鲍姆的工作。他们被选择代表的反应既体现出马克思主义历史学家的贡献，也体现出马克思主义历史学家在概念和方法论上强烈的犹豫不定成分。二者显然都确信，马克思为广泛地了解和解释过去的社会和社会变化，提供了最有效的概念工具[140]，像希尔一样，霍布斯鲍姆和汤普森两人都试图把马克思从"庸俗马克思主义历史学家"那里解救出来，同时抵制资本主义经济史学家的另一种狭隘的唯物主义强调，即通过采用经济理论和逐渐增加计量统计而达到精确的主张。出于这两个目的，他们从其他社会科学那儿寻求某些帮助，并不是把他们在20世纪经历中发现的社会行为"法则"强加于人，而是通过应用一般概念系统阐述有关过去经历的问题，并寻求对其加以解释，其中的某些内容为以前的历史学家们所忽略。然而，比在任何一种传统的专业化范围内可能做到的，更全面地观察、描绘和解释过去的尝试仍然是按照核实证据的准则进行的，而这一准则正是现代史学研究的基础。166

　　虽然汤普森和霍布斯鲍姆有共同的目的，但他们的著作却反映了追求共同目标时着重点不同。这两位历史学家都按照那种批评工业资本主义，特别是批评工业化对19世纪英国的影响的传统写作。正是霍布斯鲍姆使R. M. 哈特维尔卷入1963年《经济史评论》（*Economic Historical Review*）的争论，这场争论依然是对19世纪早期英国生活状况所持的悲观主义和乐观主义意见的最简洁的概括说明。霍布斯鲍姆基本是个经济史学家，他准备同哈特维尔就经济问题展开讨论，对后者以统计资料证实的，承认物质生活标准改善的主张提出疑问，但是，他极力强调以感情及心理动荡和忧伤的形式表达的、为工业化付出的社会代价。[141]汤普森准备采取一个更为强硬的立场，支持在对工业化的影响的任何评判中，人道主义占主导地位。他似乎情愿认可物质条件改善的"乐观"主张，但却进一步论证，这并不足以支持认为工业化对 19 世纪上半叶英国大多数人的生活有利这样一个全面的评价：

> ……完全可能持有两种粗粗看去似乎是矛盾的主张。在从 1790 年到 1848 年的整个时期里，平均物质水平小有改善。同一时期，剥削也加剧了，具有更大的不安全感、人类悲剧日益增加。到 1840 年，大多数人比他们的前辈在 50 年前的经济状况要好些，但他们曾遭受而且还要继续遭受这个作为灾难性经历的轻微改善。[142]

167

霍布斯鲍姆和汤普森既把资本主义看成一种经济体系，又看作一种价值或认识体系，这两方面相互依赖，并通过一大串政治和社会体制起作用。尽管他们将这种发挥作用的体系放在历史范围内考察，并把这种体系视为近 450 年或更长时间历史的主要论题，但他们并不把这类作用看作纯机械力量，而是看作一种其进步和影响从属于人力的变化和干扰的力量。但在这些广泛的方面，两位历史学家的强调有所不同，这至少部分地导致并来源于关注点的不同。与汤普森相比，霍布斯鲍姆在更大的程度上使经济因素和经济力量具有中心作用，而这些因素和力量在他对历史变革的解释中更加显著地表现出来。在汤普森的著作中，尽管承认这些力量十分重要，但它们没有成为注意的焦点。在这两位历史学家对工业化的解释和对工业化影响的考虑中，这类不同之处和他们相似的目的是显而易见的。

从 20 世纪 50 年代中期以来，霍布斯鲍姆在关于 17 世纪欧洲危机的历史讨论中起着出色的作用。[143]他认为，这危机基本上是经济方面的，是"从封建经济向资本主义经济总转变的最后阶段"，并且它"在那个制度允许的范围之内，根本解决了以前阻碍资本主义胜利的那些困难"。[144]但这个危机的结果并不是一样的，霍布斯鲍姆也认识到政治机构和主要人物对于造成这种不一致具有重要的作用。对于霍布斯鲍姆来说，资本主义的兴起作为一种价值体系直接或间接地影响强大的社会体制，特别是，但不仅仅是影响政府机构。这是工业资本主义发展的一个十分重要的因素。《工业与帝国》是对1750年以来英国经济史的综合研究，在书中，他像马克思那样[145]，非常强调日益扩张的海外贸易对促进英国工业化的重要性，同时，他也强调在这一过程中政府的重要作用，至少部分地通过其"有计划的侵略"政策所起的重要作用。[146]政府对于刺激工业化的作用，无论如何不限于寻求一种侵略性的和注重商业的外交和殖民政策。霍布斯鲍姆也强调了更加全面的规定，"对商人和工厂主进行有计划的支持，以及一些对于技术革新和生产资料工业发展来说绝非微不足道的刺激"。[147]汤普森也描述了18世纪英国的国家和地方当局日益接受了资本主义的社会价值观和经济价值观，逐渐抛弃了基于旧价值体系的法律条文。[148]这类趋势维持到工业化时期。而汤普森坚持说，在这一时期，英国工人阶级所经历的痛苦，不是古典经济学中"自然"规律机械作用的结果，也不是来自战争的"偶然事件"，而是经济和政治力量分布的结果，是为利用这力量进行选择的结果。[149]霍布斯鲍姆和汤普森把组织和价值观这两方面的发展看成是资本主义发展及其向工业社会进化所必不可少的，但霍布斯鲍姆的解释涉及机构和立法，而汤普森则更强调市场，并注意到需要认可这一设想，即人们对显然占优势的价值观全盘接受。

　　汤普森把工业资本主义的发展放在对抗的价值观的背景中加以考察，而他考虑工业化的影响时也持相同的观点。在其

168

主要著作《英国工人阶级的形成》(*The Making of the English Working Class*)的前言中，汤普森叙述了他关于阶级和阶级意识的概念。阶级不是一种像社会结构的一部分那样可以分门别类或相互隔离的静止现象。阶级不是一个"物"，同时汤普森表明，他没有把这样的错误见解归咎于马克思。阶级是一种在一定时期中由于共同的经历而发展起来的关系，这一经历"基本上取决于人们天生……或不自觉地加入的生产关系"。阶级意识也同样是一种历史的发展，它是"用文字表达这些经历的一种方式"。[150]对汤普森来说，这种意识是特殊经历的产物，也是一种至少部分地[151]受特别的"传统、价值体系、思想观念和习惯方式"影响的反应人的能动性——无论是通过习惯方式工作还是置身于习惯方式之外，无论是存在于一种特别的政治性的关系之中，还是存在于更加普遍的文化关系之中——在形成所经历的条件和对这一经历做出反应方面起着重要的作用。

169

通过首先叙述英国工人阶级所继承的政治、宗教和社会传统，然后广泛探讨了19世纪初期他们所经受的剥削和对剥削的认识，汤普森详细叙述了一系列反应以及工人阶级意识对这些反应的吸收，据他估计，这种意识把英国社会带到了1830年革命的边缘。他不认为这种意识是工业化的机械所创造的，而将其看作工人阶级本身的系统阐述。汤普森强调这一过程中传统思想方法作用的重要性但不将其视为先定的因素，而是组成部分。他告诫说，要提防"低估政治和文化传统的连续性"。[152]汤普森的分析基本上是辩证的复杂表述。工业化过程中英国工人所经历的条件与一系列长期持有的有关社会应该如何起作用的设想相矛盾，这些设想部分是具体的，部分是抽象的。从对这一矛盾的经历和认识中，出现了一个既反对工业资本主义的物质条件又反对其哲学学说的工人阶级意识形态。

170

自1963年《英国工人阶级的形成》出版以来，汤普森特别注意一般被称为18世纪英国社会"下层阶级"所具有的传统态度和价值观。在"18世纪英国群众的道德经济"（The Moral Economy of the English Crowd in the Eighteenth Century）一文中，汤普森的解释背离了有关前工业化时期下层民众天生的非理性以及这些人仅仅作为政治家和鼓动家的工具才重要的设想。他试图超出对饥饿和食物价格昂贵与群众行动之间的关系纯机械的分析。由于汤普森发展了群众关于经济制度对大众有利才具有道德必要性的信念而使这类行动具有更为意味深长的性质。他描述说，群众的仇恨不仅针对那些看来为了追求个人利益而不顾道德必要性的中等阶级人士，而且也针对没有能利用他们手中的权力来推行道德经济的当局。在《时间、工作纪律和工业资本主义》[153]一文中，汤普森以一天几小时和一年几季度的方式讨论了前工业化时期关于时间的概念，特别注意关于利用时间的各种想法，并因此强调了在向工厂环境变化过程中，所遭受的一个特别而重要的损失。在一些著作中，霍布斯鲍姆比汤普森更接近费边主义历史学家著作中占有突出地位的关于阶级的传统观点，以及把阶级特别视作经济条件产物的见解。但是，特别是在其《原始的叛乱》[154]一书中，他的方法与汤普森类似。在他的一系列论文中，霍布斯鲍姆概述了在不同的西欧国家中被他称之为社会盗匪活动传统的历史发展。他探讨了某些社会集团对一种脱离了其政治、社会或经济形势的感觉所做出的反应。选择这些集团是为阐明"群众性煽动适应于现代资本主义社会"[155]，同时它们代表着一个在广泛的工人阶级意识出现之前发展的过渡阶段。尽管霍布斯鲍姆《原始的叛乱》一书致力于进行比较，这与汤普森集中注意英国经历有所不同，但他们都试图把某些社会集团和社会运动从湮没无闻中发掘出来。汤普森认为，是"子孙后代高高在上的态度"使它们湮没无闻的。[156]这是因为这些集团当时失败了，也因为根据后来的关注点（或因为与之无关），他们的行动显然是不合理的。无论是西西里的土匪还是加泰罗尼亚的强人，以及"那贫穷的织袜工、参加卢德运动的剪裁工，……乃至乔安娜·索思科特受骗上当的追随者"[157]，他们企图对传统上因其荒谬而不予思考的人们的思想和行动做出富有意义的说明。这类"发掘行动"构成了被称之为"新社会史"的重要部分。为使这种历史在职业准则中占据一席之地，为使人们承认其证据是确凿的，并为一般的历史研究做出了潜在的贡献，要克服重重障碍。从一种法则论的观点来看，这种研究是不可靠的，这部分是因为他们经常注意的那些人似乎公然向历史趋势挑战，部分是因为这种挑战的性质和因这挑战而产生的动机不能被仅仅归结为法则论观点本身所根据的唯物主义原则。尽管在诸如汤普森和霍布斯鲍姆的研究中表现出很强的历史主义感，阐释学传统的历史学家可以根据这样的理由提出批评，即没有可资利用的证据来构建在新社会史范围内曾尝试做出的那种解释。在一定程度上，这一批评也扩大到概念化方面，即必须使所用资料可靠并把这些资料与所提供的解释联系起来；上述研究有时被视作非历史的或非科学的；用最富批判性的话来说，它被认为基本上只是假设。[158]

通过与这些障碍的斗争，当职业准则已可以接受这种历史，或它已影响到职业准则时，包括马克思主义者在内的社会史学家发展了与其他社会科学的关系，这种关系不同于但在某些方面又类似于经济史学家和理论经济学之间的那种关系。其中，与社会学、社会人类学，以及群众心理学的某些方面的关系特别明显，这种关系的本质有时是难以理解的，但这肯定不意味着将社会科学理论或模式直接用来研究历史形势。汤普森在《英国工人阶级的形成》中拒绝这样做，并特别抨击了某些社会学家关于阶级的概念和对工业革命中社会变化过程的研究。[159]他否认具有"预言任何规律"的能力，但他争论说，可能存在"一个回应类似境况的合逻辑的模式"。[160]这种回答的逻辑性也许并不始终应用于历史的范畴，这种应用可以盛衰消长，但逻辑本身永世长存。[161]乔治·鲁德[162]在《历史上的群众》（The Crowd in History）中讨论了社会史学家和其他社会科学家之间的关系。他支持社会学家避免把群众仅仅看成一个综合的抽象物，支持他们倾向于"消除这种看法并按照目的、行为或基本信念把这种群体分门别类"的趋势[163]，然而，他还告诫提防社会学家们创造他们自己的陈规，以取代历史学家们的旧范，并提防他们始终把民众看作"群氓"的偏见。这偏见是由伯克和泰纳传下来的，他们曾对变态和无理的群众行为进行分析，并加以证实。[164]鲁德致力于使群众不再被视为无意识的无名之辈，这与汤普森的工作密切相关，尽管后者在一种渐进的工业资本主义模式和它所引起的反应中，把群众的希望和看法置于更为中心的位置。尽管持有自己的主张，当鲁德探讨其研究的主要部分和阐述他正试图回答的问题时，社会心理学的影响是显而易见的。

新社会史的诞生是多重影响的产物，其中包括马克思主义和社会科学结合所做出的独特贡献，在英国和其他地方，它的出现是近15年到20年来历史编纂学方面最重要的发展。但是，这一发展决不是一帆风顺的，它的范围、持久性以及价值都遭到过质疑。它仅仅是历史著述中一时的"风尚"吗？它是左翼思想独有的"所有物"和产品吗？通过采用方法论和进行概念革新，它对自己特有的正统观念构成威胁了吗？[165]对这些问题的回答，显然影响到如何评价它对于一种新总则或概念和方法"范式"的发展所具有的重要性。绝对确定上述几点仅仅有助于在将来进行评判，但在此时，提出证据则是可能的，这证据为所提出的每一问题指出了否定性答案，而关于它在形

173

成未来的职业准则中起潜在作用方面，则做出了一个肯定的判断。大量涉及许多专题领域的"新社会史"著作已经出版，提出了一系列问题，对许多长期存在的历史争论问题进行了新的探索，其结果表明，它并非一时风尚，它在未来的地位不可小觑。概念上和方法论上的交流已然完全确立，而这一交流的发展似乎否认新社会史独占了意识形态的左翼地位，也否认了它成为一个新的、特有的正统观念的潜在可能。通过上述对霍布斯鲍姆和汤普森著作的讨论可以明了新社会史发展中的种种差异。在英国，《过去与现在》杂志和对社会史研究新方法的出现有着密切联系。通过选择文章和组织会议，它成为讨论不同见解的论坛，并没有某种意识形态在它的活动中起着独占的作用，也没有建立一个狭隘的正统观念。尽管马克思主义历史学家起着突出的作用，但这些发展也没有被任何一种意识形态垄断。像劳伦斯·斯通[*]、阿萨·布里格斯（Asa Briggs）[**]和哈罗德·珀金（Harold Perkin）[***]这样的历史学家都做出了贡献：斯通比剑桥研究小组的工作更富于想象力地运用了有关变化的结构分析；布里格斯首先，尽管绝不是独一无二地，为城市史研究做出了贡献；珀金对工业化时期的英国史进行了全面的研究，他的中心议题是社会性的而非政治性的发展。[166]

就近 20 年中的发展来看，社会史对于放宽职业准则，扩大理解过去的职业能力方面是有潜力的。霍布斯鲍姆本人认为，历史与社会科学的内在联系和向更广泛地理解历史的进步，即他称之为"从社会史到研究全社会的历史"的运动，都尚未向

174

---

[*]   劳伦斯·斯通（1919—1999），英裔美国历史学家，主要著作有《英国革命的来临，1529—1642》《家族与产业：对 16 及 17 世纪贵族财政的研究》等。

[**]   阿萨·布里格斯（1921—2016），英国历史学家，主要著作有《伯明翰史，1845—1938》《维多利亚时代的人民》等。

[***]   哈罗德·珀金（1926—2004），英国社会历史学家，主要著作有《铁路的时代》《汽车的时代》等。

着最后的成功迈进哪怕一小步。[167]但无论如何这一过程已经开始。历史争论继续存在，甚至日趋广泛，都无法否认这样的意见，即历史学家在逐渐采用一个对研究和解释过去更为科学的方法。实际上，最近20年来大量科学的动力都源于历史学家中对立派别的努力，在他们中间，马克思主义者在提出独特观点这一点上是颇为突出的，无论他们是进攻还是还击。历史科学的发展未必可能产生一个公认的历史，而历史科学也并不希望如此。它正在开始做的是，为力图描述和解释过去而提出一系列范围更广泛的问题，为有助于提供答案而发展范围同样广泛的概念。

第五章　跋：对过去十年的回顾

　　以上各文章写于1972至1974年，它们反映了当时流行的关于历史研究的评价：确信历史学家基本上已放弃了历史研究中的历史主义概念，放弃了对叙事和事件的强调，而寻求建立一种有关结构和社会力量的"历史社会科学"。[1]对于由什么构成这样一种社会科学仍旧存在着根本分歧，对于很多历史学家来说，历史之能有科学性仅仅在于把能够数量化的各种普遍关系加以系统阐述。埃马努埃尔·勒华拉杜里于1973年重申，归根结底，"非量化的历史不能认为是科学的"。[2]杰弗里·巴勒克拉夫（Geoftrey Barraclough）*在他为联合国教科文组织有关社会科学及人文科学地位的多卷集评述所撰写的《当代史学主要趋势》（*Main Trends in History*）一卷中评论道："毫无疑问，在历史新潮流中，对于数量的寻求最为有力。这是将20世纪70年代的历史观与30年代的相区别的最首要的因素。"[3]然而，甚至在70年代初，历史学家对于数字在历史中的地位是否存在着一致的意见也是表示怀疑的。尽管数字和计算机具有强烈的吸引力，但计量史学在欧洲甚至在美国都并未主宰历史研究。美国"新

---

　　*　杰弗里·巴勒克拉夫（1908—1984），英国历史学家，主要著作有《一个不断变化的世界中的历史》《当代史导论》等。——译者

经济史"的计量历史学（cliometrics）朝着使历史方法模拟实证　176
的、理论的自然科学这方面走得最远，完全消灭了历史事件和
具体人物，代之以抽象的、可用数量关系表示的理论模式。[4]但
是除少数例外，欧洲和美洲的历史编纂学都避免了这种方法论
所固有的决定论意味。社会科学方法的信徒们虽然摆脱了历史
首先是包含对自身解释的叙事这一传统概念[5]，但是承认历史涉
及特殊的文化因素，而这些文化因素对所有绝对的概括设限。
在一些纲领性声明中，费尔南·布罗代尔和埃马纽埃尔·勒华
拉杜里都曾在理论上反对这种对文化因素的强调。[6]在20世纪
60年代和70年代初的《年鉴》中，关于气候和生物学方面的，
以确凿事实为依据的文章比比皆是[7]；这些文章企图把历史描
绘成"无人"也"无变化"的历史。[8]但在其实际历史写作中，
布罗代尔和勒华拉杜里都承认文化在历史变迁中的重要性。对
于所有历史学家来说，历史的题材都涉及意义，而意义是不能
简化为完全可以测算的量，理解是必需的。

　　所有那些将历史视为一门社会科学的20世纪六七十年代
的历史学家——不论是致力于经济学和人口统计学之间相互关
系的年鉴派历史学家、致力于政治权力和社会控制的联邦德
国社会历史学家，还是研究社会冲突和意识形态冲突的马克
思主义分析家——都是文化的研究者，因而也是意义的研究
者。他们与过去一个半世纪里最能代表传统认识论立场的历史
学家如J. G. 德罗伊森、威廉·狄尔泰和R. G. 柯林伍德（R. G.
Collingwood）*不同，坚持认为对历史的理解并不只是重新体验
历史代理人的意向，而是要求对人类集体的行为在其社会和文
化环境中进行仔细的分析。因此叙事是不够的。他们虽然承认
"人们自己创造自己的历史"，但同时还认为"他们……并不是

---

　　*　R. G. 柯林伍德（1889—1943），英国历史学家，新黑格尔主义者。主要著作
有《历史的观念》等。

在他们自己选定的条件下创造"。[9]

177   我们已经对三个重要的思想流派加以区分：年鉴派的经济－人口统计史；联邦德国人从事的政治社会史；以及西欧与东欧马克思主义者的社会－文化史（显然上述三派并不能囊括所有历史流派）。每一派对于什么构成历史研究的社会科学方法具有不同的概念。然而，所有这三派都承认，政治行为和思想表达绝不是一望而知的，还必须联系社会背景进行研究。这三派都相信，这种研究要遵循严格的方法论准则，并要求一种高度的概念化。他们的目标不仅仅在于描述，而且还在于解释。对于他们来说，不存在没有理论的历史。对方法和理论的信奉是他们将历史理解为一桩科学事业的关键因素。他们同意经验资料和数据为历史学家提供信息，但不能从这些资料和数据本身来理解历史的相互联系。要获取这种对历史的理解，必须考虑到构成各个社会基本纽带的意义和价值。

也许第二代年鉴派史学家，布罗代尔的信徒们，最不关心作为历史背景一部分的文化因素。布罗代尔本人强调人类力量的局限性。他相信，人类的物质环境和人的体质决定了这些局限。布罗代尔的《十五世纪至十八世纪的物质文明、经济和资本主义》成书于20世纪70年代后期，书中几乎完全不提文化和精神，而强调种种非人的结构，如地理结构、生物结构、社会结构和经济结构的支配作用。[10]20世纪60年代，有大量文章和著作探讨人口统计学和经济学在人类社会中的支配作用。[11]勒华拉杜里所著《朗格多克的农民》（1966）一书是代表这一倾向的杰作。[12]与"庸俗"马克思主义的基础－上层建筑公式相类似，年鉴派历史学家设想在社会现实的三个层次之间存在一种因果关系。这三个层次是：地理、气候、生物和基本的经济特性等

178 物质决定因素所构成的基本层次；长期持久的社会和经济结构所构成的第二层次；转瞬即逝的政治事件及文化和精神现象所

构成的短暂的第三层次。但正如我们所看到的，这种粗糙的唯物主义从未完全支配过年鉴派的著作。在吕西安·费弗尔的著作和其后的乔治·杜比（Georges Duby）*、罗贝尔·芒德鲁与雅克·勒高夫的那些著作中，都表明在年鉴派的传统中存在一种对文化和思想的关注。勒华拉杜里所著《朗格多克的农民》一书虽然用人口统计的硬性框架结合经济情势解释文化现象，却是对法国南部新教改革的一项杰出研究。同样，吕西安·费弗尔关于拉伯雷时代不信神的伟大著作是年鉴派传统内部新精神史的范式。[13]但这种新的精神和文化史就其方法论研究而言，与传统精神文化史不同，它由对伟大思想家的明确思想的关注，转变为对心态、思想结构、观点结构和表达思想的语言结构进行分析。不是伟大的思想家创造时代，而是限制思想家思想的舆论倾向创造了时代。正如我们看到的，对于费弗尔来说，服务于思想的"精神工具"是指思想产生于其间、在一定程度上可以测量的坚实框架。被狄尔泰和柯林伍德认为是一种适当的认识论核心的同情理解的阐释学方法，现在似乎不适用了。在20世纪60年代的年鉴派史学家的历史著作中，不论是关于物质文化还是关于心态的著作，都存在一种顽固的经验论成分。他们相信历史作为一门社会科学必须从经验开始，因而也从数量上着手建立模式，进行概括。与此同时，他们也承认经验论在揭示历史上人类生活结构关系上的局限性。[14]

　　马克思主义历史编纂学家们甚至更敏锐地意识到经验论和计量方法在社会科学中的局限。我们已经注意到，在20世纪60年代和70年代初众多的马克思主义历史学家的历史分析中，文化因素起了决定性作用。有两种截然不同的马克思主义社会科学概念彼此对立：其一强调客观力量——例如经济基础——是

179

＊　乔治·杜比（1919—1996），法国历史学家。

第一性的；另一则强调文化和思想因素的主要作用。前者在路易·阿尔都塞（Louis Althusser）[*15]和那些马克思主义结构主义者的作品中得到了现代的新的系统阐述，这些结构主义者否定那些将马克思主义看作一种"人本主义"形式的理论家所集中注意的人的积极干预。20世纪70年代，各种探讨由封建主义向资本主义过渡的著作重申了马克思的历史阶段理论，其中包括居伊·布瓦（Guy Bois）[**]所著《封建主义的危机》[16]、佩里·安德森（Perry Anderson）所著《从古代到封建主义的过渡》（*Passages from Antiquity to Feudalism*）和《绝对主义国家系谱》（*Lineages of the Absolutist State*）[17]，伊曼纽尔·沃勒斯坦（Immanuel Wallerstein）[***]论述现代资本主义世界体系出现的雄心勃勃的规划。[18]在这种历史中，个人消失了，所发生的变化是非人的力量、主要是经济力量作用的结果。这些作者的政治观点、他们对剥削、对发展变化（尽管是缓慢的）看法可能各有不同，但其社会科学概念中对物质力量的强调与布罗代尔和新马尔萨斯论者的经济决定论相似，尽管这两派对物质力量的理解有所不同。因而像维托尔德·库拉所著《封建制度经济理论》（*Economic Theory of the Feudal System*）那样一部自认为是马克思主义的著作出版时要由费尔南·布罗代尔作序就不足为奇了。[19]正如我们在前面所讨论的，20世纪70年代，不仅在西方，而且也在社会主义国家中，很大一部分马克思主义历史著作强调上层建筑在确定历史局势中的决定性作用。阿尔贝·索布尔在他对无套裤汉的研究中试图把对于政治觉悟和思想意识的认识同

---

　　* 路易·阿尔都塞（1918—1990），法国马克思主义的结构主义者，法共党员。主要著作有《政治与历史：孟德斯鸠、卢梭、马克思》《列宁与哲学》及《读〈资本论〉》。——译者

　　** 居伊·布瓦，法国历史学家。——译者

　　*** 伊曼纽尔·沃勒斯坦（1930—2019），美国历史学家、社会学家，主要著作有《非洲：独立和统一的政治》等。——译者

坚持社会发展阶段的必然结果的概念（一种颇为教条地设想资产阶级胜利的概念）结合起来，而E. P. 汤普森发展了一种道德经济观念，他认为这种观念决定群众的政治行为。当然，汤普森会对是否能将历史视为一门社会科学提出疑问。他的文化马克思主义返回到传统历史主义的某些观念，强调文化现象独一无二的定性本质，这一本质无法进行计量分析，而要求描绘性叙述。[20]

　　正像我们看到的，在联邦德国，20世纪70年代有一批值得重视的历史学家将历史视为一门"历史的社会科学"，不过这里的社会科学一词既不按历史计量学家的、年鉴派的，也不按传统马克思主义者的含义加以理解。这批历史学家深受马克斯·韦伯的影响（也受到卡尔·马克思的影响），他们在社会语境中承认意义的主要作用，一个社会就是一个意义的综合体（*Sinneszusammenhang*），就是一套社会价值观的体现，它绝不能被简化为数量关系，历史因而是一门要求定性理解的科学。而使这一派别与传统历史主义有所区别的，是它坚持对于理解历史情境来说，情节的再现是不够的，对历史情境的理解要求概念化。这一派别主张，历史产生于有意识的人类活动，以及独立于人类愿望而存在的力量与结构之间的相互作用，这种力量与结构又构成人类活动发生的环境。同年鉴派学者和马克思主义者一样，这些政治社会史学家力求对现代世界中起作用的社会力量做出系统阐述。同其他现代社会历史学家一样，他们致力于引进来自成体系的社会科学的方法和概念——诸如计量学。但他们也意识到统一的社会科学是不存在的，对社会科学的方法和理论的运用必须始终是折中主义的和实用主义的。

　　正如我大约10年前完成本书第一版时曾经解释过的那样，这里我对把历史作为一门社会科学来研究的状况简短地重新加以概括。自那时以来，国际上历史研究已向着新的方向发展。劳伦斯·斯通1979年在《过去与现在》杂志上发表的一篇文章中引人注目地提出，20世纪70年代初新史学所依据的假设已基本上被否定，而一种企图建立"科学历史"的白日梦也随之破灭。[21]他断言，历史能成为科学这个观点是个"神话"。[22]过去这些年对计量方法的幻想彻底破灭，而计量方法正是当时即将诞生的科学历史学的核心。马克思主义者、年鉴派和美国的计量历史学家认为，历史将成为严格的、科学的、令人陶醉的乐观主义业已消失，取而代之的是近年来历史撰述由分析又回到叙事，正如斯通所说，主要致力于"人而非环境"。他又说道："因此，历史论述个别的、独特的而非共同的和有代表性的事物。"斯通总结道："新的历史学家转向叙事标志着一个时代的终结：一种对昔日的变化做出井井有条的科学解释的尝试的终结。"[23]确实，所产生的新型叙事史，"并非简单的文物报告人的叙述，而是一种有主题、有论点的叙述"。[24]（斯通忽略了这一事实：这也正是自修昔底德到兰克和米什莱的所有伟大叙事史的特点。）

虽然同以前的"新史学"的决裂是否像斯通所指出的那样彻底尚属可疑，但在过去10年的历史撰述中出现的重新定向却是毋庸置疑的。在年鉴派和文化马克思主义者的著作中已大量地表现出"对人民头脑中的想法的新的关注"。[25]但历史是一门社会科学这一见解并未被抛弃。斯通倾向于将科学看作一种分析性的法则论模式，而这一模式从未被大多数试图把历史视为一种社会科学的历史学家接受。过去10年中，有一大批致力于把历史建立在社会科学基础之上的杂志问世。新刊物《历史、经济与社会》（Histoire, Économie et Société）是由皮埃尔·肖尼于1982年创办的，这是对"没有精确的方法和明确界限的、难以预断的软性人类学"的回应。肖尼深为惋惜地说，这种人类学在法文历史著作和《年鉴》中多有体现。他争论说，政治和文化，即"第三层次"，不应被排除于历史之外，因为缺少

181

它们，历史就将是"被阉割了的"；但是，它们必定被深藏在物质环境之中。在那里将产生出"精确的、可用数量表示的严密"结果。[26]在联邦德国，青年学者们组成了一个特殊的小组，叫作"定量"（Quantum）。这一小组在1977年开始出版一份致力于计量性"历史社会科学研究"的杂志。[27]"定量"小组于1982年3月在华盛顿特区召开的一次国际会议发挥了重要的作用，使来自北美和东欧、西欧的计量历史学家汇聚一堂。在美国，致力于运用行为科学方法的社会科学历史协会成立了，并于1976年开始出版刊物《社会科学历史》（Social Science History）。这一杂志和其他也赞同历史是一门社会科学这一主张的刊物，强调定性因素而不否定计量方法。1975年，副标题为"历史社会学杂志"的刊物《历史与社会》在联邦德国创刊[28]，并出版了有关现代社会和政治主题的专号。《跨学科历史杂志》（Journal of Interdisciplinary History）、《社会历史杂志》（Journal of Social History）、《社会和历史比较研究》（Comparative Studies in Sociery and History）和《过去与现在》继续致力于使社会科学与历史研究相结合，《年鉴》当然也同样。意大利的《社会历史》（Societá e Storia）杂志和英国的《社会历史》（Social History）及《史学工作坊》（History Workshop）杂志引入了一种灵活的马克思主义观点，意大利的《历史季刊》（Quaderni Storici）杂志则采用了一种广泛的人类学观点。加拿大的英法对照杂志《社会历史》（Histoire Sociale/Social History）和《欧罗巴：跨学科历史杂志》（Europa, A Journal of Interdisciplinary History）也值得一提。以牛津大学的工人学院——拉斯金学院为中心的《史学工作坊》同美国的《激进历史评论》（Radical History Review）一样，企图为历史写作创造新条件，他们强调集体的努力，这种努力不仅来自职业历史学家，而且产生于那些具有共同的社会与政治信仰的非历史学家和非学者之间所进行的讨论与合作。这一榜样为其他左翼历史学家所效仿，例如，为1983年联邦德国召集的"史学工作坊"（Geschichtswerkstatt）所效仿。

183　　斯通在《过去与现在》杂志上刊登的文章是论战性的，而且过于简单化：历史学家们并未离弃社会科学，而是离弃了这些学科机械的、数学性的模式。斯通本人并不赞同海登·怀特，后者断言历史基本上是一种文学形式，斯通仍旧赞同"在真实与谬误之间"存在着一种"严格的区别"。[29]当然，对于传统的叙事体历史编纂学来说，这一区别也同样存在。但是，面向社会科学的历史不仅试图描述，也要对社会情境和社会变革进行分析。

　　但斯通也言之有理，在历史研究中的确发生了转变。斯通认为，"新史学""带来了一种幻想不做价值判断的科学、一种新的教条主义和一种新的尊重传统学风的思想，似乎可能变得如同40年前曾受到攻击的那些思想一样沉闷和枯燥无味"，这种"新史学"正让位于一种认识，再次引用斯通的话，即"历史学科首先是一门关于来龙去脉的学科"，它"论述一个特殊的问题和在特殊的时间和特殊的地点的一批特殊的行动者"。[30]在欧洲和美国，叙事史的复兴引人注目，并出现了一种对于叙述理论的新关注。依据德国传统，戈洛·曼（Golo Mann）*在其关于华伦斯坦的传记中[31]、洛塔尔·加尔（Lothar Gall）**在其俾斯麦研究中[32]、克里斯蒂安·迈埃尔（Christian Meier）在其恺撒传中[33]均复活了传记文学的艺术。在英国，修正主义者们避开对17世纪英国革命史进行分析研究，重新关注个人、杰出人物及历史事件中偶然性的作用。[34]直到最近，上述情况仍

---

　　*　戈洛·曼（1909—1994），德裔瑞士历史学家，主要著作有《19—20世纪德国史》等多种。——译者

　　**　洛塔尔·加尔（1936—　），德国历史学家。——译者

然是反常的。然而，自20世纪70年代中期以来，社会史倾向于强调意识的作用，力图把握历史局势的定性本质。卡洛·西波拉在其早期著作中将瘟疫基本作为一种生物学现象，现在他转而考察一个17世纪村庄的百姓对于瘟疫的反应。[35]埃马纽埃尔·勒华拉杜里继续了《朗格多克的农民》一书的经济－人口统计决定论，在《蒙塔尤》一书中力图重现一个14世纪村庄的精神世界，并在《罗芒狂欢节：从圣烛节到圣灰星期三，1579—1580》一书中叙述城市的冲突。[36]但上述著作的目的并非为历史而讲历史。对事件的再现总是旨在说明有关社会语境和历史变革的更广泛的问题。例如，卡洛·金茨堡（Carlo Ginzburg）[*]关于磨坊主梅诺奇奥（Menocchio）的传记试图透过这个罕见的异教徒的宇宙观探索一种潜在的农民文化。[37]同样，乔治·杜比写了一部专论一场战斗的著作，但他没有撰写一部军事史，而是力图探索在一既定时刻法国封建社会的社会环境和精神状态。[38]正如斯通本人所指出的，这批社会历史学家"讲述一个人、一次审判或一个戏剧性事件的历史并非为了其本身的缘故，而是为了阐明昔日的文化和社会的内部活动"。[39]

很多当代历史学家关于意识和思想领域的概念与传统叙事史学家迥然有别。对意识史的近期著作至关重要的是，有关何者组成了精神生活概念的重新定向。无论如何，这一方向并不是弗洛伊德式的。实际上，弗洛伊德的方法和概念对欧洲心态史的直接影响微乎其微。（心理史学几乎只是美国的特有现象，直至今日，它与现代心态史的趋势背道而驰，集中注意出类拔萃的个人而没能建立这些个人与其社会情境之间的联系。[40]）这种历史的确同弗洛伊德一样，认为观念绝不能就其表面价值加以接受，因为它们扎根于无法直接观察到的精神之中。它所感兴

斜注 184

---

[*]　卡洛·金茨堡（1939—　　），意大利社会史学家。——译者

趣的与其说是个人不如说是集团，——当它涉及个人时，也并不将其本身视为目的，而是作为了解集团的手段。

　　近期的社会史有一种与生俱来的政治倾向，一种与普通人休戚相关的意识。斯通在1977年指出过，"在美国，几乎任何正在进行的工作都涉及被压迫者和不善于表达思想者——奴隶、穷人或妇女——的题材，涉及诸如社会结构及社会流动、家庭及性、犯罪及失常、大众文化及巫术这一类问题。这些作品并没有运用从心理学、社会学或人类学和像计量学那样的社会科学方法中吸取的社会科学理论。"[41]

　　社会史与社会科学之间的联系不仅没有中断，实际上还有所加强。然而，社会科学的概念和方法论不再被教条地用来"对过去的变化提出一种有条理的科学解释"[42]；现在出于实用主义，它们被用来帮助对历史环境进行理解。尽管依赖于不同的社会科学，但在今天的历史学家与20世纪60至70年代从事写作的历史学家之间，继承仍多于分裂。并不存在向旧的历史编纂学模式的倒退，那些模式研究的是从一种社会情境和文化情境中抽象出来的行为和思想。目前，几乎所有的历史都是社会史，但现在其社会科学基础是放在诸如人类学和符号学这类探索集体意识、价值和意义，并将人视为历史局势中的积极因素的学科之上，而不是放在地理学、经济学或人口统计学这些对人类自由加上了外部限制的科学之上。然而，这一方法同研究意识史的旧方法之间存在根本的差异。社会历史学家现在并不强调个人所具有的清晰明辨的思想，而是探察社会集团的集体观点。他们将文化视为不能用精确的语汇加以解释而要求使用符号的一种价值和意义的复合体。对于20世纪60年代的经济－人口统计学派来说曾是极其重要的、确凿的经验数据不再能满足文化研究的需要了。美国人类学家克利福德·格尔茨

（Clifford Geertz）*写道："我同马克斯·韦伯一样相信，人是一种悬挂在自己编织的意义的网中的动物，我以为文化就是那些网。"他继续写道，文化表现为"一种历史上传下来的、体现为符号的意义模式，表现为一系列由符号形式表示的继承下来的概念。人们凭借这些符号形式传达、固定并发展自己关于人生观的知识"。对于人类学和搜集人类学资料的历史来说，研究的 186 "正确目标"是"挑出种种意义结构"，发现"实际生活中非正规的必然联系"。[43]因此历史学家能够再度转向独一无二的事件或独一无二的个人，正如卡洛·金茨堡在他对磨坊主梅诺奇奥的叙述中所完成的那样，因为甚至像梅诺奇奥这样行为古怪的人也参与到用符号交流一种文化的世界之中。这种对于符号表示的重视被公认具有某些危险，它缺乏经验主义社会科学的那种明确的方法论，而这对于20世纪五六十年代的年鉴派历史学家的情势－结构历史来说是至关重要的。由此，它为直观论和移情作用敞开了大门，蔑视明晰的理性准则。然而，这两种历史方法并不必定是相互排斥的，正如埃里克·霍布斯鲍姆所评论的，"人与精神、思想与事件的新型历史可被视为对社会－经济结构和趋势的分析的补充，而不是它的替换物"。[44]

　　或许自启蒙运动以来，历史学家的一种国际共同体首次形成。不仅在历史编纂中民族差别已模糊难辨，而且马克思主义与非马克思主义的方法之间的尖锐差异也变得十分缓和了。非马克思主义的历史学家们将历史现象放在其物质环境之中，而马克思主义的历史学家则承认上层建筑的作用了。正如我们在前一章中谈到的，"合乎规律的发展"这一公式化概念已不再重要。葛兰西派学者关于社会和文化占统治地位的概念为马克思主义与非马克思主义的历史之间提供了联系。法国传统的伟大

————————

　　*　克利福德·格尔茨（1926—2006），美国人类学家，主要著作有《尼加拉：十九世纪巴厘剧场国家》《文化的解释》等。

著作现在成为有文化的读者的共同财富，与早期截然相反，一大批年鉴派的著作在20世纪70年代被译成英文。联邦德国、意大利、波兰、匈牙利和其他国家的历史学家们对《年鉴》已了如指掌。20世纪五六十年代在法国、大不列颠和瑞典发展为一种明确的探索模式的历史人口统计学现在被普遍研究。甚至在诸如大不列颠和美国这种抵制马克思主义理论的国家中所从事的社会史，也深受 E. P. 汤普森的文化马克思主义的影响。[45] 在苏联，艾伦·J. 格尔热维奇（Aaron J. Gurjevich）有关中世纪人世界观的著作反映出对民众的见解与文化的关注。[46]

有关"心态"和大众文化的新型历史并不代表同20世纪60年代的社会史所关心的事物的决裂（如以费尔南·布罗代尔关于物质文化的著作所展现的那样），新型历史建立在这部著作之上。1979年最后完成的布罗代尔的《十五至十八世纪的物质文明、经济与资本主义》一书由于极为强调人类存在的结构情境[47]，在其成书之时显得令人奇怪地过时。人成为非人格化力量的消极玩物。然而布罗代尔的著作因其重视广大人民的日常生活——他们的健康、食物、衣着和经济活动而有所创新。民主德国的于尔根·库钦斯基从马克思主义的立场出发，将布罗代尔对于物质生活的再现推进到考察对有关生死的基本生存问题的态度。[48]埃马纽埃尔·勒华拉杜里的《蒙塔尤》一书，出色地坚持了这种物质条件与基本态度的联系。虽然在其《朗格多克的农民》一书中占据统治地位的人口统计和价格曲线被暂时放弃了，但是，对这个村庄的研究牢固地扎根于勒华拉杜里称为"蒙塔尤生态学"的东西之中，这是一种对于蒙塔尤的集体精神生活散发于其间的经济和社会结构的深入考察。曾在《朗格多克的农民》一书中销声匿迹的个人又重新出现在《蒙塔尤》一书中了，当然，运用的原始材料有所不同，这在一定程度上决定了研究的结构。在第一部书中合计税、价格和人口统计所占据的地位在第二部书中被蒙塔尤老百姓参加的调查过程取代了。勒华拉杜里企图破译包含在这种证据中的象征性含义，为此从事了他称之为"一种蒙塔尤考古学，从体语（body language）[*]到神话"的活动，再现对于爱情、死亡、巫术和宗教的态度。[49]这是20世纪70年代大部分新"心态史"所关注之物。构成探索主题的，是转化为日常行为并扎根于潜意识的态度，而非含义明确的概念。发掘文化的"考古学"是通过融合在群众生活形式中而进行的。雅克·勒高夫[50]和 E. P. 汤普森[51]曾提出了审查一个现代化世界中群众性时代意识的早期模式。正如汤普森、娜塔莉·Z. 戴维斯（Natalie Z. Davis）[**52]、勒华拉杜里[53]及其他人所提出的，人们可以在仪式、歌曲和节日之中发现破译大众文化的钥匙。

非理性、巫术、疯狂、社会反常，性欲与死亡等的表现对新的大众文化史历史学家具有特殊的吸引力。20世纪70年代初，基思·托马斯（Keith Thomas）[***54]和罗贝尔·芒德鲁[55]考察过司法决议，以便追溯对魔法和巫术的态度如何分别为近代世俗态度所取代。芒德鲁集中注意于审判本身，托马斯则广泛地研究巫术和宗教在民间文化中的作用。对于托马斯来说，向近代世俗观的转变并非新科学或资本主义兴起的结果，而是其先导。一种浪漫的怀旧情绪反映在罗贝尔·米谢布莱德（Robert Muchembled）[****]对巫术的衰落所进行的研究之中[56]，他将巫术视为自发的传统大众生活方式的一部分，这种生活方式被占支配地位的少数财主无情地压制，变成一种苍白无力的群众文化。米歇尔·福柯关于医治精神病的历史著作早在1961年就已写成，

[188]

---

[*]　意即以无意识的手势和姿态作为传达心声的一种方式。

[**]　娜塔莉·Z. 戴维斯（1928—2023），美国历史学家。——译者

[***]　基思·托马斯（1933—　），英国历史学家，主要著作为《巫术的衰落与宗教：16和17世纪英格兰大众信仰的研究》。——译者

[****]　罗贝尔·米谢布莱德（1944—　），法国历史学家。——译者

此书听来有一种批判启蒙态度的类似调子。[57]他感到，神态正常与疯狂之间的界限是模糊不清的。18世纪以来的医生治疗精神病的尝试不但远非人道，而且还隐藏着斯通称之为"一种禁闭并隔离社会中一切反常者的倾向"。[58]在迪克·布拉希乌斯（Dirk Blasius）*对19世纪德国决定如何处置精神病和罪犯的政治和社会动机所进行的考察中，充分发挥了这种悲观主义的调子。[59]

189 这种对于死亡的迷恋在许多著作中，尤其在法国的著作中流露出来。[60]对于阿里埃斯、肖尼、沃韦尔所进行的几项研究来说，出发点是：在今天，死亡是毫无意义的，事实是自从18世纪以来它就成为私人的事，与生活和社会相隔绝。出现了两种截然不同的方法。阿里埃斯在其关于西方自中世纪以来对待死亡的态度的著作中，运用了文学范例和图像，这些主要反映社会上层的态度。对于死亡的研究也十分适宜用计量方法。弗朗索瓦·勒布伦（François Lebrun）在他于1971年出版的《17、18世纪的安茹人及其死亡》一书中，将人口统计学和经济数据的区域性分析与一种对于态度的研究相结合：阐明体现在祈祷与列队行进仪式中对于瘟疫的宗教反应与对公众健康的关切所激发的世俗反应之间的紧张关系。这种宗教与世俗对瘟疫的反应之间的冲突也是卡洛·西波拉关于17世纪托斯卡纳一个村庄所发生的瘟疫的著作的主题。[61]在肖尼和沃韦尔的研究中，关于死亡概念的非基督教化是关注的中心，这两位历史学家——尤其是沃韦尔——在其对于17和18世纪数千份遗嘱的分析中也指出了计量方法如何能够被应用于心态史，上述遗嘱提供了关于如何举行葬礼的详细条款。[62]这种系统的方法与理查德·科布的截然不同，后者在其对于法国大革命中404名横死者的考察中拒绝遵循一种清晰明了的研究计划，而是

---

* 迪克·布拉希乌斯（1941—　　），德国历史学家。——译者

让档案中的司法诉讼不言自明。[63]

从定量方法向定性研究的转化在家族史领域中也可看出，但这两种方法不能分离。法国的路易·亨利及其国家人口统计学研究所和大不列颠的剑桥人口和社会结构史小组所从事的有关人口的计量研究在20世纪五六十年代为一种经验性家族史奠定了基础。[64]由于缺少官方统计数字，法国和不列颠人口统计历史学家使用教区记录去重新构成家庭的结构与历史。（然而，有人争论说，所谓"家庭重组法"的这种方法只不过是展示出夫妇们的生殖力，至于家内组织的大小却很少告诉我们，对家庭关系的性质则丝毫也没有说。）正如我们在皮埃尔·古贝尔的著作中所见到的[65]，对生殖力的统计数字加以考察，乃用以判断包括宗教在内的文化因素对于调节受孕间隔期的影响的。彼得·拉斯莱特和剑桥小组将定性方法和定量方法相结合，研究近代核心家庭的出现。20世纪70年代重要著作的特点是从人口统计的和物质的因素转向文化的和思想的因素。劳伦斯·斯通[66]、克里斯托弗·拉什（Christopher Lasch）[*][67]和让－路易·弗朗德兰（Jean-Louis Flandrin）[**][68]都强调态度改变先于家庭生活变化的程度。查尔斯·蒂利和路易丝·蒂利（Louise Tilly）[***]谈到一种新的"唯心主义，即以新的思想主体或观念的全面转变解释家庭生活的转变"。[69]劳伦斯·斯通在他那部雄心勃勃的著作《英国的家庭、性与婚姻，1500—1800》（*The Family, Sex and Marriage in England, 1500-1800*）一书中，有意识地寻求从确凿的人口统计结构转向一种对于价值和感情的探察，这引起了方法论方面的问题，因为反映老百姓态度的原始材料十分罕

190

---

　　* 克里斯托弗·拉什（1932—1994），美国历史学家，主要著作有《政治与文化》《精英的反叛》等。——译者

　　** 让－路易·弗朗德兰，法国历史学家。——译者

　　*** 路易丝·蒂利，美国历史学家。——译者

见。由于他不仅大大仰仗于人口统计证据，而且非常依赖于诸
如日记这类文字材料，斯通表现出一种偏爱统治阶级的倾向。
斯通设想"统治阶级的生活和言语……描绘了整个人民大众的
日常经历"。[70]让－路易·弗朗德兰同样愿意运用人口统计研究，
但又谨防一种浅薄的经验论，他探求诸如教会的规定、教会法
规和苦行赎罪规则这类文字证据，以阐明基督教西方的两性关
系。[71]直到最近几年，妇女史在欧洲才得到了认真的关注，在
191　一定程度上，欧洲历史学家效仿了美国的榜样。[72]它已越过了
集中注意有组织的妇女运动的早期阶段，代之以对妇女社会史
的更大的强调。妇女史同劳工史一样经历了类似的转变，其近
期著作特别关注妇女在工作过程中的作用及工业化对妇女生活
的影响。[73]

　　在这一时期，劳工史由一种强调结构经济因素的方法转
向一种更为强调意识和文化的方法。马克思主义和非马克思
主义的劳工史均摆脱了一种对于经济解释的狭隘的依赖。查
尔斯·蒂利、路易丝·蒂利和理查德·蒂利在其《反叛世纪：
1830—1930年》(*The Rebellious Century: 1830-1930*)[74]一书中，
尽管仍旧力求把可测量的因素隔离出来，却集中注意于在一工
业化和都市化时期法国、意大利和德国的集体暴力行为在形
式、频率和地位上的变化。然而他们也将三国政府的不同反应
与工人的政治和社会观点考虑在内。民主德国的历史学家哈特
穆特·茨瓦尔*虽然坚定地依据马克思主义关于雇佣劳动的概念，
但他将其对1830到1870年工业化初期莱比锡无产阶级意识产生
的研究置于一种广泛的集体传记的基础之上，利用千百份个人
档案来确定社会出身、社会关系和政治身份。[75]对传统马克思主
义阶级观点最激烈的攻击是E. P.汤普森在《英国工人阶级的形

---

　　*　哈特穆特·茨瓦尔，德国历史学家。——译者

成》一书中所提出的，并在20世纪60年代后期及70年代的许多
其他著作中进行了详尽的阐述。[76]就继续相信阶级作为社会冲突
中一种决定性要素的作用而言，汤普森自认为是一个马克思主
义者。但是他却强调，阶级是一种"关系"、一种"历史现象"；
"阶级意识是这些经历用文化术语加以处理的方式——体现为传
统、价值体系、思想和习俗术语。"他继续说，"阶级是一种经
济的也是一种文化的形成物"，"是人们在度过他们自己的人生
时所确定的。"[77]汤普逊承认对于阶级无法下清楚的定义。经验方 192
法遭到否定，因为它把"整个历史过程搞得支离破碎……人类能
动作用的方面丧失了，阶级关系存在的具体情境被遗忘了"。[78]在
某种意义上说，汤普森回到一种近似于古典历史主义的观点，他
坚持"阶级的概念以历史关系的概念为依据"，这些范畴不能以
抽象的概念来表述，而要"具体化为一种需要移情理解的真实
的人和真实的环境"。[79]汤普森愿意对历史是一门科学这一见解
重新评价，并使历史叙事再度向文学和艺术靠拢。

　　然而，与古典历史主义针锋相对的是，他从被统治者的立
场看待历史上的斗争（正如他在"18世纪英国群众的道德经
济"和《辉格党与狩猎者》中所表明的），这些被统治者以一
种根深蒂固的道德秩序观同新兴的资本主义对抗。[80]这种对于
文化的强调成为近年来大部分关于工业时期和前工业时期的工
人阶级历史的特征。在哥廷根的马克斯–普朗克历史研究所，
一批研究人员于1978年发表了一份名为《工业化之前的工业
化》(*Industrialisierung vor der Industrialiserung*)[81]的纲领性、
理论性的报告，论述作为一种经济过程和一种社会经济过程的
原工业化。他们考察了经济因素和人口统计因素及再生产模式
在改变家庭中的相互作用，因而家庭与其劳动功能休戚相关。
但这部书的作者们超出了对于非人格化力量的思考，而进入对

态度的考察。汉斯·梅迪克*尤其关注原工业生产者对于其新
的劳动条件在文化上的反应：他们赞成为摆阔而挥霍浪费，拒
绝异常节俭的清教徒式的道德，并在近代时期坚持前工业的时
间概念和工作观念。[82]他认为抵抗不常采取公开反抗或粮食骚
乱的形式（就像汤普森、鲁德或霍布斯鲍姆所认为的），而是
表现为坚持传统的生活方式。在法国、大不列颠，尤其在联邦
德国，工人阶级文化已成为非常流行的主题。在马克斯－普朗
克历史研究所，研究重点在1978年到1983年期间由经济学和
关于变化的人口统计学转移到关于日常生活的人类学。有象征
意义的行为，而非自觉表述的思想概念被认为是历史研究的中
心主题。[83]一系列由这一研究所和巴黎人文科学院组织的会议
集合了来自民主德国、联邦德国、法国、大不列颠、意大利、
奥地利、瑞士、瑞典以及美国的人类学学者。这种国际性合作
所产生的一部著作《阶级与文化》[84]于1982年问世。它的批评
者们争论说，此书实际上以相对来说难以捉摸的文化概念完全
取代了由阶级概念提供的客观现实，重点放在忽略政治因素作
用的日常生活和日常态度的象征性价值之上。[85]实际上，《阶级
与文化》一书的作者们提倡一种研究社会现象的全新方法，这
一方法包含一种全新的探索逻辑。倘若社会科学传统上曾假
定存在一批批客观的、"必然的、不以人们的意志为转移的关
系"[86]，那么现在便要求有一种力求从被观察者的角度理解世
界的社会科学，梅迪克指出，"社会学是研究观察对象的社会
科学"，而为新社会史提供材料的"人类学则力求详尽阐述观
察对象的社会科学"。[87]因而存在着向历史主义所关注之物的回
溯。注意的中心是平民大众而非英雄豪杰，但是重新出现了一
种对于理解独一无二的情境的兴趣，通过这些情境能够把握文

---

　　*　汉斯·梅迪克，德国历史学家、社会经济学家，《工业化之前的工业化》为
其主要著作。——译者

化的意义；描述再次被视作优于分析，文化被视为一套要求加
以译解的符号：就其将活生生的关系加以具体化而言，任何种
类的概括都深受怀疑。

　　在从文化方面研究平民百姓和工人阶级的历史中，《阶级
与文化》一书可能是相当激进而绝非孤立的代表。例如，《历史
季刊》遵循了类似的方向。甚至在对经济条件的变化加以强调 194
的研究中，文化因素也并未遭到忽视。罗兰·特朗佩（Rolande
Trempé）*所著《1848—1914 年卡尔莫的矿工》[*Les Mineurs de
Carmaux*（1971）] 一书仍旧将农民矿工向工人矿工的转化置于
社会生产关系的变化过程之中，并对这种转化对政治和思想意
识的影响加以考察。[88] 矿工的文化被表述为在这一过程之中发挥
了一种非常关键的作用，然而，在很多方面它并非被视为决定
性因素，而是被决定的因素。例如，并非一种传统民间文化的
共同联系，而是近代资本主义生产条件下，一种共同政治斗争
的经历在矿工中产生了一种工人阶级的意识和一致性。这一斗
争的影响和来自这一斗争的意识限制了（从马克思主义者看来）
资本主义生产和剥削结构能够发挥作用的经济决定论。米歇
尔·佩罗（Michelle Perrot）**对于法国自 1871 至 1890 年期间所发
生的罢工的研究，在探索人类学前景方面大大前进了一步。[89] 与
特朗佩相似，但从一种公开宣称的非马克思主义立场出发，她
从对工业冲突发生其间的经济环境加以仔细分析入手，并对商
业周期和工资与价格的发展进行考虑。但是不仅如此，她将罢
工视为一种民众文化现象，将数量方法——对 2900 次罢工加以
考察——与对态度的研究结合起来。在这一时期，罢工被描绘
为节日（*fêtes*），描绘为伴随着进行曲、歌曲和郊游的民间文化
的自发表现。照她看来，"如同被一股势不可挡的力量所推动那

---

　*　罗兰·特朗佩，法国历史学家。——译者
　**　米歇尔·佩罗（1950—　），法国历史学家。——译者

样将工人赶出工厂"的"怨愤、抑制的仇恨，对于一个更美好的世界的希望"不能简化为一个经济的解释。"罢工的起源毫无理性可言。"[90]她承认，当工业化过程产生了与生俱来的组织后果时，这种民众基础由于常规工会的兴起而消失了。

作为一种政治表达的工具，大众文化往往在法国著作中被重新加以强调，不仅在关于劳工的研究中，而且在那些更广泛地探讨政治发展的著作中。伊夫－玛丽·贝尔塞（Yves-Marie Bercé）*对17及18世纪农民起义的研究中，对于波尔什涅夫—穆尼埃（Porshnev-Mousnier）争论采取中间路线。他细致的地区性研究赞同波尔什涅夫，认为起义运动确实具有一种自发的群众基础；但又同穆尼埃一起对这一运动的阶级意识提出疑问。[91]他争论说，起义的这种极为大众化的性质采取节日的形式，它产生了一种看不出阶级路线的公社式的团结。莫里斯·阿居隆（Maurice Agulhon）**将1815到1848年期间普罗旺斯瓦尔省的政治见解由保皇主义转变为共和主义主要归之为节日的作用。[92]或许"依据政治象征动力学观点探讨革命行动"的最主要尝试包含在莫娜·奥祖夫（Mona Ozouf）***对1789至1799年期间革命节日的研究中。[93]奥祖夫指出，正是通过象征性的表现，法国大革命设法巩固自己。与米什莱不同，她并不把革命节日视为一种民族统一的自发爆发，而视为一种由上层操纵的恢复秩序、和谐与合法性的尝试。

这种从制度史和英雄史转向对物质条件及下层群众的文化加以仔细考察的倾向，在联邦德国的学术研究中也起作用。但是，存在着细微的差别。进入20世纪七八十年代以后，联邦德国历史学家仍比法国、英国和意大利历史学家更敏锐地意识

---

* 伊夫－马里·贝尔塞，法国历史学家。——译者
** 莫里斯·阿居隆（1926—2014），法国历史学家。——译者
*** 莫娜·奥祖夫，法国历史学家。——译者

到工业化带来的政治和社会伴随物，以及他们自己国家在上一世纪命运攸关的发展，而后几国的历史学家则更为前工业化时期所吸引。文化因素继续发挥着一种从属于政治和经济因素的作用，象征性表现仍旧处在隐蔽地位，不如对于有形的社会力量的关注。汉斯–乌尔里希·韦勒所著《德意志帝国，1871—1918》(*Das Deutsche Kaiserreich 1870-1914*（1973））一书是一部示范性作品，一部依据批判性政治社会史的观点写成的关于德国近代史的富有争议的综合著作。在埃卡特·克尔及马克斯·韦伯对于德国近代史分析的影响下，韦勒以一种政治、经济和社会近代化的概念探讨德意志帝国。韦勒指出："一种社会关系的和政治的近代化应适当地伴随着德国社会日益进展的经济近代化。"[94] 但是，在按照西方模式建立民主政治制度的意义上，德国并没有近代化，相反，政治及社会统治集团——为惧怕社会民主的工业阶级所支持的官僚贵族集团——却对国家和社会保持着牢固的控制。《德意志帝国，1871—1918》一书就是论证这种结构的尝试，凭借这种结构，这些显贵不仅利用政治制度，也利用教育制度保持了他们的社会和文化的独霸地位。其结果是灾难性的——既有第一次世界大战的灾难，又有第三帝国的灾难。

196

　　韦勒的综合性著作受到来自两方面的不容忽视的批评，一方面来自对于继承性主题深感厌烦并希望捍卫传统历史编纂实践和民族价值的联邦德国历史学家，另一方面则是一群认真接受马克思主义范畴的直言不讳的英国青年史学家的批评。保守的批评家们反对韦勒关于一种社会史（*Gesellschaftsgeschichte*）的概念，按照这一概念，政治因素就要放在其社会情境中加以探讨。[95] 他们重申政治占据首位及外交政策对于国内力量的相对自主一方面，英国历史学家们指责韦勒继续"从上层"来写民族史，而忽略可以囊括下层反应的区域性研究。[96] 对于双方来说，

　　将《德意志帝国，1871—1918》一书中从前工业贵族们反对蓬勃兴起的工人阶级的挑战以捍卫自己与生俱来的统治地位这一方面所做的解释都是不适当的。他们认为韦勒根据导致纳粹兴起的后来的历史发展，而非根据其当时的环境来观察德国历史中的事件。现代化不能以一种英国式的自由民主的标准加以衡量，人们也不能声称帝国的保守方面——反犹主义、大一统民族主义（一种强调权威、传统及国家的有机性的偏狭的民族主义）和社会帝国主义——仅局限于德国。[97]

197

　　德国迈向第一次世界大战及国家社会主义的灾难，的确要求有一种合理的解释。韦勒的贡献在于提供了这样的解释。在对于纳粹独裁的性质所进行的激烈争论中，韦勒的保守的批评者们虽然并非没有意识到社会因素，却集中注意于个人品格和政治决策。韦勒的批评者们［特别是安德烈亚斯·希尔格鲁贝尔（Andreas Hillgruber）[*]和克劳斯·希尔德布兰德（Klaus Hildebrand）[**]］对像汉斯·蒙森和沃尔夫冈·蒙森（Wolfgang Mommsen）[***]这类历史学家力求探索使纳粹的兴起成为可能的社会经济环境的尝试置之不理，而强调希特勒个人的决定作用。他们愿意承认在纳粹政权的初期阶段，尤其在外交政策领域内，旧贵族与纳粹分子之间存在着一致的观点。但他们坚持就其独裁主义、扩张主义和种族灭绝政策而言，纳粹政权代表着与德国传统的根本决裂。[98]这样，他们回到一种以偶然性为中心的历史观点。

　　韦勒和于尔根·科卡为开创一种意识到社会与政治的相互关系的社会史研究做出了贡献。[99]在1971年成立的比勒费尔德大学和与该大学有联系的跨学科研究中心，新的批判学派建立

---

　　[*]　安德烈亚斯·希尔格鲁贝尔（1925—1989），德国历史学家。——译者
　　[**]　克劳斯·希尔德布兰德（1941—　　），德国历史学家。——译者
　　[***]　沃尔夫冈·蒙森（1907—1986），德国历史学家。——译者

了一个重要的组织基地，1975年创刊的杂志《历史与社会》和
丛书"历史科学批判研究"，使新方向有了表达思想的重要的
喉舌。[100]虽然同韦勒有联系的批判历史学家们被指责为建立了
一种"新正统观念"[101]，实际上他们的工作以引人注目地对各
式各样的社会科学方法的兼容并蓄和一种公开宣称的折中主义
为特征。新政治社会史从20世纪60年代末70年代初对民族国
家的研究日益转向对社会加以分析——当然几乎总是放在政治
语境里进行分析，《历史与社会》和"历史科学批判研究"丛
书反映了这种变化。尽管他们致力于研究德国农民战争和近
代史初期的社会结构，但中心仍是工业世界。深受马克斯·韦
伯对近代工业社会解释的影响，这批社会史学家有一种比在大
不列颠、美国或法国的工业世界社会史中所见到的显著得多的
理论腔调。韦伯和马克思的影响主要不在于有关社会和历史的
概念，而在于他们方法中概念的严格性。这种概念的严格性是
大多数国外新的非计量社会史显然正在失去的。联邦共和国这
些新社会史学家虽然十分愿意利用数字资料，但他们将自己的
著作视为一种历史社会科学却并非因为他们将历史置于计量基
础之上，而是在于他们不再对特殊事件进行叙述性描述，力图
重新构成社会结构和分析社会变化。我们已引用了于尔根·科
卡于20世纪60年代末70年代初出版的有关德国白领和蓝领雇
员的研究。在把1890到1940年期间美国和德国私营部门中的
白领雇员进行比较，力图写一部"政治社会史"时[102]，科卡
探察了两国各不相同的政治文化在决定政治态度和社会态度中
的作用。前几年在联邦德国比勒费尔德大学范围内外，劳工史
的研究数量出现了激增。维尔纳·康策的"现代社会史工作
组"所进行的独创性研究主要探讨社会民主党或德国一般有
组织的劳工运动，而更近期的著作诸如海尔维格·舒梅鲁斯

198

（Heilwig Schomerus）*根据成千份工厂人事档案，对于1846到
1914年期间埃斯林根机车工人进行的极其数量化的研究[103]，还
199 有彼得·博尔舍德（Peter Borscheid）**对大约同一时期符滕堡
纺织工人的研究[104]则集中研究了工人阶级的生活。这些研究力
图从确凿的数据中取得对于工人行为举止以及他们进入工厂的
动机的分析。格哈德·A.里特尔[105]的弟子克劳斯·滕费尔德
（Klaus Tenfelde）***在一部关于19世纪鲁尔矿工的历史中，将文
化史与政治史联系起来，对工业化时期国家、大企业和有组织
劳工的发展变化的性质如何影响矿工的政治意识加以考察。[106]
其他研究论述了日常生活条件[107]、住房[108]、工人阶级文化及闲
暇时间[109]。两类人口统计学彼此对立，一类以阿图尔·伊姆霍
夫（Arthur Imhof）的历史人口统计学为代表，他受到法国和
斯堪的纳维亚模式影响，强调影响人口增长的物质、经济和生
物学因素。[110]另一类存在于诸如卡林·豪森（Karin Hausen）****
和海迪·罗森鲍姆（Heidi Rosenbaum）*****这类研究工业化环境下
的家庭，尤其是妇女作用的学者们的著作中。[111]像在其他国家
一样，口述历史的方法已颇为流行。口述历史开始于对领导人
物，尤其是政界领袖的采访，然后它却力图再现远为广大的公
众的生活经历。[112]进行社会史研究的条件也发生了变化，历史
学家中出现了比一般情况更紧密的合作。我们已经列举了位于
比勒费尔德、海德堡和哥廷根马克斯-普朗克研究所的社会史
研究中心，应被提及的还有汉斯·蒙森位于波鸿的小组和较年
轻的历史学家们在埃森、康斯坦茨和不来梅等地新建的大学中
及柏林工业大学中的小组。在德国以外，社会历史学家们也日

---

　　*　海尔维格·舒梅鲁斯，德国社会史学家。——译者
　　**　彼得·博尔舍德（1943—　），德国历史学家。——译者
　　***　克劳斯·滕费尔德（1944—　），德国历史学家。——译者
　　****　卡林·豪森（1938—　），德国历史学家。——译者
　　*****　海迪·罗森鲍姆，德国历史学家，专门研究妇女史、家庭史。——译者

益倾向于彼此合作地进行工作。我已经论及社会主义国家和法国。在法国，1968年在费尔南·布罗代尔的领导下创建起来一个跨学科中心"人文科学之家"，此中心与于1975年改为"高等社会科学研究院"的"第六部"有密切关系。刊物往往成为互相交流的中心，就像英国新马克思主义流派的刊物《史学工作坊》和意大利的《历史季刊》那样。

　　本章强调了过去10年间历史研究的重新定向，即由政治史和思想史的陈旧模式转向对社会史的更加关注，这一转变开始于20世纪更早的时候。最近，出现了一种从严格的社会科学方法向更为明显地关心难以捉摸的文化和意识因素的转变。在法国和美国，统计证据证明了这一转变。[113]但是在20世纪70年代和80年代初，叙述性政治史和思想史二者仍旧基本原封未动。斯通强调指出，对17世纪英国革命的论述仍采用叙事史的传统形式[114]，弗朗索瓦·孚雷提出过社会的——尤其是马克思主义的——方法对于研究法国革命史的局限性问题，重申了政治和思想的相对独立性及叙事史的地位。[115]有关纳粹主义兴起的研究更强调经济和社会分析[116]，但是希特勒的传记，只要不是心理历史性的[117]，一般则遵循着写作政治史的传统模式。在20世纪初的德国，思想史备受重视，现在却显然衰落了。[118]在法国和大不列颠，思想史一直遭到怀疑。（以赛亚·伯林的著作是引人注目的例外。[119]）正如我们看到的，阐明群众意识并将意识领域与潜意识的象征表达联系起来的心态史在法国填补了空白。在英语世界，对政治思想的兴趣在两部重要著作中继续表现出来，即J. G. A. 波考克（J. G. A. Pocock）*的《马基雅维里时刻：佛罗伦萨政治思想和大西洋共和主义传统》[120]和昆廷·斯金纳

---

　　* J. G. A. 波考克（1924—2023），英裔美国历史学家，主要著作有《政治学、语言和时代：关于政治思想和历史的论文集》《古代宪法与封建法》等。——译者

（Quentin Skinner）[*]的《近代政治思想的基础》（*The Foundations of Modern Political Thought*）。¹²¹但是，现在重心由伟大思想家

201　转移到这些思想家写作的精神环境，尤其是语言环境。吕西安·费弗尔以那一时代的语言和"精神工具"为中心，对拉伯雷所设想的不信神加以考察，他是这种方法的先驱。¹²²正如波考克解释他本人和斯金纳的方法时所说的，"我们两人都有一个纲领，即将政治思想史改造成为政治性语言和讲演的历史：照我们看来，倘若我们将注意力集中在作为演讲大师的思想家的语言表达和概括归纳上，集中在他们不得不运用，同时又以其语言活动加以修正的语言修辞模型上，那么这一领域的历史能写得更好一些。"¹²³

　　在考察过去的10年时，我们能否同意杰弗里·巴勒克拉夫仅仅几年以前在结束他为联合国教科文组织撰写的那部《当代史学主要潮流》时对于历史研究的科学性质所持的极端乐观主义态度，是值得怀疑的。另一方面，我们不需要接受劳伦斯·斯通的怀疑主义。过去10年，历史研究范围惊人地扩展，新领域被开辟出来，对以前遭到忽视的广大人口的生活进行了考察。当对于整个民众史的物质方面即经济学和人口统计学的强调让位于对民众意识的新的关注时，为探测这种意识，新的方法发展起来。认识到意识和潜意识的相互关系并对此加以探讨。历史学家们超出经验数据，试图"理解"意义模式。20世纪五六十年代结构历史学家所指出的人类自由的局限得到承认；与此同时，也强调人类在创造历史中所起的干预作用。新的社会科学学科特别是文化人类学和符号学得到了探索，他们有助于理解充满意义的行为。历史学家们再度转向叙事，但

202　很少人试图回到强调事件的年代顺序并集中于显要人物的传统

---

　　* 昆廷·斯金纳（1940—　），英国政治学家、历史学家，专门研究政治、哲学。——译者

叙事。近期的社会史，例如就金茨堡的《奶酪与蛆虫》(*The Cheese and the Worms*)而言，也许以一个人为中心，但其目的是发展一个有关民众文化性质的普遍假说（这里指的是前工业化欧洲的农民文化）。[124]叙事在其被运用之处，构成了解释的一种形式。斯通指出，在这种叙述中，"分析始终像描绘一样必不可少"。叙事的性质也发生了变化，也正如斯通所评论的，现在历史学家们"以一种不同于荷马、狄更斯或巴尔扎克的方式讲述他们的故事……在现代小说和弗洛伊德思想的影响下，他们小心翼翼地探讨潜意识，而不是盯住简明的事实不放。在人类学家的影响下，他们试图利用行为来揭示象征性意义。"[125]因而《奶酪与蛆虫》或《罗芒狂欢节：从圣烛节到圣灰星期三，1579—1580》虽然采取了叙事的形式，其意图和表现形式却都与修昔底德的《伯罗奔尼撒战争史》(*History of the Peloponnesian War*)或休谟(Hume)[*]的《英国史》(*History of England*)截然不同。

这种对于象征的运用、对于金茨堡称为"一种美学性质的非理性主义"的运用[126]，并不是否定历史关于"提供对现实的尽可能好的叙述"的职责。[127]19世纪由托马斯·巴克尔较近期为计量历史学家所鼓吹的实证主义的（更确切地说，假设推理的）历史科学模式已不能使很多当代历史学家信服。历史学家"不仅对于他们用以解释一系列事件的社会因果关系的规律，而且对于一种'科学的'解释应该采取什么样的形式这一问题意见不一"。[128]但是，缺乏一致意见并不导致这样的看法，即历史绝非一门科学，像海登·怀特所主张、劳伦斯·斯通所提出的那样，其系统阐述也不是一种绝不能为证据所"驳斥"或"推翻"的历史想象或政治想象的产物。[129]我们毋宁将历史视为一

---

　　[*]　大卫·休谟（1711—1776），英国哲学家、历史学家和经济学家。——译者

门对人类事务所进行的从事实出发的研究，而人类事务可以容许各式各样的认识策略。这五花八门的策略应当共同遵循的，是历史叙事必须以证据为基础，历史学家必须提出一个可以理解的、条理分明的、经得住批评考察的论点。对于合理论述的挑战大多限于理论性的论断而非学术上的实践。近年来以人类学为主的历史一般以使用经验数据、文字资料和考古学证据的翔实可靠的研究为基础。有时这类作品逃避当今现实，表现出一种对于昔日更质朴社会的浪漫怀旧情绪，这是由有明确的政治倾向但对现代世界中权力的悲惨现实感到不知所措的历史学家们撰写的非政治化历史。但这种新史学极大地丰富了我们有关人的见解，并为探索人类意识和文化开辟了新的途径。

最后再讲几句。上文提出，在适当的限度内，自从18世纪以来的历史研究以方法论上日益严格和概念范围日益扩大为其特征。史学家团体的构成比其他学术或科学团体松散得多，内部派别丛生。历史学家探讨过去现实的概念体系反映了他们工作的社会、政治和文化环境的差异和利益。（历史研究确实比其他学科在更大的程度上受上述条件的影响。）因此，思想意识成分未必将要或者未必能够被排除于历史学术之外。但是，正是历史研究本身如此深深地扎根于它们在其中从事研究的历史背景这一事实，也许有益于丰富对历史的理解。因而现代资本主义条件下伴随技术社会出现了社会和文化变化：文化见解从欧洲向世界规模的扩大、欧洲政治支配地位的终结、旧显贵们的衰落，以前居于人下的阶级和人民在政治和文化意识上的觉醒。伴随着这些变化发生了冲突现象。所有上述发展都为历史研究的重新定向提供了真正的基础。其结果是扩大了我们为过去描绘的画面：对于传统历史编纂学所忽略的社会阶级、文化及日常生活的各个方面产生了新的兴趣；更深入地探索历史行为的心理学和人类学基础；在有限的但并非微不足道的程度上，扩大了历史的概念范围，并对历史学家的专业方法论程序采取一种更富于批判性的态度。这种眼界的扩大仅仅依据历史学科的内部发展是不能理解的，它也反映了20世纪集体经验的影响。在这种意义上，历史不能同它在社会和精神现实中的基础及其时代的冲突截然分开，历史学科本身必须被纳入现代世界历史更为广泛的背景中进行批判的观察。

　　这里有意识地选择了"批判的"一词。任何从今天的道德准则或政治准则的观点出发再现过去的尝试都显然违背了历史真实的观念；同样，任何在预想的历史发展方案的范围内解释过去的尝试也是如此。然而对过去进行历史的探讨（至少是对近代，但我认为还有近代以前的过去）不能逃避对价值的冲突、对争斗与变化的因素以及人——个别地或集体地——在这一背景中所发挥的作用加以考虑。不仅那种如实地描述从其结构关系中抽象出来的事件的历史——就像传统历史编纂学常常做的那样，而且那种集中研究与人的具体活动和愿望相分离的经济、文化甚至语言结构的历史，其理解历史变化过程的能力都是非常有限的。因为社会很少表现为浑然一体、自我控制的系统，它们是以结构上的不和谐与冲突为标志的实体或复合体。这种冲突不仅仅反映了大人物之间利益上的冲突，而且反映了从属集团对于统治形式的公开或隐蔽的抵抗。这些冲突和变化因素 205 限制了一种价值中立的历史的解释作用。它们使某些我们已讨论过的政治社会史学家——例如马克思主义者——所提出的有关往昔与当今社会性质方面的批判性问题合情合理。与此同时，它们要求方法论上的小心谨慎，这是至少从兰克以来的职业史学的共同遗产。

注　释

第一章　传统科学历史观的危机

1 特别参见米歇尔·福柯（Michel Foucault）《词与物》（*Les Mots et les choses*，巴黎，1966）。

2 海登·怀特（Hayden White）:《元史学: 19世纪欧洲的历史想象》（*Metahistory: The Historical Imagination in Nineteenth-Century Europe*，巴尔的摩，1973），第427、xii页。

3 怀特:《元史学: 19世纪欧洲的历史想象》，第37页。

4 J. B. 伯里（J. B. Bury）*:“历史科学”（The Science of History）。这是伯里于1902年作为剑桥现代史钦定教授的就职演讲稿。再版于《历史的多样性》（*The Varieties of History*，克利夫兰，1956），弗里茨·斯特恩（Fritz Stern）编，第201页。

5 J. H. 赫克斯特（J. H. Hexter）:“历史的修辞”（The Rhetoric of History），《历史与理论》（*History and Theory*），第6卷，第3—13页；这里引自摘要 II（1972），第121页。

6 利奥波德·冯·兰克（Leopold von Ranke）:“论历史科学的性质”（On the Character of Historical Science），载《历史的理论与实践》（*The Theory and Practice of History*，印第安纳波利斯，1973），格奥尔格·G. 伊格

---

　　* J. B. 伯里（1861—1927），英国历史学家。主要著作有《罗马帝国: 公元前27—公元180年》等。——译者

尔斯（Georg G. Iggers）和康拉德·冯·莫尔特克（Konrad von Moltke）编，第33页。此文被埃贝哈德·凯赛尔（Eberhard Kessel）以"关于世界历史的思想"（Idee der Universalhistorie）为题，片段发表于《历史杂志》（*Historische Zeitschrift*），第178卷（1954），第290—309页。

7 《诗学》（*Poetics*），第9章。

8 参见：爱德华·富埃特（Eduard Fueter）《近代历史编纂学史》（*Geschichte der neueren Historiographie*，第3版，慕尼黑，1936）；乔治·P. 古奇（George P. Gooch）《19世纪的历史学和历史学家》（*History and Historians in the Nineteenth Century*，伦敦，1913）；赫伯特·巴特菲尔德（Herbert Butterfield）《人论自己的过去：历史学术史研究》（*Man on His Past. The Study of the History of Historical Scholarship*，剑桥，1955）；伊戈尔·S. 康恩（Igor S. Kon）《20世纪的历史哲学》（*Geschichtsphilosophie des 20. Jahrhunderts*，柏林，民主德国，1964），此书由 W. 豪普（W. Hoepp）自俄语译出，两卷本。

9 卡尔·亨普尔（Carl Hempel）：《自然科学的哲学》（*Philosophy of the Natural Sciences*，新泽西，恩格尔伍德，克里夫斯，1966），第15页。

10 参见奥斯瓦尔德·斯宾格勒（Oswald Spengler）的《西方的没落》（*The Decline of the West*），特别参见其第二章"数字的意义"（The Meaning of Numbers）。

11 参见：加斯东·巴什拉（Gaston Bachelard）《科学精神的形成》（*La Formation de l'esprit scientifique*，巴黎，1938）；《新科学精神》（*Le Nouvel esprit scientifique*，巴黎，1949）；《否定的哲学——论一种新科学精神的哲学》（*La Philosophie du non. Essai d'une philosophie du nouvel esprit scientifique*，巴黎，1949）。

12 《无理智者思想形成的历史》（*Geschichte als Sinngebung des Sinnlosen*，慕尼黑，1921）。

13 《开放社会及其敌人》（*The Open Society and Its Enemies*，普林斯顿，1950），第452页。

14 《野性精神》（*The Savage Mind*），第262、257页；但参见他的论文"历史学与民族学"（Histoire et ethnologie），载《结构人类学》（*Anthropologie structurelle*，巴黎，1958）。

15 T. S. 库恩（T. S. Kuhn）：《科学革命的结构》（*The Structure of Scientific*

Revolutions，增订第2版，芝加哥，1970），第7、85、111—135、167页。

16 参见戴维·霍林格（David Hollinger）"T. S. 库恩的科学理论及其涉及历史的含义"（T. S. Kuhn's Theory of Science and Its Implications for History），《美国历史评论》（*American Historical Review*），第78卷（1973），第381页。

17 同上文，第392页。

18 库恩：《科学革命的结构》，第170页。

19 霍林格："T. S. 库恩的科学理论及其涉及历史的含义"，第378页。

20 参见J. H. 赫克斯特"历史的修辞"，《历史与理论》，第6卷，第3—8页。

21 参见唐纳德·R. 凯利（Donald R. Kelly）《近代历史学术的基础》（*Foundations of Modern Historical Scholarship*）；乔治·胡珀特（George Huppert）"历史主义的文艺复兴背景"（The Renaissance Background to Historicism），《历史与理论》，第5卷（1966），第48—60页。亦见J. G. A. 波考克（J. G. A. Pocock）"研究过去的起源：一个比较研究"（The Origins of the Study of the Past: A Comparative Approach），《社会和历史中的比较研究》（*Comparative Studies in Society and History*），第4卷（1961—1962），第209—246页。

22 凯利：《近代历史学术的基础》，第307页。

23 参见安德烈亚斯·克劳斯（Andreas Kraus）《理性与历史：德国学院对18世纪晚期历史科学发展的重要意义》（*Vernunft und Geschichte. Die Bedeutung der deutschen Akademien für die Entwicklung der Geschichtswissenschaft im späten 18. Jahrhundert*，弗莱堡，1963）。

24 关于18世纪德国历史学家，特别是哥廷根学派，见：赫伯特·巴特菲尔德《人论自己的过去：历史学术史研究》；彼得·赖尔（Peter Reill）"启蒙运动时期的历史学与阐释学：约翰·克里斯托弗·加特罗的思想"（History and Hermeneutics in the *Aufklärung*: The Thought of Johann Christoph Gatterer），《近代史杂志》（*Journal of Modern History*），第45卷（1945），第24—51页，他即将出版的关于德国启蒙史学家的著作，以及他在《对永久复原的阐明：德国史学》（*Aus der Aufklärung in die permanente Restaurantion. Geschichtswissenschaft in Deutschland*）中的简短讨论，该书为曼弗雷德·阿森多夫（Manfred Asendorf）所编（汉堡，1974）。亦见曼弗雷德·阿森多夫"德国历史职业与社会历史"（Deutsche Fachhistorie und Sozialgeschichte），载伊曼努埃尔·盖斯（Imanuel Geiss）和莱纳·塔姆希纳（Rainer Tamchina）所编《未来历史科学之管见》（*Ansichten einer künftigen Geschichtwissenschaft*，慕尼黑，1974），第1卷，第31—32页。

25 参见约翰·克里斯托弗·加特罗（Johann Christoph Gatterer）《同步世界史入门》（*Einleitung in die synchronistische Universalgeschichte*，哥廷根，1771），第1页。

26 加特罗："关于历史的计划和以此为基础编写的故事"（Vom historischen Plan und der darauf sich gründenden Zusammenfügung der Erzählung），《普通历史图书馆》（*Allgemeine historische Bibliothek*），第1卷（1767），第22页。

27 同上书，第24—25页；奥古斯特·路德维希·冯·施洛策尔（August Ludwig von Schlözer）:《统计学理论》（*Theorie der Statistik*，哥廷根，1804，第1期，第92页。

28 加特罗："对历史编纂者立场及观点的论述"（Abhandlung vom Standort und Gesichtspunkt des Geschichtschreibers），《普通历史图书馆》，第5卷（1768），第3—29页。

29 这里引自卡尔·马克思《资本论》（*Capital*），第1卷（纽约，1967），第372页*。

30 施洛策尔:《关于一部世界历史的观点》（*Vorstellung seiner Universalhistorie*，哥廷根，1772），第1卷，第26页。

31 加特罗:《同步世界史入门》，第4页。

32 参见赖尔"启蒙运动时期的历史学与阐释学：约翰·克里斯托弗·加特罗的思想"，第42页。

33 加特罗:《世界历史简编》（*Abriss der Universalhistorie*，哥廷根，1765；参见施洛策尔《统计学理论》。

34 参见阿森多夫编《对永久复原的阐明：德国史学》。

35 参见其《试论英国大陆利益的形成和增长的历史发展》（*Versuch einer historischen Entwicklung der Entstehung und des Wachsthums der*

---

* 中译本见《马克思恩格斯全集》第23卷，人民出版社1972年版，第409—410页注89。——译者

Brittischen Continental-Interessen）及其《政治观：古代世界重要人物的交往和商业贸易》(*Ideen über die Politik, den Verkehr und den Handel der vornehmsten Völker der alten Welt*）。

36 加特罗关于材料的论述，见：《世界历史简编》，第20页及以下；《同步世界史入门》，第1—4页。但加特罗与兰克相比，宁愿接受基于利用原始材料的历史学家们的历史说明；施洛策尔似乎不那么具有批判性，看来准备承认出版的官方记录，而拒绝其他材料，包括对《根据俄国真实消息所描述的俄国新变化或凯瑟琳二世女皇生平》(*Neu verändertes Russland oder Leben Catharinae der Zweyten Kayserin von Russland aus authentischen Nachrichten beschrieben*，里加，1767）介绍性部分的手稿。

37 利奥波德·冯·兰克："《拉丁与条顿民族史》第1版前言"(Preface to the First Edition of *Histories of the Latin and Germanic Nations*），载《历史的理论与实践》(*Theory and Practice of History*），第137页。

38 威廉·冯·洪堡（Wilhelm von Humboldt）："论历史学家的任务"(On the Historian's Task），载《历史的理论与实践》，第21页。

39 同上文，第5页。

40 兰克："论历史科学的性质"，载同上书，第39页。

41 兰克："历史研究中个别和一般的作用"(The Role of the Particular and the General in the Study of History），载同上书，第57页。

42 兰克："论列强"(The Great Powers），载同上书，第100页。

43 J. G. 德罗伊森（J. G. Droysen）：《历史学：关于历史百科全书和历史方法论的讲座》(*Historik, Vorlesungen über Enzyklopädie und Methodologie der Geschichte*），鲁道夫·许布纳（Rudolf Hübner）编（慕尼黑，1937），第24页。

44 兰克："政治学对话"(A Dialogue on Politics），载《历史的理论与实践》，第119页，参见129页。

45 同上文，第118页。

46 "论历史学与哲学之关系"(On the Relation of History and Philosophy），载同上书，第31—32页。

47 "政治学对话"，载同上书，第117页。

48 "论历史科学的性质"，载同上书，第41页。

49 "论历史的进步"（On Progress in History），载《历史的理论与实践》，第53页。

50 "论历史研究的性质"（On the Character of Historical Studies），载同上书，第46页。

51 参见查尔斯·E. 麦克莱伦（Charles E. McClelland）《德国历史学家与英国：19世纪观点研究》（*The German Historians and England: A Study in Nineteenth-Century Views*，剑桥，1971）。

52 "论历史科学的性质"，载《历史的理论与实践》，第43页；参见"论历史的进步"，载同上书，第56页。

53 参见格奥尔格·G. 伊格尔斯《德国的历史观》（*The German Conception of History*，康涅狄格州，米格尔城，1968），第5章，关于"普鲁士学派"。

54 《历史学：关于历史百科全书和历史方法论的讲座》，鲁道夫·许布纳编（慕尼黑，1937）；参见《历史学原理纲要》（*Outlines of the Principles of History*，波士顿，1893）。关于德罗伊森的历史知识观念，亦可见J. 鲁森（J. Rüsen）《德罗伊森历史理论的发展史：产生和创立》（*Begriffene Geschichte, Genesis und Begründung der Geschichtstheorie J. G. Droysens*，帕德博恩，1969）和J. G.德罗伊森的《历史理论教科书》（*Texte zur Geschichtstheorie*），G. 比尔奇（G. Birtsch）和J. 鲁森编（哥廷根，1972）。

55 关于美国，参见尤金·赫布斯特（Jurgen Herbst）《美国学术中的德国历史学派》（*The German Historical School in American Scholarship*，纽约，伊萨卡，1965）。关于法国，见：马丁·西格尔（Martin Siegel）"科学和历史想象：法国历史编纂学思想的模式，1866—1914"（Science and the Historical Imagination: Patterns in French Historiographical Thought, 1866-1914），这是作者1965年在哥伦比亚大学的博士论文；亦见阿兰·米切尔（Alan Michel）"1870年后的德国史学在法国"（German History in France after 1870），《当代史杂志》（*Journal of Contemporary History*），第2卷，第3期（1967），第81—100页；以及威廉·凯洛（William Keylor）*《学院和团体：法国历史职业的基础》（*Academy and Community: The Foundation of the French Historical*

＊　威廉·凯洛（1944—　　），美国历史学家。还著有《雅克·班维尔和20世纪法国保王派史学的复兴》。

Profession，马萨诸塞，剑桥，1975）。

56（莱比锡，1889）。

57（巴黎，1898）。

58 参见哈佛大学埃弗赖姆·埃默顿（Ephraim Emerton）教授的声明。他曾把兰克称为"真正历史方法的学说"的创立者："如果人们一定要在一个主要特征是精神的历史学派和一个依靠可能得到的最大数量的事实的历史学派之间挑一个的话，我们就不能长久犹豫了……训练取代了才华的异彩，整个世界如今在获益。"（"高等历史教育中的实践方法"（The Practice Method in Higher Historical Instruction），载《历史教学方法》［*Methods of Teaching History*，波士顿，1883］，第42页。至于 H. B. 亚当斯（H. B. Adams）和乔治·亚当斯（George Adams）的类似声明，见格奥尔格·G. 伊格尔斯"美国历史思想和德国历史思想中兰克的形象"（The Image of Ranke in American and German Historical Thought），《历史与理论》，第2卷，第17—40页。

59 参见威廉·凯洛《学院和团体：法国历史职业的基础》。

60 参见亨利·贝尔（Henri Berr）和吕西安·费弗尔（Lucien Febvre）《社会科学百科全书》（*Encyclopedia of the Social Sciences*，纽约，1932），第7卷，第357—368页，"历史"条。

61 对这一讨论的探查，见伊格尔斯《德国的历史观》，第6章及第7章。

62 参见奥托·欣策（Otto Hintze）："关于个人与集体的历史观点"（Über individualistische und kollektivistische Geschichtsauffassung），《历史杂志》，第78卷（1897），第60—67页。

63 参见《历史与政治论文集》（*Historische und Politische Aufsätze*，莱比锡，1886），第3卷，第71页。

64 参见伊格尔斯《德国的历史观》，第4章及第7章。

65 参见恩斯特·特勒尔奇（Ernst Troeltsch）"关于历史事物评价的标准"（Über die Massstäbe zur Beurteilung historischer Dinge），《历史杂志》，第116卷（1916），第1—47页。

66 参见赖尔"启蒙运动时期的历史学与阐释学：约翰·克里斯托弗·加特罗的思想"，第26页。

67 卡尔·亨普尔："历史中一般规律的功能"（Function of General Laws in History），《哲学杂志》（*Journal of Philosophy*），第39卷（1942），第43

页。亦见：莫里斯·曼德尔鲍姆（Maurice Mandelbaum）"历史解释：'概括法则'的问题"（Historical Explanation: The Problem of "Covering Laws"），《历史与理论》，第1卷（1960），第229—242页；以及阿兰·康纳根（Alan Donagan）"历史解释：重新考虑的波普尔－亨普尔理论"（Historical Explanation: The Popper-Hempel Theory Reconsidered），《历史与理论》，第4卷（1964），第3—26页。

68　参见约瑟夫·保罗·拉孔布（Joseph Paul Lacombe）《尊为科学的历史学》（De l'Histoire considérée comme science，巴黎，1894）。

69　参见卡尔·兰普莱希特（Karl Lamprecht）《历史编纂学中的新老方向》（Alte und neue Richtungen in der Geschichtswissenschaft，柏林，1896），第71页。

70　卡尔·波普尔：《开放社会及其敌人》，第453页。

71　阿德兰·多马尔（Adeline Daumard）和弗朗索瓦·孚雷（François Furet）："社会史方法：公证档案和机器的使用"（Méthodes de l'histoire sociale: Les Archives Notariales et la mécanographie），《年鉴》（Annales），第14期（1959），第676页。

72　曼海姆（Mannheim）：《意识形态与乌托邦》（Ideology and Utopia），第24页。

73　参见《经济落后的历史透视》（Economic Backwardness in Historical Perspective: A Book of Essays，马萨诸塞，剑桥，1962）。

74　（巴尔的摩，1964）。

75　作为这一历史编纂学的重要模式，见：埃里克·埃里克森（Erik Eriksen）的《青年路德：一项精神分析与历史学的研究》（Young Man Luther: A Study in Psychoanalysis and History，纽约，1962）；《甘地的真理：关于战斗性的非暴力的起源》（Gandhi's truth; on the Origins of Militant Non-Violence，纽约，1969）。参见：R. G. L.韦特（R. G. L. Waite）"阿道夫·希特勒的犯罪感情：历史学和心理学中的一个问题"（Adolf Hitler's Guilt Feelings: A Problem in History and Psychology），《跨学科历史杂志》（Journal of Interdisciplinary History），第1卷（1971），第229—250页；鲁道夫·比尼恩（Rudolf Binion）"希特勒的生存空间观"（Hitler's Concept of Lebensraum），《童年史季刊》（History of Childhood Quarterly），第1卷（1973），第187—215页。至于对纳

粹主义的盛行加以基于社会的精神分析学解释的企图，见彼得·勒文堡（Peter Loewenberg）"纳粹青年党徒的心理历史根源"（The Psychohistorical Origins of the Nazi Youth Cohort），《美国历史评论》（*American Historical Review*），第76卷（1971），第1457—1502页。

76 见马克斯·霍克海默（Max Horkheimer）指导下的社会研究所（Institut für Sozialforschung）出版的《威信与家庭研究》（*Studien über Autorität und Familie*，巴黎，1936）。

77 参见迪特尔·格罗（Dieter Groh）《自由思想中的历史编纂学》（*Geschichtswissenschaft in Emanzipatorischer Absicht*，斯图加特，1973）；阿尔弗莱德·施密特（Alfred Schmidt）:《历史与结构：马克思主义历史学的一个问题》（*Geschichte und Struktur, Fragen einer marxistischen Historik*，慕尼黑，1971）。

78 参见以赛亚·伯林（Isiah Berlin）"历史与理论：科学历史观"（History and Theory: The Concept of Scientific History），《历史与理论》，第1卷（1960），第1—31页。

79 曼海姆:《意识形态与乌托邦》，第45、50—51页。

80 参见保罗·韦内（Paul Veyne）"概念化历史"（L'Histoire conceptualisante），载《历史写作》（*Faire l'histoire*），雅克·勒高夫（Jacques Le Goff）和皮埃尔·诺拉（Pierre Nora）编（巴黎，1974），第1卷，第62—84页。

81 马克思: "德文版第1版第1卷序言"，《资本论》，弗雷德里希·恩格斯编，第1卷（纽约：国际出版社，1967），第8页。参见 "自然过程的重要性"（Notwendigkeit eines Naturprocesses），《资本论》（柏林：马斯坦，1969），第705页；英译本提及 "自然法的不可阻挡"，《资本论》，第1卷，第763页。*

82 格奥尔格·克劳斯（Georg Klaus）和曼弗雷德·比尔（Manfeld Buhr）编:《哲学辞典》（*Philosophisches Wörterbuch*，莱比锡，1965），第219、221—222页。

83 《资本论》，第1卷，第177页。**

＊ 中译本见《马克思恩格斯选集》第2卷，人民出版社1972年版，第206、267页。——译者
＊＊ 中译本无对应语句。参见《马克思恩格斯全集》第23卷，第201—202页。——译者

84 洛伊德·D. 伊斯顿（Loyd D. Easton）和库尔特·H. 古代特（Kurt H. Guddat）编：《青年马克思关于哲学和社会的著述》(*In Writings of the Young Marx on Philosophy and Society*，纽约，花园城，1967），第402页。

85 关于以一种马克思主义观点对马克思主义的历史主义解释的批判，见路易·阿尔蒂塞（Louis Althusser）和艾蒂安·巴利巴（Étienne Balibar）《读〈资本论〉》(*Lire le Capital*），2卷本（巴黎，1970），以及不同方向的马克思主义者对阿尔蒂塞的"结构主义"的批评，其中包括"皮埃尔·维拉尔，结构历史学"(Pierre Vilar, histoire en construction），《年鉴》，第28期（1973），第165—198页；英语方面"马克思主义历史学，一门形成中的历史学：对于同阿尔蒂塞的对话"(Marxist History, a History in the Making: Towards a Dialogue with Althusser），《新左派评论》(*New Left Review*），第77卷（1973），第64—106页；此处亦可见前引格罗和施密特的著作。

86 E. J. 霍布斯鲍姆（E. J. Hobsbawm）："卡尔·马克思对历史编纂学的贡献"(Karl Marx's Contribution to Historiography），载《社会科学中的意识形态》(*Ideology in Social Science*），罗宾·布莱克本（Robin Blackburn）编（纽约，1973），第274页。

第二章　年鉴传统——寻求一种历史科学的法国历史学家们

1 卡尔·亨普尔："历史中一般规律的功能"，第45页。

2 亨利·托马斯·巴克尔（Henry Thomas Buckle）："《英国文明史》的'全面介绍'"("General Introduction" to the *History of Civilization in England*），转引自弗里茨·斯特恩编的《历史的多样性》（克利夫兰，1956），第124页。

3 兰克："论历史科学的性质"，第38页。

4 同上文，第36页。

5 参见迪特尔·格罗"作为'整体'历史的结构史"(Strukturgeschichte als "totale" Geschichte），《社会经济史季刊》(*Vierteljahrschrift für Sozial- und Wirtschaftsgeschichte*），第58期（1971），第289—322页。

6 "论历史的进步"，第53页。

7 参见：R. W. 福格尔（R. W. Fogel）《铁路与美国经济的增长》(*Railroads and American Economic Growth*），第246页；让·马尔切夫斯基（Jean Marczewski）《计量史入门》(*Introduction à l'histoire quantitative*，日内

瓦，1965）。

8 马克·布洛赫：《为历史学辩护》（*Apologie port l'histoire ou métier d'historien*），"年鉴手册"（*Cahiers des Annales*），第3期，第6版（巴黎，1967），第12页［英译本《历史学家的技艺》（*The Historian's Craft*，纽约，1953），第10页］；汉斯－迪特尔·曼（Hans-Dieter Mann）：《吕西安·费弗尔，一个历史学家的活思想》（*Lucien Febvre: La Pensée vivante d'un historien*），"年鉴手册"，第31期（巴黎，1971）。

9 西奥多·齐尔丹（Theodore Zeldin）："法国1848至1940年的高等教育"（Higher Education in France, 1848—1940），《当代史杂志》（*Journal of Contemporary History*），第2卷，第3期（1967），第60页。

10 关于与文学有关的法国大学，见齐尔丹的文章"法国1848至1940年的高等教育"，《当代史杂志》，第2卷，第3期（1967），第53—80页；尤其见特里·尼科尔斯·克拉克（Terry Nicholas Clark）《先知与庇护者：法国大学与社会科学的兴起》（*Prophets and Patrons: The French Universities and the Emergence of the Social Sciences*，马萨诸塞，剑桥，1973）；保罗·热尔博（Paul Gerbod）《19世纪法国大学的状况》（*La Condition universitaire en France au 19e siècle*，巴黎，1965），主要论述中学教师的社会职业地位。

11 未出版的手稿。

12 （巴黎，1898）。

13 （巴黎，1901）。

14 威廉·凯洛：《学院和团体：法国历史职业的基础》（马萨诸塞，剑桥，1975）。

15 见本章注10中T. N.克拉克关于法国大学学术征聘的论述。克拉克强调，对于学术任命，个别成员比由志趣相近的教授组成的某种非正式小圈子更无足轻重。

16.参见埃米尔·涂尔干（Émile Durkheim）《社会学方法的准则》（*Les Règles de la méthode sociologique*，巴黎，1895）。［英译本《社会学方法的准则》（*The Rules of Sociological Method*，纽约，1938）］。

17 《历史学家的技艺》，第50—55页。

18 同上书，第147页。

19 同上书，第89页，亦见第55页。

20 参见弗朗索瓦·西米昂（Francois Simiand）"历史方法与社会科学，对拉孔布先生和瑟诺博斯先生近作的批判研究"（Méthode historique et science sociale, étude critique à propos des ouvrage récents de M. Lacombe et de M. Seignobos），《历史综合评论》（Revue de synthèse historique），第6期（1903），第1—22、129—157页。

21 《历史综合评论》（1900）引言；亦见《历史中的概括》（La Synthèse en histoire，新版，巴黎，1953），第29页。关于贝尔，亦见马丁·西格尔（Martin Siegel）"亨利·贝尔的《历史综合评论》"（Henri Berr's Revue de Synthèse Historique），《历史与理论》，第9期（1970），第332—334页。亦见马丁·西格尔"法国历史学思想中的科学与历史想象，1866—1914"（Science and the Historical Imagination in French Historiographical Thought, 1866—1914）。这是一篇不幸尚未出版的哲学博士论文（哥伦比亚大学，1965），是现有的对法国"科学"历史危机的最佳研究。

22 同上文，第29页。

23 同上文，第227页。

24 《历史综合评论》，第1期（1900）。

25 《历史中的概括》，第19页。

26 同上书，第253页。

27 同上书，第xii页。

28 《自起源至大革命的法国史》（Histoire de France depuis les origines jusqu'à la Revolution，巴黎，1900—1911），9卷本；《自4世纪至当代的通史》（Historie générale du 4e siècle à nos jours），欧内斯特·拉维斯（Ernst Lavisse）和阿尔弗雷德·朗博（Alfred Rambaud）编（巴黎，1893—1901），12卷本；《自大革命至1919年和平的法国当代史》（Histoire de France contemporaine de la Révolution jusqu'à la paix de 1919），欧内斯特·拉维斯编（巴黎，1920—1922），10卷本。

29 《大地与人类演进：地理学视野下的史学引论》（La Terre et l'évolution humaine, introduction géographique à l'histoire，巴黎，1922）［英译本《对历史的地理学介绍》（A Geographical Introduction to History，纽约，1950）］。

30 《对历史的地理学介绍》，第57页。

31 《菲利普二世和弗朗什-孔泰》（Philippe II et la franche Comté，巴黎，

1912)。这里引自巴黎1970年版。

32《菲利普二世和弗朗什－孔泰》，第7—11页。

33《马丁·路德：一个命运》(*Un Destin, Martin Luther*，巴黎，1928)，
［英译本《马丁·路德：一个命运》(*Martin Luther: A Destiny*，巴黎，
1929)］；《十六世纪的无信仰问题：拉伯雷的宗教》(*Le Probleme de
l'incroyance au XVIe siècle, la religion de Rabelais*)，这里引自巴黎1968
年版。

34《十六世纪的无信仰问题：拉伯雷的宗教》，第29页。

35 同上书，第419页。

36 同上书，第328页及以下。

37《国王神迹：英法王权所谓超自然性研究》(*Les Rois thaumaturges. Étude
sur le caractère surnaturel attribué à la puissance royale particulièrement
en France et en Angleterre*，巴黎，1924)［英译本《王的触摸：神圣的
君主政体与信仰的治愈》(*The Royal Touch: Sacred Monarchy and Faith
Healing*，蒙特利尔，1972)］。

38《法国农村史》(*Les Caractères originaux de l'histoire rurale français*，奥
斯陆，1931)［英译本《法国农村史》(*French Rural History*，伯克利，
1966)］。

39《封建社会》(*La Société féodale*，巴黎，1939—1940)［英译本《封建社
会》(*Feudal Society*，芝加哥，1964)，2卷本］。

40 见本章注8。

41《奇怪的战败》(*L'Étrange Défaite*，巴黎，1957)［英译本《奇怪的战败》
(*The Strange Defeat*，纽约，1957)］。

42 "致读者"(A nos Lecteurs)，《社会经济史年鉴》(*Annales d'histoire
économique et sociale*)，第1期（1929），第1—2页。

43 同上书，第3期（1931），第556页。

44《地中海与菲利普二世时代的地中海世界》(*La Méditerranée et le monde
méditerranéen à l'époque de Philippe Ⅱ*，巴黎，1949)；第2版修订
本（巴黎，1966）［英译本《地中海与菲利普二世时代的地中海世界》
(*Mediterranean and the Mediterranean World in the Age of Philip Ⅱ*)，2卷
本（纽约，1972—1974)］。

45 亦见布罗代尔的文章，"历史与社会科学，长时段"(Histoire et sciences

sociales. La Longue durée），《年鉴》，第13期（1958），第725—753页，亦载布罗代尔《历史论文集》（*Écrits sur l'histoire*，巴黎，1969），第41—83页。

46 参见布罗代尔《地中海与菲利普二世时代的地中海世界》，第1版，第303页；同上书，第2版，第1卷，第206页。

47 同上书，第2版，第2卷，第218页。

48 同上书，第2版，第2卷，第223页。

49 同上书，第2版，第2卷，第520页。

50 例如，见连载文章"物质生活与生物学行为"（Vie matérielle et comportements biologiques），1961年《年鉴》杂志开始刊登。

51 参见：弗朗索瓦·孚雷"计量史"（Quantitative History），《代达罗斯》（*Daedalus*），第100卷，第2期（1971冬），第151—167页，亦见"计量史与历史事实"（Histoire quantitative et fait historique），《年鉴》,第26期（1971），第63—75页；皮埃尔·维拉尔（Pierre Vilar）"为经济学家与历史学家更好地互相了解：计量史与昔日的经济计量学"（Pour une meilleure compréhension entreéconomistes et historiens: Histoire quantitative et économetrie retrospective），《历史评论》（*Revue historique*），第233期（1965），第292—342页；亦见皮埃尔·肖尼（Pierre Chaunu）"系列史，总结与展望"（L'histoire sérielle. Bilan et perspectives），《历史评论》，第243期（1970），第297—320页。

52 非文字原始资料的作用由埃马努埃尔·勒华拉杜里（Emmanuel Le Roy Ladurie）在其有关气候历史的文章中曾加以讨论，"历史与气候"（Histoire et climat），《年鉴》，第14期（1959），第3—34页；亦见他所著《千年以来的气候史》（*Histoire du climate depuis l'an mil*，巴黎，1967）或英译本《丰盛的年代，饥馑的年代》（*Times of Feast, Times of Famine*，纽约，花园城，1971）；见《年鉴》第28期（1973）中篇幅很长的专论"非文字历史"（histoire non écrite）的部分，第3—164页。

53 厄尔·汉密尔顿（Earl Hamilton）：《美洲的财富与西班牙的价格革命，1501—1650年》（*American Treasure and the Price Revolution in Spain, 1501-1650*，马萨诸塞，剑桥，1934）。

54 弗朗索瓦·西米昂（François Simiand）：《工资、社会演变与货币》（*Le Salaire, l'évolution sociale et la monnaie*，巴黎，1932）。

55 《18世纪法国价格与收入变动概略》(*Esquisse des mouvement des prix et des revenus en France du XVIII e siècle*，巴黎，1933);《法国旧制度末期与大革命初期的经济危机》(*La crise de l'économie française à la fin de l'Ancien Régime et au début de la Revolution*，巴黎，1944)，第1卷。

56 《塞维利亚与大西洋，1550—1650》[*Séville et l'Atlantique* (*1550—1650*)，巴黎，1959]。

57 《弗朗索瓦·西米昂——或1936年研究的既定状况》("François Simiand—ou: Des conditions faites à la recherche en 1936")，《年鉴》，第8期 (1936)，第42页。

58 "价格运动和法国大革命的起源"(Le Mouvement, des prix et les origines de la Revolution française)，《法国大革命研究》(*Études sur la Revolution française*)，第2版 (巴黎，1963)，第216页 [英译本 "价格运动和法国大革命的起源"(The Movement of Prices and the Origins of the French Revolution)，载《关于法国大革命的新看法》(*New Perspectives on the French Revolution*)，杰弗里·卡普洛 (Jeffrey Kaplow) 编 (纽约，1965)，第103—135页]。

59 见专号 "历史人口研究"(Historical Population Studies)，《代达罗斯》，第97卷，第2册 (1968春); 亦见理查德·T. 范恩 (Richard T. Vann) "历史人口统计学"(Historical Demography)，《历史与理论》，附册9 (1969)，第64—78页。

60 参见路易·亨利 (Louis Henry) "历史人口统计学"(Historical Demography)，《代达罗斯》，第97卷，第2册 (1968春)，第385—396页。

61 《13—19世纪中欧的农业危机与农业暂时繁荣》(*Agrarkrisen und Agrarkonjunkturen in Mitteleuropa vom 13. bis zum 19. Jahrhundert*，柏林，1935)，第2版修订本 (汉堡，1966)。

62 《1600—1730年的博韦和博韦西地区，对17世纪法国社会史的贡献》(*Beauvais et le Beauvaisis de 1600 à 1730, contribution à l'histoire sociale de la France du XVIIe siècle*，巴黎，1960)。

63 《朗格多克的农民》(*Les Paysans du Languedoc*，巴黎，1966)，两卷本 [英译本《朗格多克的农民》(*The Peasants of Languedoc*，伊利诺伊，厄巴纳，1974)]。

64 见：古贝尔《1600—1730 年的博韦与博韦西地区，对 17 世纪法国社会史的贡献》，第 15 页；勒华拉杜里《朗格多克的农民》，第 1 卷，第 2 页。

65 参见古贝尔《1600—1730 年的博韦与博韦西地区，对 17 世纪法国社会史的贡献》，第 25 页。

66 参见布罗代尔《十五至十八世纪的物质文明与资本主义》（ *Civilisation matérielle et capitalism. XVe-XVⅢe siècle* ），第 1 卷（巴黎，1967），或英译本《1400—1800 年的资本主义和物质生活》（ *Capitalism and Material Life, 1400-1800*，纽约，1973 ）。

67 《年鉴》，第 18 期（1963），第 767—778 页。

68 勒内・贝瑞尔（René Baehrel）：《一个发展，下普罗旺斯乡村（16 世纪末—1789 年）》[*Une Croissance: La Basse-Provence rurale（fin XVIe siècle-1789* ），巴黎，1961]。

69 参见古贝尔《1600—1730 年的博韦与博韦西地区，对 17 世纪法国社会史的贡献》，第 59—60 页；勒华拉杜里："迟到的马尔萨斯"（Malthus viendra trop tard），引自《朗格多瓦的农民》，第 1 卷，第 652 页。

70 《近代西班牙一览，民族结构的经济基础研究》（ *La Catalogne dans l'Espagne moderne. Recherches sur les fondements économiques des structures nationales* ），3 卷本（巴黎，1962 ）。

71 参见迪特尔・格罗《作为整体史的结构史》（Strukturgeschichte als totale Geschichte），《社会经济史季刊》（ *Vierteljahrschrift für Sozial-und Wirtschaftsgeschichte* ），第 58 期，第 289—322 页。

72 "社会史的方法，国家档案与计算机的使用"（Méthode de l'histoire sociale. Les Archives notariales et la mécanographie），《年鉴》，第 14 期（1959），第 676 页。

73 菲利普・阿里埃斯（Philip Ariès）：《旧制度下的儿童与家庭生活》（ *L'Enfant et la vie familiale sous l'Ancien Régime*，巴黎，1960 ）[英译本《童年的世纪：家庭生活社会史》（ *Centuries of Childhood: A Social History of Family Life*，纽约，1962 ）]。

74 《疯癫与非理性——古典时代疯癫的历史》（ *Folie et déraison, histoire de la folie à l'âge classique*，巴黎，1961 ）[英译本《疯癫与文明——理性时代疯癫的历史》（ *Madness and Civilization: A History of Insanity in the*

Age of Reason，纽约，1965）]。

75 《近代法国入门（1500—1640），论历史心理学》[*Introduction à la France moderne（1500-1640）. Essai de psychologie historique*，巴黎，1961]。

76 《17世纪法国的法官与巫师》(*Magistrats et sorciers en France du XVIIe siècle*，巴黎，1968)。

77 《福格于斯，1560—1618年施瓦本的地主，16世纪末社会经济行为研究》(*Les Fuggers, propriétaires fonciers en Souabes, 1500-1618. Étude de comportements socio-économiques à la fin du XVIe siècle*，巴黎，1969)。

78 参见G. 博莱梅（G. Bollème）、H. 埃拉尔（H. Ehrard）、F. 孚雷等《18世纪法国的书籍与社会》(*Livre et société dans la France du 18e siècle*)，2卷本（巴黎和海牙，1965—1970)。

79 参见专号"历史与结构"（Histoire et structure）中的神话部分，《年鉴》，第26期（1971），第533—622页，包括雅克·勒高夫和埃马努埃尔·勒华拉杜里"母系梅留辛及开发者"（Mélusine maternelle et défricheuse"），同上书，第587—622页。

80 例如：阿尔贝·索布尔（Albert Soboul）《无套裤汉》(*Les Sans-culottes*，巴黎，1958)；乔治·鲁德（George Rúde）《历史上的群众：英法民间骚乱研究，1730—1848》(*The Crowd in History: A Study of Popular Disturbances in France and England, 1730-1848*，纽约，1964)；E. P. 汤普森：《英国工人阶级的形成》(*The Making of the English Working Class*，纽约，1963)。

81 参见罗伯特·科尔斯（Robert Coles）"收缩的历史"（Shrinking History），《纽约书评》(*New York Review of Books*)，1973年2月22日和3月8日。

82 有趣的是雷蒙·阿隆（Raymond Aron）在《年鉴》第26期（1971），第1319—1354页对保罗·韦内极富批评性的评论。保罗·韦内在其所著《论"历史写作"》(*Comment on écrit l'histoire*，巴黎，1971)一书中企图与其年鉴派导师决裂，回复到一种基本上个人化的叙述性同情理解方法。

83 "前言"（Avant Propos），《世界历史杂志》(*Journal of World History*)，第1期（1962），第6—9页。

84 I. S. 康恩：《20世纪的历史哲学》（民主德国，柏林，1964），第2卷，第223页。

85 见雅克·勒高夫"政治还是历史的主干吗?"（Is Politics Still the Backbone of History?），《代达罗斯》，第100卷，第2期（1971冬），第1—19页。关于对传统的年鉴派研究政治事件的方法的批判性考察及发现一替代物的企图见B. 巴雷－克里热尔（B. Barret-Kriegel）"历史与政治或历史，效用的科学"（Histoire et politique ou l'histoire, science des effets），《年鉴》，第28期（1973），第1347—1362页。

86 参见：马克·费罗（Marc Ferro）《1914—1918年的大战》（*La Grande Guerre 1914-1918*，巴黎，1969）及《1917年俄国二月革命》（*The Russian Revolution of February 1917*，新泽西，英格尔伍德，克里夫斯，1972）；乔治·豪普特（Georges Haupt）《社会主义与大战：第二国际的崩溃》（*Socialism and the Great War: The Collapse of the Second International*，牛津，1972）；F. 孚雷和D. 里歇（D. Richet）《法国大革命》（*La Revolution française*），2卷本（巴黎，1965—1966）。

87 罗兰·穆尼埃（Roland Mousinier）："16、17、18世纪社会结构研究中的方法问题"（Problèmes de méthode dans l'étude des structures sociales des 16e, 17e et 18e siècles），载《历史之镜，献给马克斯·布劳巴赫的节日礼物》（*Spiegel der Geschichte, Festgabe für Max Braubach*），康拉德·雷普根（Konrad Repgen）和斯特凡·斯卡尔魏特（Stephan Skalweit）编（明斯特，1964），第550—564页。

88 《法国17世纪初的阶级与阶级斗争》（*Classes et luttes de classes en France au début du XVIIe siècle*，墨西拿，1965）。

89 "法国大革命教理问答"（Le Catéchisme de la Revolution française），《年鉴》，第26期（1971），第255—289页。

90 参见"法国大革命教理问答"，《年鉴》第26期（1971），第286页。

91 "赞成或反对一种科学性政治学"（Pour ou contre une politologie scientifique），《年鉴》，第18期（1963），第119—132页，第475—499页。

92 "人口统计学的马尔萨斯主义和经济学的马尔萨斯主义"（Malthusianisme démographiques et malthusianisme économique），《年鉴》，第27期（1972），第1—19页。

93 参见勒华拉杜里《朗格多克的农民》，第1卷，第2页。

94 第1卷（巴黎，1967）。

95 第1卷，第14页。

96 莫里斯·莱维－勒博耶尔（Maurice Lévy-Leboyer）："这个'新经济史'"（La "New Economic History"），《年鉴》，第24期（1969），第1035—1069页。

97 让·布维埃（Jean Bouvier）：《1863至1882年里昂的信贷》（Le Credit Lyonnais de 1863 à 1882，巴黎，1961）。

98 《资产阶级征服者》（Les Bourgeois conquérants，巴黎，1957）[英译本《中产阶级的胜利》（The Triumph of the Middle Classes，纽约，花园城，1968）]。

99 《1815—1848年的巴黎资产阶级》（La Bourgeoisie parisienne de 1815 à 1848，巴黎，1963）。

100 《19世纪前半夜巴黎的劳动阶级和危险阶级》（Classes labourieuses et classes dangéreuses à Paris pendant le première moitié du XIXe siècle，巴黎，1958）。

101 《1914—1918年的大战》（La Grande Guerre 1914-1918）。

102 格罗："作为'整体'历史的结构史"，第318页；参见埃马努埃尔·勒华拉杜里"静止不变的历史"（L'Histoire immobile），《年鉴》，第29期（1974），第673—692页。

103 参见皮埃尔·肖尼"系列史，总结与展望"（L'Histoire Sérielle）。

104 参见埃马努埃尔·勒华拉杜里和保罗·迪蒙（Paul Dumont）"对法国1819至1826年军事档案的计量考察及地图绘制考察"（Quantitative and Cartographical Exploration of French Military Archives, 1819-1826），《代达罗斯》，第100卷，第2期（1971），第397—441页。

105 参见克拉克《先知与庇护者：法国大学与社会科学的兴起》，第2章。

106 "莫斯科的年鉴观点"（Les Annales vues de Moscou），《年鉴》，第18期（1963），第103页。

107 参见皮埃尔·维拉尔"人文科学发展中的马克思主义和历史学，为方法论方面的讨论而作"（Marxisme et histoire dans le developpement des sciences humaines. Pour un débatméthodologique），《历史研究》（Studi storici），第1期（1960），第1008—1048页，及"马克思主义历史学，创立中的历史学，评与阿尔蒂塞的谈话"（Histoire marxiste, histoire en construction. Essai de dialogue avec Althusser），《年鉴》，第28期（1973），第165—198页，或载《新左派评论》（New Left Review）中的英译本

（1973年7—8月），第64—106页。

108 孚雷：“法国大革命教理问答”，第279页。

109 参见莫里斯·埃马尔《年鉴》与法国历史编纂（1929—1971）”（The Annales and French Historiography（1929-1971）），《欧洲经济史杂志》（Journal of European Economic History），第1期（1972），第508页。

110 安德烈·比吉尔埃尔（Andre Burguière）：“引言”（Présentation），第iv页。

111 将比吉尔埃尔的警告“人们能够以一种特殊经历的古尺，以这种偶然的或至少新近工业革命所代表的冲动来衡量世界史吗？”（“引言”）与维拉尔至少在经济史上对“新石器时代与工业革命之间的“时期的漠不关心加以比较”，见《作为社会科学史的历史》（Geschichte als historische Sozialwissenschaft，法兰克福，1973），第46页。

112 H. T. 赫克斯特：“费尔南·布罗代尔和布罗代尔的世界”（Ferdinand Braudel and the Monde Braudellien），《近代史杂志》，第44期（1972），第553页。

113 见“非文字历史”部分，《年鉴》，第28期（1973），第3—164页。

114 格哈德·里特尔一再与年鉴派争论，见他在罗马国际历史大会上所做的报告，“近代史国际历史编纂中的成就、问题与任务（16、17及18世纪）”[Leistungen, Probleme und Aufgaben der internationalen Geschichtsschreibung zur neueren Geschichte（16., 17. und 18. Jahrhundert）]，《第10届国际历史科学大会报告》（Relazioni del X. Congresso Internazionale degli Scienze Storiche，佛罗伦萨，1955），第6卷，第169—330页。更近期的论述见卡尔·埃里希·博尔（Karl Erich Born）“经济的新途径——及法国的社会史：年鉴派史学家队伍”（Neue Wege der Wirtschafts—und Sozialgeschichte in Frankreich: Die Historikergruppe der Annales），《世界》（Saeculum），第15期（1967），第1—15页，及以上所引迪特尔·格罗的文章“作为‘整体’历史的结构史”。K. F. 维尔纳正准备一部《年鉴》文选。亦见福尔克尔·里特纳（Volker Rittner）“系统掌握历史的尝试：‘年鉴学派’”（Ein Versuch systematischer Aneignung von Geschichte, die "Schule der Annales"），载《未来历史科学之管见》，I. 盖斯及R. 塔姆希纳编（慕尼黑，1974），第1卷，第153—172页。

115 例如：费尔南·布罗代尔《地中海与菲利普二世时代的地中海世

界》（巴黎，1949），第2版修订本（巴黎，1966），及《1400—1800
年的资本主义和物质生活》（纽约，1974）；埃马努埃尔·勒华拉
杜里《朗格多克的农民》两卷本（巴黎，1966）；吕西安·费弗尔
《一种新型历史》（*A New Kind of History*，纽约，1972），彼得·伯克
（Peter Burke）编；《近代初期欧洲的经济与社会，年鉴杂志论文集》
（*Economy and Society in Early Modern Europe, Essays from "Annales"*，
纽约，1972），马克·费罗编；《当代法国的社会历史学家，年鉴杂志论
文集》（*Social Historians in Contemporary France: Essays from Annales*，
纽约，1972），马克·费罗编；亦见《近代史杂志》，第44卷，第4号
（1972年12月），该期在一定程度上专论布罗代尔。

116 在雅克·勒高夫和皮埃尔·诺拉编3卷本《历史写作》（巴黎，1974）
中，包括大量有关于年鉴观点的重要的重新陈述的文章。该书就在本
书出版的同时出版。我未及时注意到埃马努埃尔·勒华拉杜里的《历
史的领域》（*Le Territoire de l'histoire*，巴黎，1973）。

第三章　超出"历史主义"之外——自费舍尔争论以来联邦德国史学中的一些发展

1 约恩·鲁森（Jörn Rüsen）："约翰·古斯塔夫·德罗伊森"（Johann
Gustav Droysen），载《德国历史学家》（*Deutsche Historiker*），H.-U.韦
勒（H.-U. Wehler）编，5卷本（哥廷根，1971—1972），第2卷，第7—
23页；赫尔穆特·赛埃尔（Helmut Seier）："海因里希·冯·聚贝尔"
（Heinrich von Sybel），载同上书，第2卷，第24—38页；格奥尔格·G.
伊格尔斯："海因里希·冯·特赖奇克"（Heinrich von Treitschke），载
同上书，第2卷，第66—80页；亦见安德烈亚斯·多尔帕伦（Andreas
Dorpalen）《海因里希·冯·特赖奇克》（*Heinrich von Treitschke*，纽黑
文，1957）；汉斯·施莱尔（Hans Schleier）：《聚贝尔与特赖奇克》（*Sybel
und Treitschke*，民主德国，柏林，1956）。

2 关于哥泰恩（Gothein）和文化史传统，见格哈德·厄斯特里奇（Gerhard
Oestreich）："历史学与社会史研究在德国的开始"（Die Fachhistorie und
die Anfänge der sozialgeschichtlichen Forschung in Deutschland），《历史杂
志》，第208期（1969），第320—363页；亦见早到18世纪50年代的期刊
《文化史杂志》（*Zeitschrift für Kulturgeschichte*）。总地来说，政治史与文

化史之间仍旧存在着明显的区别。

3 关于施穆勒，见波林·R. 安德森（Pauline R. Anderson）"古斯塔夫·冯·施穆勒"（Gustav von Schmoller），载《德国历史学家》，第2卷，第39—65页。

4 见本书（边码），第28—29页。

5 关于新兰克学派，见路德维希·德约（Ludwig Dehio）"兰克和德国帝国主义"（Ranke and German Imperialism），载他所著《德国和20世纪的世界政治》（*Germany and World Politics in the Twentieth Century*，纽约，1967），第38—71页；亦见汉斯－海因茨·克里尔（Hans-Heinz Krill）《兰克的诞生》（*Die Rankerennaissance*，柏林，1962）。

6 关于德国学术研究的体制结构和社会结构的讨论，见弗里茨·林格《德国高官显贵的衰落：1890—1933年的德国学术团体》（*The Decline of the German Mandarins: The German Academic Community 1890–1933*，马萨诸塞，剑桥，1969）。

7 参见查尔斯·E. 麦克莱伦《德国历史学家与英国：19世纪观点研究》（剑桥，1971）一书中的"传记附录"（Biographical Appendix），第239—256页。

8 见《德国历史学家》一书中格奥尔格·G. 伊尔格斯关于特赖奇克的文章，波林·安德森关于施穆勒的文章，阿尔贝尔·武舍尔（Albert Wucher）关于特奥多尔·蒙森的文章。亦见：安德烈亚斯·多尔帕伦《海因里希·冯·特赖奇克》；阿尔弗莱德·豪斯（Alfred Heuss）《特奥多尔·蒙森和19世纪》（*Theodor Mommsen und das 19. Jahrhundert*，基尔，1965）；H. 沙赫尔迈尔（H. Schachermayer）《历史唯物主义的代表：阿图尔·罗森贝格》（*Arthur Rosenberg als Vertreter des Historischen Materialismus*，威斯巴登，1964）。关于大学中的状况，包括阿隆法，见林格《德国高官显贵的衰落：1890—1933年的德国学术团体》。

9 关于瓦伦丁、布赖西格、罗森贝格、克尔和迈耶，亦见《德国历史学家》一书。

10 关于迈内克的政见，见罗伯特·A. 波伊斯（Robert A. Pois）《弗里德里希·迈内克和20世纪的德国政治》（*Friedrich Meinecke and German Politics in the 20th Century*，伯克利，1972）和伊曼努埃尔·盖斯："对弗里德里希·迈内克的评论性回忆"（Kritischer Rückblick auf Friedrich Meinecke），载于他所著《历史和历史学研究》（*Studien über Geschichte*

und Geschichtswissenschaft，法兰克福，1972），第89—107页。

11 关于魏玛共和国历史学家的政见，见汉斯·施莱尔即将问世的长篇研究。

12 见汉斯·施莱尔"约翰内斯·齐库尔施"（Johannes Ziekursch），《历史年鉴》（*Jahrbuch für Geschichte*），第3期（1969），第137—196页；亦见《德国历史学家》中卡尔·格奥尔格·法贝尔论齐库尔施，第3卷，第109—123页。

13 见F. H. 许勒尔特（F. H. Schulert）"弗朗茨·施纳贝尔和20世纪历史学"（Franz Schnabel und die Geschichtswissenschaft des 20. Jahrhunderts），《历史杂志》，第205期（1967），第323—357页。

14 见：威廉·H. 梅尔（William H. Maehl）"埃里希·艾克，1878—1952"（Erich Eyck, 1878-1952），载《20世纪的一些历史学家》（*Some 20th Century Historians*，芝加哥，1961），S. 威廉·霍尔珀林（S. William Halperin）编，第227—252页；埃里希·艾克《俾斯麦：生活与工作》（*Bismarck: Leben und Werk*，苏黎世，1941—1944），三卷本［英文节译本《俾斯麦和德意志帝国》（*Bismarck and the German Empire*，伦敦，1950）］。

15 参见赫尔穆特·海贝尔（Helmut Heiber）《瓦尔特·弗兰克和德国近代史研究所》（*Walter Frank und sein Reichsinstitut für Geschichte des Neuen Deutschland*，斯图加特，1966）和卡尔·斐迪南·维尔纳（Karl Ferdinand Werner）《国家社会党的历史概念和德国历史学》（*Das NS-Geschichtsbild und die deutsche Geschichtswissenschaft*，斯图加特，1967），亦见维尔纳"希特勒统治下的德国历史编纂"（Die deutsche Historiographie unter Hitler），载《德国的历史科学》（*Geschichtswissenschaft in Deutschland*），贝尔恩德·福伦巴赫编（慕尼黑，1974）。

16 见伊格尔斯"流亡中的德国历史学家"（Die deutschen Historiker in der Emigration），载《德国的历史科学》，第97—111页。

17 见本章注释14。

18 纽约，1964。

19 伯克利，1963。

20 马萨诸塞，剑桥，1954。

21 民主德国，柏林，1954。

22 《德国现代史》(*A History of Modern Germany*) 三卷本 (纽约，1959—
1969)。

23 《一个民族的迷途》(*Der Irrweg einer Nation*，柏林，1946)。

24 《魏玛共和国的崩溃》(*Die Auflösung der Weimarer Republik*，菲林根，
1955)，亦见《德国的独裁》(*Die deutsche Diktatur*，科隆，1969) [英
译本《德国与独裁》(*The German Dictatorship*，纽约，1971)]。

25 参见奥托·布伦纳 (Otto Brunner)《国家和政权》(*Land und Herrschaft*，
布尔诺，1939)。

26 见 "工业世界" (*Industrielle Welt*) 丛书中诸卷，由 "现代社会史工作小
组" 出版。

27 《德国意识形态的危机》(*The Crisis of German Ideology*)，第8页。

28 参见：迈内克《德国的浩劫》(*Die deutsche Katastrophe*，威斯巴登，
1946)；G. 里特尔 (G. Ritter)《卡尔·格德勒和德国的抵抗运动》
(*Carl Goerdeler und die deutsche Widerstandsbewegung*，斯图加特，1955)，
第92页；H. 罗特费尔斯 (H. Rothfels)《德国对希特勒的反抗》(*Die
deutsche Opposition gegen Hitler*，法兰克福，1960)。

29 参见里特尔的《卡尔·格德勒和德国的抵抗运动》和H. 罗特费尔斯的
《德国对希特勒的反抗》。

30 参见 "德国的军国主义问题" (Das Problem des Militarismus in
Deutschland)，《历史杂志》，第177期 (1954)，第21—48页；亦见
《治理国家的艺术和进行战争》(*Staatskunst und Kriegshandwerk*，慕
尼黑，1954)，第1卷。

31 (杜塞尔多夫，1961) [英文缩写本《德国在第一次世界大战中的战争
目标》(*German War Aims in the First World War*，纽约，1967)]。

32 路易吉·阿尔贝蒂尼 (Luigi Albertini)：《1914年大战的起源》(*Le
Origini della guerra della 1914*，米兰，1942)，3卷本。

33 伊曼努埃尔·盖斯：《对历史和历史科学的研究》(*Studien über Geschichte
und Geschichtswissenschaft*，法兰克福，1972)，第127页；亦见约翰·A.
摩西 (John A. Moses) "德意志帝国的战争目标：弗里茨·费舍尔教授及
其批评家" (The War Aims of Imperial Germany: Professor Fritz Fischer and
His Critics)，载《昆士兰帕波尔思大学，政治系与历史系》(*University of
Queensland Papers, Departments of Government and History*, 1968)，第1卷，

第4册，第213—260页；康拉德·H.雅耀什（Konrad H. Jarausch）：《世界强国或悲剧命运》（World Power or Tragic Fate），载《中欧史》（Central European History，1972），第5卷，第72—92页。

34 参见路德维希·德希奥（Dehio）《均势或霸权》（Gleichgewicht oder Hegemonie，克雷菲尔德，1948）［英译本《不稳定的平衡：欧洲强国四个世纪的战争》（The Precarious Balance. Four Centuries of European Power Struggle，纽约，1962）］；亦见《德国和20世纪的世界政治》（Deutschland und die Weltpolitik im 20. Jahrhundert，米兰，1955）［英译本《德国和20世纪的世界政治》（Germany and World Politics in the 20th Century，纽约，1960）］。

35 例如《七月危机和1914年战争的爆发》（Julikrise und Kriegsausbruch 1914），伊曼努埃尔·盖斯编（汉诺威，1963—1964）。

36 伊曼努埃尔·盖斯：《1914—1918年的波兰国境线，对第一次世界大战中德国战争政策的一个贡献》（Der polnische Grenzstreifen 1914-1918, Ein Beitrag zur deutschen Kriegszielpolitik im Ersten Weltkrieg，汉堡，1960）。

37 《德国的社会和民主政治》（Gesellschaft und Demokratie in Deutschland，慕尼黑，1965）［英译本《德国的社会与民主》（Society and Democracy in Germany），纽约，1967］。

38 《希特勒的社会革命》（Hitler's Social Revolution，纽约，花园城，1966）。

39 例如，马克斯·霍克海默、特奥多尔·阿多诺、奥西普·韦勒希特海姆、恩斯特·费伦克尔、赫尔穆特·普勒斯纳等人。

40 关于法兰克福学派，见马丁·杰伊（Martin Jay）《辩证的想象——法兰克福学派及社会研究所的历史，1923—1950》（The Dialectical Imagination. A History of the Frankfurt School and the Institute of Social Research, 1923-1950，波士顿，1973）。

41 参见马克斯·霍克海默"传统的和批判的理论"（Traditionelle und kritische Theorie），《社会研究杂志》（Zeitschrift für Sozialforschung），第3期（1934）［英译本《批判的理论》（Critical Theory，纽约，1972）］。

42 《俾斯麦和帝国主义》（Bismarck und der Imperialismus，科隆，1969），第14页。

43 科隆，1966。

44 马萨诸塞，剑桥，1958。

45 《1894—1901年的舰队建设与政党政治，试综览德国帝国主义内政、社会和意识形态的先决条件》（*Schlachtflottenbau und Parteipolitik 1894-1901. Versuch eines Querschnitts durch die innenpolitischen, sozialen und ideologischen Voraussetzungen des deutschen Imperialismus*，柏林，1930）。

46 埃卡特·克尔（Eckart Kehr）:《对内政策第一》（*Der Primat der Innenpolitik*），H.-U. 韦勒编（柏林，1965）。

47 H.-J. 普尔（H.-J. Puhle）:《1893至1916年威廉帝国时期的农业利益政策和普鲁士的保守主义》（*Agrarische Interessenpolitik und preussischer Konservatismus im Wilhelminischen Reich 1893-1916*，汉诺威，1966）；亦见"从农业危机到前法西斯主义"（Von der Agrarkrise zum Präfaschismus），载美因兹欧洲史所《报告》（*Vorträge*），第54号（威斯巴登，1972）。

48 汉斯·耶格尔（Hans Jaeger）:《1890—1918年德国政治中的企业家》（*Unternehmer in der deutschen Politik 1890-1918*，波恩，1967）。

49 哈尔穆特·克尔布勒（Hartmut Kaelble）:《威廉社会中的工业利益政策，1895—1914年的德国工厂主中心协会》（*Industrielle Interessenpolitik in der Wilhelminischen Gesellschaft, Der Centralverband Deutscher Industrieller 1895-1914*，柏林，1967）。

50 海因里希·奥古斯特·温克勒（Heinrich August Winkler）:《再保险的中间阶层，德意志帝国的手工业和小商业利益协会。19世纪的社会理论和分析》（*Der rückversicherte Mittelstand, Die Interessenverbände von Handwerk und Kleinhandel im deutschen Kaiserreich in Zur sozialen Theorie und Analyse des 19. Jahrhunderts*），瓦尔特·吕埃格（Walter Ruegg）和奥托·诺伊诺（Otto Neuloh）编（哥廷根，1971）。

51 福尔克尔·伯格哈恩（Volker Berghahn）:《蒂尔匹茨计划》（*Der Tirpitz-Plan*，杜塞尔多夫，1971）。亦见他所著《德国和1914年战争的临近》（*Germany and the Approach of War in 1914*，纽约，1973）。

52 彼得·克里斯蒂安·维特（Peter Christian Witt）:《自1903至1913年德意志帝国的财政政策：关于威廉德国对内政策研究》（*Die Finanzpolitik des Deutschen Reiches von 1903 bis 1913: Eine Studie zur Innenpolitik des Wilhelminischen Deutschlands*，卢贝克，1970）。

53 迪克·施特格曼（Dirk Stegmann）:《对俾斯麦的继承：威廉德国后

期的政党和联盟：1897—1918年政策汇编》（*Die Erben Bismarcks:
Parteien und Verbände in der Spätphase des Wilhelminischen Deutschlands:
Sammlungspolitik 1897-1918*，科隆，1970）。同样重要的有：米
夏埃尔·施蒂默尔（Michael Stürmer）编的论文集《皇帝的德国，
1870—1918年的政治和社会》（*Das kaiserliche Deutschland, Politik
und Gesellschaft 1870-1918*，杜塞尔多夫，1970）；弗里茨·费舍
尔（Fritz Fischer）《幻想的战争：1911—1914年的德国政策》（*Krieg
der Illusionen. Die Deutsche Politik von 1911 bis 1914*，杜塞尔多夫，
1969）；汉斯－乌尔里希·韦勒《1871—1918年帝国的危机策源地》
（*Krisenherde des Kaiserreichs 1871-1918*，哥廷根，1970）；迪特尔·格
罗《消极的联合与革命的观望政策，第一次世界大战前夕（1909—
1914）的德国社会民主制》[*Negative Integration und revolutionärer
Attentismus. Die deutsche Sozialdemokratie am Vorabend des Ersten
Weltkrieges*（*1909-1914*），柏林，1972]。《19及20世纪世界政治中的
德国，弗里茨·费舍尔纪念文集》（*Deutschland in der Weltpolitik des 19.
und 20. Jahrhundert. Festschrift für Fritz Fischer*），伊曼努埃尔·盖斯、
贝尔恩格·于尔根文特编（杜塞尔多夫，1973）。此书出版太晚，未能
参考。

54 《欧战前的帝国主义：第一次世界大战前欧洲大国对外政策的社会基础》
（*Vorkriegs-Imperialismus: Die soziologischen Grundlagen der Aussenpolitik
der europäischen Grossmächte vor dem ersten Weltkrieg*），两卷本（慕尼黑，
1951），第1版曾于1935年在巴黎出版。

55 参见赫尔穆特·伯梅（Helmut Böhme）《19及20世纪德意志社会史和
经济史绪论》（*Prolegomena zu einer Sozial-und Wirtschaftsgeschichte
Deutschlands im 19. und 20. Jahrhundert*，法兰克福，1968），第82页。

56 克尔：《1894—1901年的舰船制造与党派政治，试综览德国帝国主义
内政、社会和意识形态的先决条件》，第7页；关于对"政治同盟"这
一概念是否恰当的批判性考察见普尔"从农业危机到前法西斯主义"
（Von der Agrarkrise zum Präfaschismus）及沃尔夫冈·J. 蒙森（Wolfgang
J. Mommsen）"1914年以前德国对外政策中的国内因素"（Domestic
Factors in German Foreign Policy before 1914），《中欧史》，第6卷（1973），
第3—43页。

57 如，E. 伯姆（E. Böhm）《国外贸易和舰船建造，汉萨同盟的商会和 1879 年至 1902 年德国的海军军备》（*Überseehandel und Flottenbau, Hanseatische Kaufmannschaft und deutsche Seerüstung von 1879-1902*，杜塞尔多夫，1972）；亦见民主德国的一位历史学家黑尔加·努斯鲍姆（Helga Nussbaum）所著《反对垄断的企业家》（*Unternehmer gegen Monopole*，民主德国，柏林，1967）。

58 参见 H. -J. 普勒《农业利益政策》（*Agrarische Interessenpolitik*），第 2 卷。

59 参见赖因哈特·科泽勒克（Reinhart Koselleck）《改革与革命之间的普鲁士》（*Preussen zwischen Reform und Revolution*），第 17 页。

60 参见奥托·欣策 "近代国家的本质和变化"（Wesen und Wandlung des modernen Staates），载普鲁士科学院哲学、历史学类《会议报告书》（*Sitzungsberichte*，1931），第 790 页；关于欣策，见：J. 科卡《德国历史学家》（*Deutsche Historiker*）；迪特里希·格哈德（Dietrich Gerhart）"奥托·欣策，其著作与其在历史学中的重要性"（Otto Hintze: His Work and His Significance in Historiography），《中欧史》，第 3 卷（1970），第 17—48 页；沃尔特·西蒙（Walter Simon）"权力和责任：奥托·欣策在德国历史编纂学中的地位"（Power and Responsibility: Otto Hintze's Place in German Historiography），载《大国的责任》（*The Responsibility of Power*），莱纳德·克里格（Leonard Krieger）和弗里茨·斯特恩编（纽约，1968），第 199—219 页；牛津大学出版社即将出版的《奥托·欣策历史论文集》（*The Historical Essays of Otto Hintze*），费利克斯·吉尔伯特（Felix Gilbert）编并撰写引言。

61 参见李凯尔特（Rickert）《人文科学与自然科学》（*Kulturwissenschaft und Naturwissenschaft*，图宾根，1921），第 4 及第 5 版，第 33—36、21—23 页。

62 马克斯·韦伯（Max Weber）："社会科学知识与社会政治学知识的'客观性'"（Die "Objektivität" sozialwissenschaftlicher und sozialpolitischer Erkenntnis），载《科学理论论文集》（*Gesammelte Aufsätze zur Wissenschaftslehre*），第 2 版（图宾根，1951），第 180 页；参见《马克斯·韦伯论社会科学方法论》（*Max Weber on the Methodology of the Social Sciences*，伊利诺伊，格伦科，1949），第 80 页。

63 "社会科学和经济学中'自由评价'的意义"（Der Sinn der "Wertfreiheit"

der soziologischen und ökonomischen Wissenschaften），载《科 学 理 论 论文集》，第3版，第489—540页。（英译本 "社会学和经济学中 '恪 守中庸' 的含义"（The Meaning of "Ethical Neutrality" in Sociology and Economics），载《马克斯·韦伯论社会科学方法论》，第1—47 页）；"关于同情理解的社会学的一些范畴"（Über einige Kategorien der verstehenden Soziologie），载同上书，第432页。

64 "德 国 的 资 本 主 义 和 农 村 社 会"（Capitalism and Rural Society in Germany），载《马克斯·韦伯社会学论文集》（From Max Weber, Essays in Sociology），汉 斯·格 特（Hans Gerth）与C. 赖 特·米 尔 斯（C. Wright Mills）编（纽约，1946），第371页。

65 见《奥托·欣策历史论文集》，见本章注60。

66 "普鲁士官僚政治和法制国家的产生——关于独裁问题的一篇论文"（Zur Genesis der preussischen Bürokratie und des Rechtsstaats. Ein Beitrag zum Diktaturproblem），载《对内政策第一》，第31—52页。

67《官僚政治、寡头政治与专制制度》（Bureaucracy, Aristocracy and Autocracy）。

68 "关于内部必然性"（mit innerster Notwendigkeit），载《普鲁士官僚政治 和法制国家的产生——关于独裁问题的一篇论文》，第43页。

69 "经济上不断发展的资本主义经济"（der ökonomisch unaufhaltsamen Entwicklung der kapitalistischen Wirtschaft），载《普鲁士官僚政治和法 制国家的产生——关于独裁问题的一篇论文》。

70《1894—1901年的舰船制造与党派政治，试综览德国帝国主义内政、社 会和意识形态的先决条件》，第447—448页。

71 同上书，第7页。

72 同上书，第263—264页。

73 同上书，第7页。

74《大萧条与俾斯麦时代》（Grosse Depression und Bismarckzeit，柏林， 1967）。

75 同上书，第19页。

76 参见《官僚政治、寡头政治与专制制度》一书附录，第231—232页。

77《俾斯麦和帝国主义》，第19页。

78 同上书，第444页。

79 同上书，第412页。

80 参见罗森贝格《大萧条与俾斯麦时代》，第264页。

81 同上书，第8页。

82 见赖因哈德·施普雷（Reinhard Spree）："近代资产阶级历史学危机批判"（Zur Kritik moderner bürgerlichen Krisengeschichtsschreibung），《争鸣》（Das Argument），第75期（1972），第77—103页；亦见汉斯·施莱尔："传统的历史主义和结构史"（Der traditionelle Historismus und die Strukturgeschichte），同上书，第56—76页。

83 赖因哈德·施普雷："近代资产阶级历史学危机批判"，第91—92页。

84 H.-U. 韦勒："德国经济史中的理论问题，1800—1945"［Theorienprobleme der deutschen Wirtschaftsgeschichte（1800-1945）］，载《近代社会的形成和变化，汉斯·罗森贝格65岁诞辰纪念文集》（Entstehung und Wandel der modernen Gesellschaft. Festschrift für Hans Rosenberg zum 65. Geburtstag），G. A. 里特尔（G. A. Ritter）编（柏林，1970），第79页。

85 见赖因哈德·施普雷："近代资产阶级历史学危机批判"，第90页。

86 同上。

87 "导论"（Einleitung），载H.-U. 韦勒《1871—1918年帝国危机的根源》（Krisenherde des Kaiserreichs 1871-1918），第9页。

88 "近代德国经济史问题"（Probleme der modernen deutschen Wirtschafts-geschichte），载《1871—1918年帝国危机的根源》，第297页，参见《俾斯麦与帝国主义》，第497页。

89 这些著作包括：《历史科学问题》（Probleme der Geschichtswissenschaft），格察·阿尔弗尔蒂（Geza Alföldy）、费迪南德·赛布特（Ferdinand Seibt）、阿尔布雷希特·蒂姆（Albrecht Timm）编（杜塞尔多夫，1973）；《历史学与社会科学》（Geschichte und Sozialwissenschaften），彼得·鲍宁（Peter Böhning）编（哥廷根，1972）；《历史学理论与历史学实践》（Theorie der Geschichtswissenschaft und Praxis des Geschichtsunterrichts），维尔纳·康策编（斯图加特，1972）；K.-G. 法贝尔《历史科学理论》（Theorie der Geschichtswissenschaft），第3版，附新跋（慕尼黑，1974）；迪特尔·格罗《自由目的中的批判史学》（Kritische Geschichtswissenschaft in emanzipatorischer Absicht，斯图加特，1973）；H.-W. 黑丁格尔（H.-W. Hedinger）《主观性与历史科学，历史的特色》（Subjektivität und Geschichtswissenschaft. Grundzüge einer Historik，柏林，1969）；《历史

事件与叙述》(*Geschichte-Ereignis und Erzählung*, 慕尼黑, 1973), 理查德·科泽勒克 (Richard Koselleck)、沃尔夫·迪特尔·施滕佩尔 (Wolf Dieter Stempel) 编 (慕尼黑, 1973); 赖因哈特·科泽勒克 "历史还为了什么?" (Wozu noch Historie?),《历史杂志》, 第212期 (1971), 第1—18页;《社会学和社会史》(*Soziologie und Sozialgeschichte*), 彼得·克利斯蒂安·卢兹 (Peter Christian Ludz) 编 (科隆, 1973); 弗里德里希·恩格尔-雅诺西 (Friedrich Engel-Janosi) 和克里特·克林根 (Grete Klingenstein)、海因里希·卢兹 (Heinrich Lutz)《历史的思考》(*Denken über Geschichte*, 慕尼黑, 1974); 沃尔夫冈·蒙森《超出历史主义之外的历史科学》(*Geschichtswissenschaft jenseits des Historismus*, 杜塞尔多夫, 1971) 和 "近代工业社会中的历史科学" (Die Geschichtswissenschaft in der modernen Industriegesellschaft),《近代史季刊》(*Vierteljahrshefte für Zeitgeschichte*), 第22期 (1974), 第1—17页; 约阿赫·拉德考 (Joachim Radkau)、奥尔林德·拉德考 (Orlinde Radkau)《历史科学实践》(*Praxis der Geschichtswissenschaft*, 杜塞尔多夫, 1972);《未来历史之管见》, I. 盖斯和R. 塔姆希耶编, 第1、2卷 (慕尼黑, 1974); 温弗里德·舒尔策《社会学与历史科学》(*Soziologie und Geschichtswissenschaft*, 慕尼黑, 1974)。关于德国历史科学的批判性论述见格奥尔格·G. 伊格尔斯《德国的历史观》(*The German Conception of History*, 康涅狄格, 米德尔城, 1968)〔德译本《德国的历史科学》(*Deutsche Geschichtswissenschaft*), 第2版 (慕尼黑, 1972)〕; H. -U. 韦勒《德国历史学家》5卷本 (哥廷根, 1971—1972); 伊曼努埃尔·盖斯《对历史和历史科学的研究》(*Studien über Geschichte und Geschichtswissenschaft*, 法兰克福, 1972);《德国的历史科学》(*Geschichtswissenschaft in Deutschland*), B. 福伦巴赫福 (B. Faulenbach) 编 (慕尼黑, 1974)。根据左倾观点写成的著作有《资产阶级历史科学批判》(Kritik der bürgerlichen Geschichtswissenschaft),《争鸣》, 1972年第70、75期特刊。

90 如德国历史学家协会与德国历史教师协会在《科学课程中的历史学》(*Geschichte in Wissenschaft und Unterricht*) 中的联合声明, 第23期 (1972), 第1—13页。

91 法贝尔:《历史科学理论》, 第3版, 附新跋。

92 格罗：《自由目的中的批判史学》（斯图加特，1973）。

93 盖斯、塔姆希耶编：《未来历史之管见》，第1、2卷（慕尼黑，1974）。

94 参见：韦勒编多卷本《现代德国社会史》（*Moderne deutsche Sozial-geschichte*，科隆，1966）；《历史与心理分析》（*Geschichte und Psychoanalyse*，科隆，1971）；《历史学与社会学》（*Geschichte und Soziologie*，科隆，1972）；《历史学与经济学》（*Geschichte und Ökonomie*，科隆，1973）及其包括三篇理论文章的重要文集《作为社会科学史的历史》（*Geschichte als Historische Sozialwissenschaft*，法兰克福，1973）。

95 韦勒：《作为社会科学史的历史》，第65页。

96 同上书，第69页。

97 同上书，第52页。

98 同上书，第67—69页。

99 同上书，第19页。

100 同上书，第31页。

101 同上书，第32页。

102 《历史科学批判研究》（*Kritische Studien zur Geschichtswissenschaft*），赫尔穆特·贝尔丁（Helmut Berding）、于尔根·科卡、汉斯－克利斯托夫·施罗德（Hans-Christopher Schröder）、汉斯－乌尔里希·韦勒编。

103 詹姆斯·J. 希恩（James J. Sheehan）："近代德国社会政治史研究中的量化"（Quantification in the Study of Modern German Social and Political History），载《多维的过去》（*The Dimensions of the Past*），瓦尔·阿·洛温（Val R. Lorwin）、雅各布·M. 盖赖斯（Jacob M. Price）编（纽黑文，1972），第301页。

104 《德国农业史》（*Deutsche Agrargeschichte*），居特尔·弗朗茨（Günther Franz）编，5卷本（法兰克福，1967—1970）。

105 "早期工厂工人在工厂及社会中的地位"（Innerbetrieblicher und sozialer Status der frühen Fabrikarbeiterschaft），载《社会问题。工业化初期阶段工厂工人状况新研究》（*Die soziale Frage. Neuere Studien zur Lage der Fabrikarbeitrer in den Frühphasen der Industrialisierung*），沃尔夫拉姆·费舍尔（Wolfram Fischer）、格奥尔格·巴约尔（Georg Bajor）编（斯图加特，1967），第215—252页。

106 见"引言"，同上书，第8页。

107 参见奥托·比施（Otto Büsch）《1800—1850勃兰登堡柏林地区的工业化和手工业，对早期工业时代以首都为中心的工业区内手工业经济的试验性研究》（Industrialisierung und Gewerbe im Raum Berlin Brandenburg 1800–1850. Eine empirische Untersuching zur gewerblichen Wirtschaft einer hauptstadtgebundenen Wirtschaftsregion in frühindustrieller Zeit，柏林，1971）。

108 沃尔夫冈·克尔曼（Wolfgang Köllman）：《近现代中的人口与空间》（Bevölkerung und Raum in neuerer und neuester Geschichte，维尔茨堡，1965），与他人合编《人口史》（Bevölkerungsgeschichte，科隆，1972）。

109 奥托·比施：《1800—1850年勃兰登堡柏林地区的工业化和手工业，对早期工业时代以首都为中心的工业区内手工业经济的试验性研究》，第11页。

110 参见：G. 里特尔"近代史国际历史编纂中的成就、问题和任务"（Leistungen, Probleme und Aufgaben der internationalen Geschichtsschreibung zur neueren Geschichte），载《第十届国际历史科学大会报告》（Relazioni del X Congresso Internazionale degli Scienze Storiche），第4卷（佛罗伦萨，1955）；D. 格罗"作为'整体'历史的结构史"，《社会经济史季刊》，第58期（1971），第289—322页。参见福尔克尔·里特纳（Volker Rittner）"系统掌握历史的尝试：'年鉴学派'"，载I.盖斯、R.塔姆希耶编《未来历史之管见》（见本章注89），第1卷，第157—172页。

111 特奥多尔·W.阿多诺（Theodor W. Adorno）等：《德国社会学中的实证主义》（Der Positivismusstreit in der deutschen Soziologie，诺伊维德，1969）。

112《13到19世纪中欧的农业危机和农业的暂时繁荣》（柏林，1935）；第2版修订本（汉堡，1966）。

113 参见《前工业欧洲的群众性贫困和饥饿危机。尝试性概括》（Massenarmut und Hungerkrisen im vorindustriellen Europa. Versuch einer Synopsis，汉堡，1974）。

114 参见《德国中下层社会史》（Zur Sozialgeschichte deutscher Mittel-und Unterschichten，哥廷根，1973）中的"历史科学批评研究"（Kritische Studien zur Geschichtswissenschaft），第4卷。

115 瓦尔特·格拉布（Walter Grab）：《北德意志的雅各宾分子》（*Norddeutche Jakobiner*，法兰克福，1967）；《革命民主派：文件汇编》（*Die revolutionären Demokraten. Eine Dokumentation*），瓦尔特·格拉布编，6卷本（斯图加特，1971—）

116 《改革与革命之间的普鲁士：1791—1848年的普通国法、行政管理和社会运动》（*Preussen zwischen Reform und Revolution. Allgemeines Landrecht, Verwaltung und soziale Bewegung von 1791 bis 1848*，斯图加特，1967）。

117 《1847—1914年西门子公司的企业管理和雇员：以德国工业化中资本主义和官僚政治的关系为例》（*Unternehmensverwaltung und Angestelltenschaft am Beispiel Siemens 1847-1914. Zum Verhältnis von Kapitalismus und Bürokratie in der deutschen Industrialisierung*，斯图加特，1969）。

118 《改革与革命之间的普鲁士：1791—1848年的普通国法、行政管理和社会运动》，第13页。

119 同上书，第17页。

120 奥托·布伦纳、维尔纳·康策、赖因哈德·科泽勒克编：《历史的基本概念：德国政治语言历史词典》（*Geschichtliche Grundbegriffe. Historisches Lexikon zur politischen Sprache in Deutschland*），5卷本（斯图加特，1973—）。尤其见科泽勒克为第1卷所写的引言和他所著“历史概念与社会史”（Begriffsgeschichte und Sozialgeschichte），载《社会学与社会史》（*Soziologie und Sozialgeschichte*），彼得·克里斯蒂安·卢兹（Peter Chr. Ludz）编（奥普拉登，1972），第116—131页。

121 《1847—1914年西门子公司的企业管理和雇员。以德国工业化中资本主义和官僚政治的关系为例》（斯图加特，1969）。

122 见P. 克里德特（P. Kriedte）、H. 梅迪克（H. Medick）、J. 施卢姆伯姆（J. Schlumbohm）1974年3月29日的“工作报告”（Arbeitsbericht）；亦见有关探讨工业化的数期“关于资本主义工业化过程的报道和批判”（Berichte und Kritik zu Der Prozess der kapitalistischen Industrialisierung），《用于课程与研究的社会科学情报》（*Sozialwissenschaftliche Information für Unterricht und Studium*），第3期（1974），第1、2册。

123 于尔根·科卡：《1914—1918大战中的阶级社会》（*Klassengesell-*

schaft und Krieg 1914-1918，哥廷根，1973），"历史科学批评研究"，第8卷。

124 同上书，第1页。

125 同上书，第138页。

126 同上书，第136页。

第四章　马克思主义与现代社会史

1 格奥尔格·卢卡契（Georg Lukás）和卡尔·科尔施（Karl Korsch）强调马克思对于经验主义的自然科学方法的批判态度无疑是对的，但是以我之见，当他们无条件地将他们的方法等同于"所有人类关系的具体化"（卢卡契），或谈及一种"特殊的资产阶级科学研究方法"（科尔施）时，他们超出了马克思的原意。见格奥尔格·卢卡契《历史与阶级意识》（*History and Class Consciousness*，诺伊维德，1968），第64—71页〔英译本第5—10页（马萨诸塞，剑桥，1971）〕；卡尔·科尔施《唯物主义历史观及其他》（*Die materialistische Geschichtsauffassung und andere Schriften*，法兰克福，1971），第132页。

2 卡尔·马克思：《资本论：政治统济学批判》，第1卷（纽约，1967）第10页。*

3 同上书，第352页。参见罗曼·罗斯道尔夫斯基（Roman Rosdolfsky）"关于马克思《资本论》方法的一些评论及其对于当今马克思研究的重要性"（Einige Bemerkungen über die Methode des Marxschen "Kapital" und ihre Bedeutung für die heutige Marxforschung），载《政治经济学批判：纪念〈资本论〉100周年》（*Kritik der politischen Ökonomie. 100 Jahre Kapital*），瓦尔特·奥奇纳（Walter Euchner）与阿尔弗莱德·施密特（Alfred Schimdt）编（法兰克福，1968），第15—16页。

4 参见卡尔·马克思、弗里德里希·恩格斯："德意志意识形态"（The German Ideology），**《青年马克思关于哲学和社会的著作》（*Writings of the Young Marx on Philosophy and Society*），劳埃德·伊斯顿（Lloyd Easton）和库特·H.古达特（Kurt H. Guddat）（花园城，纽约，1967），第441—

---

　　*　中译本见《马克思恩格斯全集》第23卷，第11页。——译者

　　**　中译本见《马克思恩格斯全集》第3卷，人民出版社1960年版。——译者

442页。

5 卡尔·马克思:"《政治经济学批判》导言"（Einleitung Zur Kritik der Politischen Ökonomie），载马克思-恩格斯《作品集》（*Werke*），第13卷（柏林，1971），第31—632页。［英译本《〈政治经济学批判〉导言》（*A Contribution to the Critique of Political Economy*，芝加哥，无出版日期），第292—293页。］*

6 卡尔·马克思:《资本论》，第1卷，第372页注。**

7 卡尔·马克思:"路易·波拿巴的雾月十八日"（The Eighteenth Brumaire of Louis Bonaparte），见《马克思-恩格斯读本》（*The Marx-Engels Reader*），罗伯特·C.塔克（Robert C. Tucker）编（纽约，1972），第437页。***

8 卡尔·马克思:《资本论》，第1卷，第18页。****

9 同上书，第1卷，第18页；参见马克思关于人口规律的论述，见同上书，第1卷，第632页。*****

10 同上书，第3卷，第232页。******

11 同上书，第1卷，第81页。*******

12 同上书，第1卷，第73页。********

13 卡尔·马克思:"《政治经济学批判》序言"，载卡尔·马克思和弗雷德里希·恩格斯，《选集》（纽约，1968），第182页。*********

---

*　中译本见《马克思恩格斯全集》第12卷，人民出版社1962年版，第751页。——译者

**　中译本见《马克思恩格斯全集》第23卷，第409—410页注89。——译者

***　中译本见《马克思恩格斯全集》第8卷，人民出版社1961年版，第121页。——译者

****　中译本见《马克思恩格斯全集》第23卷，第12页。——译者

*****　同上书，第23页、692页。——译者

******　中译本见《马克思恩格斯全集》第25卷，人民出版社1974年版，第258页。——译者

*******　中译本见《马克思恩格斯全集》第23卷，第24页。——译者

********　同上。——译者

*********　中译本见《马克思恩格斯全集》第13卷，人民出版社1962年版，第8页。——译者

14 卡尔·马克思:《资本论》,第1卷,第592页。[*]

15 同上书,第1卷,第177页。^{**}

16 卡尔·马克思:"1844年经济学哲学手稿",载《青年马克思论著》,第
293、295页。^{***}

17 卡尔·马克思:《资本论》,第1卷,第83页。^{****}马克思在一种规范的意
义上对"自然"和"自然的"的应用是有意思的,同上书,第169页。
亦见对"无理的"一词的使用,同上书,第552页。

18 同上书,第1卷,第80页。^{*****}

19 同上书,第1卷,第81页。^{******}

20 同上书,第1卷,第73页。^{*******}

21 同上书,第1卷,第310页。^{********}

22 同上书,第1卷,第539页。^{*********}

23 同上书,第1卷,第685页。^{**********}

24 同上书,第1卷,第488页。^{***********}

25 同上书,第1卷,第763页。^{************}

26 同上书;马克思这里谈到的"否定的否定"[*];参见"1844年经济学哲
学手稿",载《青年马克思论著》,第333页。^{*************}

---

* 　中译本见《马克思恩格斯全集》第23卷,第649页。——译者

** 　中译本见《马克思恩格斯全集》第23卷,第202页。——译者

*** 　中译本见《马克思恩格斯全集》第42卷,人民出版社1979年版,第95
页。——译者

**** 　参见《马克思恩格斯全集》第23卷,第100页。——译者

***** 　同上书,第97—98页。——译者

****** 　同上书,第98页。——译者

******* 　同上书,第90页。——译者

******** 　同上书,第344页。——译者

********* 　同上书,第590页。——译者

********** 　同上书,第708页。——译者

*********** 　同上书,第535页。——译者

************ 　同上书,第831页。——译者

************* 　同上书,第832页;中译本见《马克思恩格斯全集》第42卷,第139
页。——译者

27 参见卡尔·马克思《资本论》，第1卷，第19页。[*]

28 卡尔·马克思、弗·恩格斯："德意志意识形态"，《青年马克思论著》第409页。[**]

29 见他在写于1877年底的一封信中对N. K. 米哈伊洛夫斯基（N. K. Michailovski）所做的解释。见马克思、恩格斯《书信选集，1846—1895》（Selected Correspondence，纽约，1942），第352—355页。

30 卡尔·马克思：《资本论》，第1卷，第625页。[***]

31 卡尔·马克思："给米哈伊洛夫斯基的信"，[****]《书信选集，1846—1895》，第354页。

32 卡尔·马克思：《资本论》，第1卷，第256—257页。[*****]

33 同上书，第1卷，第600页。[******]

34 卡尔·马克思：《资本论》，第1卷，第299页。[*******]

35 人类发展阶段理论在许多不同地方被马克思和恩格斯简明而很粗线条地讨论过，比如在"德意志意识形态""共产党宣言"《政治经济学批判》序言"中。在埃里克·霍布斯鲍姆译作《资本主义生产以前各形态》（Pre-Capitalist Economic Formations，纽约，1965）的《形态》（Grundrisse）的一小节中得到讨论，亦为恩格斯在《社会主义从空想到科学》《家庭、私有制和国家的起源》及其他地方讨论。按"阶级"的历史的发展在马克思和恩格斯的许多著作中是含蓄的，但各个国家的延续，比如亚细亚的、斯拉夫的，或德意志的生产方式的作用，却通过不同形式得以表达。埃里克·霍布斯鲍姆无疑是对的。他认为马克思在任何地方都不寻求对历史发展的"普遍规律"进行系统阐述（《资本主义生产以前各形态》，第43页）。同时"历史唯物主义的普遍理论要求，应该存在一个生产方式的更替。虽然无需任何特殊方式。

---

[*] 　中译本见《马克思恩格斯全集》第23卷，第24页。——译者

[**] 　中译本见《马克思恩格斯全集》第3卷，第31页。——译者

[***] 　中译本见《马克思恩格斯全集》第23卷，第685页。——译者

[****] 　中译本见《马克思恩格斯全集》第19卷，人民出版社1963年版，第130页。——译者

[*****] 　中译本见《马克思恩格斯全集》第23卷，第286页。——译者

[******] 　同上书，第658页。——译者

[*******] 　同上书，第331页。——译者

但也许不存在于任何特别的预定程序之中"（同上书，第19—20页）。*

36 弗里德里希·恩格斯："德国农民战争"（The Peasant War in Germany），载《德国革命》（*The German Revolutions*），莱昂纳德·克里格（Leonard Krieger）编（芝加哥，1967），第7页。**

37 卡尔·马克思：《资本论》，第1卷，第9页。***

38 卡尔·马克思："路易·波拿巴的雾月十八日"，第459、460页。****

39 同上书，第445、479页。*****

40 弗里德里希·恩格斯："德国的革命与反革命"（Germany: Revolution and Counter-Revolution），载《德国革命》，第239页。******

41 参见马克思于1852年3月5日致魏德迈的信，《书信选集，1846—1895》，第57页。*******

42 对民主德国历史研究组织的概述，见《历史研究导论》（*Einführung in das Studium der Geschichte*，民主德国，柏林，1966），瓦尔特·埃克尔曼（Walter Eckerman）与胡贝特·莫尔（Hubert Mohr）编（民主德国，柏林，1966），第8—16页。关于党的决议对历史研究的作用，可见第92—96页。关于苏联，可见南希·惠蒂尔·希尔（Nancy Whittier Heer）《苏联的政治学与历史学》（*Politics and History in the Soviet Union*，马萨诸塞，剑桥，1971），第11—58页。

43 关于波兰历史专业组织及波兰自1945年以来的历史编纂学的论述，见《第十三届莫斯科国际历史科学大会上的波兰》（*La Pologne au XIIIe Congrès International des Sciences Historiques à Moscou*，2卷本，华沙，1970），特别可见耶日·托波尔斯基的论文，"1945—1968年波兰历史研究的发展"（Développement des études historiques en Pologne 1945-1968），第1卷，第7—76页。亦见耶日·托波尔斯基："波兰经济史研

---

*   这段话不见于马克思原书单行本，人民出版社1956年版，后同。——译者

**   中译本见《马克思恩格斯全集》第16卷，人民出版社1964年版，第450页。——译者

***   中译本见《马克思恩格斯全集》第23卷，第8页。——译者

****   中译本见《马克思恩格斯全集》第8卷，第134页。——译者

*****   中译本见《马克思恩格斯全集》第8卷，第134页。——译者

******   同上书，第114页。——译者

*******   中译本见《马克思恩格斯全集》第28卷，人民出版社1973年版，第509页。——译者

究的发展"，《经济史研究》，第1期（1966），第3—24页。

44 《苏联的政治学与历史学》，第58页。

45 关于这场争论的英文论述，见J. M. H. 萨蒙（J. M. H. Salmon）"争论述评：17世纪法国的贪官污吏和民间暴乱"（Venality of Office and Popular Sedition in 17th-century France），《过去与现在》（*Past and Present*），第57期（1967），第21—43页。鲍里斯·波尔什涅夫（Boris Porchev）的法译本《1623—1648年法国的人民暴动》（*Les Soulèvements populaires en France de 1623 à 1648*，巴黎，1963），出版于第六部的丛书"外国著作"中。

46 《历史研究导论》，第31页。博尔哈根（Bollhagen）在《社会学与历史学》（*Soziologie und Geschichte*，民主德国，柏林，1966）中有更广泛的说明。关于历史中的规律及因果关系，见格奥尔格·克劳斯（Georg Klaus）与汉斯·舒尔策（Hans Schulze）《历史中的思想、规律与进步》（*Sinn, Gesetz und Fortschritt in der Geschichte*，民主德国，柏林，1967），以及戈特弗里德·施蒂勒（Gottfield Stiehler）《历史与职责》（*Geschichte und Verantoortung*，民主德国，柏林，1972）。

47 海因里希·谢尔（Heinrich Scheel）等："1789—1848年德国的历史研究"，见《1960—1970年民主德国的历史研究》（*Historische Forschungen in der DDR 1960–1970*）特刊，《历史科学杂志》第18期（1970），第381页。

48 博尔哈根：《历史研究导论》，第44—46页；参见《社会学与历史学》，第28—89页。

49 汉斯·施莱尔："传统的历史主义和结构历史"（Der traditionelle Historismus and die Strukturgeschichte），《争鸣》第75期（1972），第69页。

50 参见博尔哈根与G. 布伦德勒（G. Brendler）《历史研究导论》，第81页。对分期理论的大规模应用，见I. M. 朱可夫（I. M. Zhukov）所编《世界历史》（*Vsemirnaia Istoria*），10卷本（莫斯科，1955—1965）。

51 《资本主义生产以前各形态》，第43页。亦见埃里克·霍布斯鲍姆："卡尔·马克思对历史编纂学的贡献"，载《社会科学中的意识形态》（*Ideology Social Science*），罗宾·布莱克本（Robin Blackburn）编（纽约，1973），第265—283页。

52 德国统一社会党中央委员会马克思列宁主义研究所编：《德国工人运动史》（*Geschichte der deutschen Arbeiterbewegung*，民主德国，柏林，

1966），第1卷，第7页。参见胡贝特·朗格尔（Herbert Langer）等《历史研究》（*Historische Forschungen*），第353页。

53 民主德国，柏林，1959—1969。

54《德国工人运动史》。

55 参见"前言"，同上书，第1卷，第1*—40*页。

56《资本主义制度下工人状况的历史》（*Die Geschichte der Lage der Arbeiter unter dem Kapitalismus*），38卷本（民主德国，柏林，1961—1972）。

57《1960—1970年民主德国的历史研究》（*Historische Forschungen in der DDR*）。

58 见汉斯·莫戴克（Hans Mottek）《德国经济史大纲》（*Wirtschafts-geschichte Deutschlands*），2卷本（民主德国，柏林，1957—1964），亦可见莫戴克等著《德国工业革命史研究》（民主德国，柏林，1960）。

59 参见如卡尔·奥伯曼（Karl Obermann）所著"德国工业化过程中的工人移民以及德意志联邦从建立到瓦解期间（1815—1867）工人阶级的形成"（Die Arbeitermigrationen in Deutschland im Prozess der Industrialisierung und der Entstehung der Arbeiterklasse in der Zeit von der Gründung bis zur sozialen Lage der Bevölkerung in Preussen 1846-1849），《经济史年刊》[*Jahrbuch für Wirtschaftsgeschichte*）（1972）] 第1部分，第135—182页。亦见"1846—1849年普鲁士居民的阶级结构和社会地位"，《经济史年刊》（1973），第2部分，第78—120页，以及第3部分，第143—174页。

60 参见H. 哈尼施（H. Hanisch）"关于作为社会经济史一部分的人口历史的重要性：对卡尔·海因茨·布拉施克的工业革命前萨克森人口史的评论"（Über die Bedeutung der Bevölkerungsgeschichte als Teil der Wirtschafts- und Sozialgeschichte: Bemerkungen zu Karlheinz Blaschke, Bevolkerungsgeschichte in Sachsen bis zur industriellen Revolution），《经济史年刊》（1973），第4部分，第205—220页。

61 对民主德国历史研究所进行的分专题历史编纂学的概述，可见《历史科学杂志》（*Zeitschrift für Geschichtswissenschaft*）第18期（1970），特刊《1960—1970年民主德国的历史研究》以及1980年出版的论述前一时期的类似特刊。

62 参见弗里茨·克莱因（Fritz Klein）、W. 古切（W. Gutsche）等《第一次

世界大战中的德国》（ *Deutschland im I. Weltkrieg* ），3卷本（民主德国，柏林，1968 ）。

63 维托尔德·库拉（ Witold Kula ）:《封建制度经济理论：走向一个波兰的经济模式，1500—1800》（ *Théorie économique du Système féodal, pour un modèle de l'économie polonaise 16e-18e siècles* ），布罗代尔序（巴黎与海牙，1970 ），第5页。

64 同上书，第8—9页。

65 同上书，第2页。

66 耶日·托波尔斯基："经济史的典型方法"（ The Model Method in Economic History ），《欧洲经济史杂志》（ *The Journal of European Economic History* ），第1期（1972 ），第715页，参见耶日·托波尔斯基，"马克思《资本论》的方法论原理"（ Zalozenia metodologiczne "*Kapitalu*" Marksa ），《哲学研究》（ *Studia Filozofczne* ），第3—4期（1968 ），第3—33页。有法文摘要。

67 托波尔斯基："经济史的典型方法"，第714页，关于出自马克思主义观点的有关现代发展理论的告诫语言，可见克洛德·马佐里克（ Claude Mazauric ）《论法国大革命。对资产阶级革命史的贡献》（ *Sur la Revolution française. Contribution à l'histoire de la Revolution bourgeoise*，巴黎，1970 ），第13—14页。

68 维托尔德·库拉："历史与经济：长时段"（ Histoire et économie: La longue durée ），《年鉴》第15期（1960 ），第296页。

69 参见皮埃尔·维拉尔"马克思主义历史学：形成中的历史学。评与阿尔蒂塞的对话"（ Histoire Marxiste, histoire en construction. Essaide dialogue avec Althusser ），《年鉴》第28期（1973 ），第165—198页［本文英译可见《新左派评论》（ *New Left Review* ），第80期（1975年7—8月），第64—106页］。

70 "典型方法"，第722—724页。托波尔斯基也将韦伯的理想型包括在他对工具主义方法的批评之内。

71 "历史与经济：长时段"，第312页。

72 库拉：《封建制度经济理论：走向一个波兰的经济模式，1500—1800》，第11页。参见1968年图卢兹讨论会关于"封建"的定义。引自马佐里克《论法国大革命。对资产阶级革命史的贡献》，第134页。

73 《封建制度经济理论：走向一个波兰的经济模式，1500—1800》。

74 "18世纪大波兰的经济模式"（Model gospodarczy Wiclkopolskiw XVII wieku），《大波兰和波美拉尼亚历史研究和资料》（Studia i Materiaty do Daiejów Wielkopolskii Pomorza），第20期（1971），第57—71页。

75 《14—17世纪欧洲资本主义的起源》（Narodziny kapitalizmy w Europie XIV-XVII wieku，华沙，1965），见其法文摘要。

76 例如《1500—1580年波兰贵族庄园研究》（Studia nad folwarkiem szlacheckim w Polsce w latach，华沙，1960）；"1500—1580年中等贵族地产经营"（L'Economie du domaine nobiliaire moyen, 1500-1580），《年鉴》，第18期（1963），第8—87页；"8世纪波兰黑麦贸易的尝试性估计"（Tentative Estimate of Polish Rye Trade in the Sixteenth Century），《波兰历史文献》（Acta Polaniae Historica），第4期（1961），第119—131页；"15—16世纪市场变化背景下的波兰农村：科尔钦采邑经济"（La Campagne polonaise dans le cadre destransformation du marche des XVI e- XVII e siecles. L'conomie dela Starostie de Korczyn），《经济史研究》（Studiae Historiae Oeconomicae），第2期（1967），第57—8l页。"16世纪波兰的农业生产及其产量"（The Agricultural Production and Its Amount in XVI th Century Poland），《经济史研究》，第4期（1969），第3—11页。"16世纪末和17世纪上半叶波兰的实际工资与生活费用"（Die Reallöhne und die Unterhaltskosten in Polen Ende des XVI .und erste Halfte des XVII .Jh.），《经济史研究》，第5期（1970），第117—128页。"16世纪波兰的扫盲"（L'Alphabetisation en Pologne au XVI e siècle），《年鉴》，第29期（1974），第705—713页。亦见关于16世纪欧洲经济、社会及文化状况的范围广泛的比较性文章。见其《16世纪欧洲中的波兰》（Polska w Europie XVI stulecia，华沙，1973）。

77 维托尔德·库拉：《量与人》（Miary i Ludzie，华沙，1970）。

78 亨利克·沃夫米扬斯基（Henryk Łowmiański）：《波兰的开端》（Począti Polski，华沙，1964—）。

79 波兰科学院历史研究所：《波兰历史》（Historia Polski，华沙，1970—）。

80 戴维·考特（David Caute）：《共产主义与法国知识分子，1914—1960》（Communism and the French Revolution，纽约，1864），第278页。

81 同上书，第278页。亦可见《思考》（Pensée），1953年11月，第122页。

82 在历次重要的讨论中，应提及安托万・佩尔蒂埃（Antoine Pelletier）和让－雅克・戈洛布（Jean-Jacques Goblot）在《思考》杂志上对《年鉴》杂志的批判性论述。它再版时称为《历史唯物主义与文明史》（*Materialisme historique et histoire des civilisations*，巴黎，1969）。重要的还有马克思主义研究中心主办的讨论会。其成果为《论封建主义》（*Sur le Féodalisme*，巴黎，1971）一书。

83 参见维拉尔"马克思主义历史学：形成中的历史学"（Marxist History: History in the Making），第66页。

84 同上书，第76页。

85 关于拉布鲁斯，可见皮埃尔・勒努万（Pierre Renouvin）"欧内斯特・拉布鲁斯"（Ernest Labrousse），见汉斯・A. 施密特（Hans A. Schmitt）编《现代欧洲历史学家》（*Historians of Modern Europe*，路易斯安那，巴吞鲁日，1971），第235—254页。

86 "1848—1830—1789历次革命是怎样发生的？"（1848-1830-1789 Lomment naissent les revolutions?），见《1848年革命一百周年历史会议会刊》（*Actes du Congres historique du centenaire de la Revolution de 1848*，巴黎，1948），第1—21页。

87 参见罗兰・穆尼埃"16、17及18世纪社会结构研究中的方法问题"（Problemes de méthode dans Ietude desstructures sociales des 16e, 17e et 18e siecles），载《历史之镜：献给马克斯・布劳巴赫的节日礼物》（*Spiegel der Geschichte. Festgabe fur Max Braubach*），康拉德・雷普根（Konrad Repgen）及斯特凡・斯卡尔魏特（Stephan Skalweit）编（明斯特，1964），第550—564页。I. S. 康恩：《20世纪的历史哲学》（民主德国，柏林，1964），第2卷，第194—195页。

88 A.马迪埃（A. Mathiez）编订评论：《法国革命的社会主义史》（*Histoire socialiste de la revolution française*，巴黎，1922），8卷本。

89 关于勒费弗尔，见罗伯斯庇尔研究会纪念集《献给勒费弗尔（1874—1959）》[*Hommage à Georges Lefebvre（1874-1959）*，南希，未标日期]，其中包括阿尔贝・索布尔的文章，"乔治・勒费弗尔：法国革命史历史学家，1874—1969"（Georges Lefebvre, historien de la Revolution française, 1874-1959），第1—20页。R. R. 帕尔默（R. R. Palmer），"乔治・勒费弗尔：农民与法国大革命"（Georges Lefebvre: Peasants and the

French Revolution），《近代史杂志》，第31期（1959），第329—342页。比阿丽斯特·F. 希斯洛普（Beatrice F. Hyslop）："历史学家乔治·勒费弗尔"（Georges Lefebvre, Historian），《法国历史研究》（*French Historical Studies*），第1期（1958—1980），第265—282页。戈登·H. 麦克尼尔（Gordon H. McNeil）："乔治·勒费弗尔（1874—1959）"[Georges Lefebvre（1874-1959）]，见《欧洲近代历史学文集》（*Essays in Modern European Historiography*），S.威廉·霍尔珀林（S. William Halperin）编（芝加哥，1970），第160—174页。

90 "法国大革命与农民"（La Revolution française et les paysans），见《法国大革命研究》（*Études sur la Revolution française*，巴黎，1963），第2版，第360页。

91 引自阿·索布尔《农民、无套裤汉与雅各宾派》（*Paysans, Sans-culottes et Jacobins*，巴黎，未标日期），第6页。

92 《法国大革命期间诺尔郡的农民》（*Les Paysans du Nord pendant la Revolution française*，里尔，1924），自行刊印袖珍版，直至1959年由阿尔贝·索布尔再版时才广泛发行。

93 这一论点在"法国大革命与农民"中得到充分发挥，第338—368页。亦见《1789年》（*Quatre-vingt-neuf*，巴黎，1939）[英译本为《法国大革命的到来》（*The Coming of the French Revolution*，普林斯顿，1947）]。

94 "革命群众"（Foules revolutionnaires），见《法国大革命研究》，第374页。

95 《1789年的大恐慌》（*La Grande Peur de 1789*，巴黎，1932）。[英译本：《1789年的大恐慌：大革命时期法国的农村恐慌》（*The Great Fear of 1789. Rural Panic in Revolutionary France*），乔治·鲁德作序（纽约，1978）]。

96 《共和二年的巴黎无套裤汉》（*Les Sans-culottes Parisiens en An II*，巴黎，1958），节本（巴黎，1968）[英译本为《无套裤汉》（*The Sans-Culottes*，纽约，1972）]。

97 参见阿尔弗莱德·科本（Alfred Cobban）《法国大革命的神话》（*The Myth of the French Revolution*，伦敦，1955）和《法国大革命的社会解释》（*The Social Interpretation of the French Revolution*，剑桥，1964）。伊丽莎白·L. 爱森斯坦（Elizabeth L. Eisenstein）："谁在1788年进行了干涉？对《法国大革命的到来》的评论"（Who Intervened in 1788?

A Commentary on The Coming of the French Revolution），《美国历史评论》（*American Historical Review*）第71期（1965），第77—103页。杰弗里·卡普洛（Jeffrey Kaplow）、吉尔伯特·夏皮罗（Gilbert Shapiro）、伊丽莎白·L.爱森斯坦："法国大革命中的阶级：一场讨论"（Class in the French Revolution: A Discussion），同上书，第72期（1966—1967），第497—522页。弗朗索瓦·孚雷和德尼·里歇：《法国大革命》2卷本（巴黎，1965—1966）。克洛德·马德里克（Claude Mazauric）对孚雷及里歇的批评，见"论法国大革命：对资产阶级革命史的贡献"（Sur la Revolution française.Contributions à l'histoire de la Revolution bourgeoise），阿尔贝·索布尔序,特别请见第21—61页。孚雷的答复，"法国大革命理论问答"（La Catéchisme de la Revolution française），《年鉴》第26期（1971），第255—289页。

98《共和二年的巴黎无套裤汉》（1958），第3页；英文版第19—20页。

99《共和二年的巴黎无套裤汉》，第1030—1031页。英文版第256—259页。

100 参见《共和二年的巴黎无套裤汉》，第1025页。英文版第251、262页。

101《共和二年的巴黎无套裤汉》，第1031页；英文版259页。见乔治·勒费弗尔在《法国大革命》（*La Revolution française*，巴黎，1951）第638页上的用语，"历史的辩证发展"。亦见勒费弗尔在其对《共和二年的巴黎无套裤汉》的书评中与索布尔结论的总的一致。见《法国革命史年鉴》（*Annales historique de la Revolution française*，1959），第173页。

102《1793—1797年第一共和国时期的阶级斗争》（*La Lutte des classes sous la Première République, 1793-1797*，巴黎，1968，新版）。特别可见"刊后语"，第2卷，第406—461页。及盖兰对包括索布尔在内的批评者的答复，第2卷，第489—513页。

103《农民、无套裤汉与雅各宾派》"前言：有关社会史的企图"（Préface: A propos d'histoire sociale），第5—12页。对于量化及对索布尔和勃罗代尔社会结构观念的一致点的更广泛论述，见索布尔"社会史中的叙述与数量"（Description et mesure en histoire sociale），载《社会史，原始材料与方法》（*L'Histoire sociale, sources et methodes*，巴黎，1967），第9—25页，圣-克卢高等师范学校讨论会（1965年5月15日—16日）。

104 理查德·科布（Richard Cobb）:《警察当局与人民：1789年至1820年
的法国民众抗议》(*The Police and the People. French Popular Protest,
1789-1820*，牛津，1970）。

105 牛津，1959。

106 同上书，第5页。

107 查尔斯·蒂利（Charles Tilly）:《旺代：对1793年反革命的社会学分析》
(*The Vendée. A Sociological Analysis of the Counter-revoluution of 1793*，纽
约，1964）。

108 包括乔治·鲁德《历史上的群众：英法民间骚乱研究，1730—1848》。

109 见本章注97。

110 关于与工业领先的传统的最近论述，见 D. C. 科尔曼（D. C. Coleman）
"绅士与竞争者"（Gentlemen and Players），《经济史评论》(*Economic
Historical Review*），第26期（1973），第92—116页。

111 这至少部分地是对一些被放弃了的辉格学派概括或对过于简化了的马
克思主义历史"主题"的观念的反应。

112 与传统的对社会史以"人与生活方式"进行探索形成对照。

113 在他们当中，马克思是最有名的一位。

114 詹姆斯·菲利普·凯（James Philip Kay）:《曼彻斯特棉纺织业中工
人阶级的道德与物质状况》(*The Moral and Physical Condition of the
Working Classes employed in the Cotton Manufacture in Manchester*，伦
敦，1832); P. 加斯克尔（P. Gaskell）:《英国的制造业人口》(*The
Manufacturing Population of England*，伦敦，1833); 约翰·菲尔登
（John Fielden）:《工厂制度的灾难》(*The Curse of the Factory System*，
伦敦，1836); 埃德温·查德威克（Edwin Chadwick）:《大不列颠劳动
人口卫生状况报告》(*Report on the Sanitary Conditions of the Labouring
Population of Great Britain*，伦敦，1842）。

115 W. E. H. 莱基（W. E. H. Lecky）*:《18世纪英国史》(*History of England
in the Eighteenth Century*，伦敦，1886），2卷本。

116 罗伯特·欧文（Robert Owen）、恩格斯和马克思是这类批评者中最著

---

* W. E. H.莱基（1838—1903），爱尔兰历史学家、政论家。主要著作有《爱尔
兰公众舆论的领袖》《从奥古斯都到查里曼的欧洲道德史》等。——译者

名的。马克思本人的著作，正如本章前面所讨论的，是这里所描述的过程的最后产物。关于对其他批评者如托马斯·霍奇金（Thomas Hodgskin）和詹姆斯·莫里森（James Morrison）的思想和作用的论述，见E. P. 汤普森《英国工人阶级的形成》（*The Making of the English Working Class*，伦敦，1963；修订版，纽约，1968）的最后一章。后面页数参考1968年版。威廉·布莱克（William Blake）和浪漫主义运动的其他人物也可以被视为在这一传统的发展中起了作用的。

117 阿诺德·汤因比（Arnold Toynbee）：《工业革命演讲集》（*Lectures on the Industrial Revolution*，伦敦，1884），第93页。

118 J. L. 哈蒙德（J. L. Hammond）与B. 哈蒙德（B. Hammond）：《乡村劳动者》（*The Village Labourer*，1911）；《城镇劳动者》（*The Town Labourer*，伦敦，1919）；《熟练工人》（*The Skilled Labourer*，伦敦，1919）；《现代工业的兴起》（*The Rise of Modern Industry*，伦敦，1925）；《宪章派时代》（*The Age of the Chartists*，伦敦，1930）。锡德尼·韦布（Sidney Webb）与比阿特里斯·韦布（Beatrice Webb）：《工联主义者》（*History of Trade Unionism*，伦敦，1894）。G. D. H. 科尔（G. D. H. Cole）和雷蒙德·波斯特盖特（Raymond Postgate）：《1746—1988年的普通百姓》（*The Common People*, 1746-1938，伦敦，1938）；《1789—1925年英国工人阶级运动简史》（*A Short History of the British Working Class Movement*，伦敦，1925—1927）3卷本；《宪章派人物画像》（*Chartist Portraits*，伦敦，1941）。

119 英国还有一些大学的历史和经济史不仅是分系而设，而且分成不同的学院或学校。

120 应指出的是，首先企图展示把工业化作为经济过程加以甚为有条不紊的分析的人们之一是法国的学者，但直到20世纪20年代末，其成果才被译成英文。保罗·曼陶克斯（Paul Mathoux）：《18世纪的工业革命》（*The Industrial Revolution in the Eighteenth Century*，伦敦，1928）。

121 约翰·H. 克拉潘（John H. Clapham）：《近代英国经济史》（*An Economic History of Modern Britain*，剑桥，1926—1928），3卷本。

122 T. S. 阿什顿（T. S. Ashton）：《工业革命》（*The Industrial Revolution*，牛津，1948）；《18世纪英国经济史》（*An Economic History of England:*

The Eighteenth Contury，伦敦，1855)；《1700—1800年英国的经济波动》(牛津，1959)。

123 见：P. 马希阿斯（P. Mathias)《1700—1880年英国的酿造业》(*The Brewing Industry in England*，伦敦，1959)；A. H. 约翰（A. H. John)《1750—1850年南威尔士的工业发展》(*The Industrial Development of South Wales*，加的夫，1950)；W. H. B. 考特（W. H. B. Court)《1600—1838年英国中部工业的兴起》(*The Rise of Midland Industries*，牛津，1938)；阿什顿《工业革命中的铁与钢》(*Iron and Steel in the Industrial Revolution*，曼彻斯特，1924)，以及与 J. R. 塞克斯（J. R. Sykes) 合著的《18世纪英国的煤炭工业》(*The English Coal Industry of the Eighteenth Century*，曼彻斯特，1929)。

124 托尼在其中开始这一过程的任何意义必须由对马克思本人贡献的认识证实。

125 尽管托尼作为历史学家来说，他的著作反映了马克思乃至韦伯的影响，但由于他对资本主义的反应主要是道德方面的否定，所以还不能被视为马克思主义者。R. H. 托尼：《16世纪的农业问题》(*The Agrarian Problem in the 16th Century*，伦敦，1912)；《宗教与资本主义的兴起》(*Religion and the Rise of Capitalism*，伦敦，1926)；"绅士的兴起"（Rise of the Gentry)，《经济史评论》，第2期（1944)，第1—38页。

126 克里斯托弗·希尔（Christopher Hill)：《革命的世纪，1603—1714》(*The Century of Revolution, 1603-1714*，爱丁堡，1961)；《对工业革命的矫正》(*Reformation to Industrial Revolution*，伦敦，1967)。

127 希尔：《教会经济问题》(*Economic Problems of the Church*，牛津，1956)。

128 希尔：《革命前英国的社会和清教》(*Society and Puritanism in Pre-Revolutionary England*，伦敦，1964)，第2版；《英国革命的思想来源》(*Intellectual Origins of the English Revolution*，牛津，1965)；《上帝的英国人：奥列佛·克伦威尔和英国革命》(*God's Englishman：Oliver Cromwell and the English Revolution*，伦敦，1970)；《扭转乾坤：英国革命期间的激进思想》(*The World Turned Upside Down: Radical Ideas during the English Revolution*，纽约，1972)。

129 希尔："诺曼之轭"（The Norman Yoke)，载《民主与劳工运动》(*Democracy and the Labour Movement*，伦敦，1954)，J. 萨维尔（J.

Saville）编。

130　W. W. 罗斯托（W. W. Rostow）：《经济增长的阶段：非共产党宣言》（*The Stages of Economic Growth: A Non-Communist Manifesto*，剑桥，1960）。关于他的理论的较早期发展，见"向自主的经济增长起飞"（The Take-off into Self-Sustained Economic Growth），《经济杂志》（*Economic Journal*），第6期（1956），第25—48页。

131　A. 格申克龙（A. Gerschenkron）：《经济落后的历史透视》；E. J. 霍布斯鲍姆："从社会史到研究全社会的历史"（From Social History to the History of Society）*，《今日历史研究》（*Historical Studies Today*），费利克斯·吉尔伯特（Felix Gilbert）与斯蒂芬·R. 格劳巴德（Stephen R. Graubard）编（纽约，1971），第5—7页。A. 菲尔洛（A. Fishlow）：《空虚的经济阶段》（Empty Economic Stages），《经济杂志》，第85期（1965），第112—125页。

132　R. M. 哈特维尔（R. M. Hartwell）编：《英国工业革命的起因》（*The Causes of the Industrial Revolution in England*，伦敦，1967），第4、9、17页。

133　E. J. 霍布斯鲍姆与R. M. 哈特维尔："工业革命时的生活标准：一场讨论"（The Standard of Living in the Industrial Revolution: A Discussion），《经济史评论》第16期（1963），第119—146页。

134　这些对结构主义见解的评论特别涉及英国历史编纂学的范围，并不打算包括年鉴派。

135　彼得·拉斯莱特（Peter Laslett）：《我们失去的世界》（*The World We Have Lost*，伦敦，1965），第26—70页。

136　《我们失去的世界》，第151页。

137　希尔："《我们失去的世界》书评"（review of *The World We Have Lost*），《历史与理论》（*History and Theory*）第7期（1967），第117—127页。

138　《泰晤士报文学增刊》（*Times Literary Supplement*），1973年5月5日，《昔日家务与家庭》（*Household and Family in Past Time*）的书评（剑桥，1972）。

＊　前者指研究历史事件或人物联系其社会环境和条件的方法，后者指研究整个社会结构或社会各个侧面的方法。——译者

139 社会结构史学家声称：传统的政治史在解释过去方面是不胜任的。而且这种历史一时的优势基于对某些原始材料的获得，这些史学家或许不知道，正是他们自己易受这种批评的攻击。

140 E. J. 霍布斯鲍姆："卡尔·马克思对历史编纂学的贡献"，载《社会科学中的意识形态》（纽约，1973），罗宾·布莱克本编，第265—283页。E. P. 汤普森："致莱塞克·考瓦考夫斯基的一封公开信"（An Open Letter to Leszek Kolakowski），《社会主义登记簿》（*Socialist Register*, 1974），第1—96页。

141 霍布斯鲍姆和哈特维尔，见前引书。

142 汤普森：《英国工人阶级的形成》，第231页。

143 E. J. 霍布斯鲍姆："17世纪的危机"，《过去与现在》第5期（1954），第33—49页，及第6期（1954），第44—63页；再版时附有跋。见特雷弗·阿斯顿（Trevor Aston）编《1563—1660年欧洲的危机》（*Crisis in Europe, 1563-1660*，伦敦，1965），第5—58页。

144 阿斯顿编：《1563—1663年欧洲的危机》，第5—6页。

145 同上书，第57—58页。

146 霍布斯鲍姆：《工业与帝国》（*Industry and Empire*，伦敦，1969），第49页。

147 同上。

148 E. P. 汤普森："18世纪英国百娃的道德经济"（Moral Economy of the English Crowd in the Eighteenth Century），《过去与现在》，第50期（1971），第76—136页。

149 汤普森：《英国工人阶级的形成》，第198—207页。

150 同上书，第9—10页。

151 同上。

152 同上。

153 汤普森："时间、工作纪律和工业资本主义"（Time, Work-Discipline and Industrial Capitalism），《过去与现在》，第38期（1967），第53—97页。

154 霍布斯鲍姆：《原始的叛乱》（*Primitive Rebels*，伊利诺伊，格伦科，1959）。

155 同上书，第9页。

156 汤普森:《英国工人阶级的形成》,第12页。

157 同上。

158 这里似乎也出现一种障碍,这种障碍开始是态度上的,后来转为在思想上拒绝接受被新社会史作为专业研究应当关心而集中研究的社会集团。见G. 基特森·克拉克(G. Kitson Clark)《维多利亚英国的形成》(*The Making of Victorian England*,伦敦,1962),第166页。

159 汤普森:《英国工人阶级的形成》,第10—11页。

160 同上。

161 关于汤普森对这一题目的详尽阐述见其"致莱塞克·考瓦考夫斯基的一封公开信",第51—55页。

162 马克思主义在社会史中影响之强大的又一例证。

163 乔治·鲁德:《历史上的群众:英法民间骚乱研究,1730—1848》(伦敦,1964)。

164 同上书,第9—10页。

165 加雷斯·斯特雷曼-琼斯(Gareth Stedman-Jones):"历史学:经验主义的贫困"(History: The Poverty of Empiricism),见《社会科学中的意识形态》(*Ideology in Social Science*),布莱克本编,第96—117页。

166 劳伦斯·斯通(Lawrence Stone):《贵族的危机,1558—1641》(*The Crisis of the Aristocracy, 1558-1641*,牛津,1965);《1540—1640年英国的社会变化与革命》(*Social Change and Revolution in England, 1540-1640*,伦敦,1965);"1500—1700年英国社会的变动性"(Social Mobility in England, 1500-1700),《过去与现在》第33期(1966),第16—55页。阿萨·布里格斯(Asa Briggs):《维多利亚时代的城市》(*Victorian Cities*,伦敦,1963)。哈罗德·珀金(Harold Perkin):《近代英国社会的起源:1780—1880》(*Origins of Modern British Society, 1780-1880*,伦敦,1969)。在本书的头几行,作者声称他赞同"社会史的这种情况,即社会史作为一门围绕着有组织的中心论题建立起来的结构严密的学科,就是研究全社会的社会史,是研究其多种多样的、永远变化着的、全部细节的社会结构史"。

167 霍布斯鲍姆:"从社会史到研究全社会的历史"(From Social History to the History of Society),《今日历史研究》(*Historical Studies Today*),第1—24页。

第五章　跋：对过去十年的回顾

1 参见皮埃尔·肖尼《历史，社会科学》(*Histoire. Science sociale*，巴黎，1974)。赖因哈特·吕鲁普(Reinhard Rurup)编：《社会科学史》(*Historische Sozialwissenschaft*，哥廷根，1977)；汉斯-乌尔里希·韦勒：《社会科学史和历史写作》(*Historische Sozialwissenschaft und Geschichtsschreibung*，哥廷根，1980)；亦可见序言，《历史与社会：社会科学史杂志》第1期(1975)，第5—7页。

2 《历史学家的领域》(*Le Territoire de l'historien*，巴黎，1973—1978)。第1卷，第22页。同书英译本(芝加哥，1979)，第15页。

3 (纽约，1979)，第8页。本卷是为联合国教科文组织主编的丛书"社会科学与人文科学的主潮"(*Main Trends in the Social and Human Sciences*)所准备的。

4 康纳德·N. 麦克洛斯基(Donald N. McCloskey)："历史计量学派的成就"(The Achievements of the Cliometric School)，《经济史杂志》第38期(1978)，第13—28页。

5 参见阿瑟·丹托(Arthur Danto)《历史哲学分析》(*Analytical Philosophy of History*，剑桥，1985)。

6 见费尔南·布罗代尔的文集《历史论文集》(*Ecrits sur t' histoire*，巴黎，1969)，英译本为《论历史》(*On History*，芝加哥，1980)。亦见埃马努埃尔·勒华拉杜里"静止不变的历史"(History That Stands Still)，《年鉴》，第29期(1974)，第673—692页，同文英译见其《历史学家的思想与方法》(*The Mind and Method of the Historian*，芝加哥，1981)，第1—27页。

7 关于生物学，见罗伯特·福斯特(Robert Forster)与奥雷斯特·拉鲁姆(Orest Ranum)合编的《年鉴》论文选集，《历史中人的生物学：年鉴文选》(*Biology of Man in History: Selections from the Annales*，巴尔的摩，1975)。关于气候，尤其见勒华拉杜里的文章，"历史与气候"(Historie et dimat)，《年鉴》第14期(1959)，第3—34页，本文英译见《历史学家的领域》，第278—293页。亦见其《千年以来气候史》(巴黎，1967)[英译本为《丰年与荒年，千年以来气候史》(纽约，花园城，1971)]。

8 见本书(边码)第58—59、64—65、70—72页；以及关于古贝尔的论述，见本书(边码)第63—64页。

9 卡尔·马克思："路易·波拿巴的雾月十八日"*，将此与布罗代尔的评论 "历史创造人"相比较，见《论历史》第10页。

10 （巴黎，1979），3卷本。第1卷的较早版本的英译本名为《1400年— 1800年的资本主义与物质生活》（纽约，1973）。

11 英译本见由约翰·霍普金斯出版社出版由罗伯特·福斯特与奥雷斯 特·拉舍姆所编的丛书。迄今为止已有选自《年鉴》的六卷选集问世。

12 见本书（边码）第63—65页。

13 见本书（边码）第54页。

14 罗伯特·达米科（Robert D'Amico）："意识与历史：现象主义和结构 主义的人文释学哲学"（Consciousness and History: Phenomenologistand Structuralist Philosophies of the Human Sciences），纽约州立大学布法罗 分校哲学博士论文（1974）。

15 参见路易·阿尔蒂塞（Louis Althusser）《读〈资本论〉》（Lire' le Capital， 巴黎，1970—1973），4卷本。有英译本（纽约，1979）。

16 居伊·布瓦（Guy Bois）：《封建主义的危机》（La Crise du féodalisme， 巴黎，1976）。

17 两本书均于1974年在伦敦出版。安德森把阶段的连续放在一个特殊的 扎根在古代的欧洲背景中去看待。而且自觉地抵制任何将这一题应用 于世界史中的企图。

18 《现代世界体系》（The Modern World System，纽约，1974—），至今已出 两卷。

19 见本书（边码）第40页。

20 见《英国工人阶级的形成》第6章"剥削"，第189—212页。也见他的 《理论的贫困及其他》（The Poverty of Theory and Other Essays，纽约， 1978）。

21 "叙事的复兴：对一种新的旧历史的思考"（The Revival of Narrative: Reflections on a New Old History），《过去与现在》第85期（1979年 11月），第3—24页。关于叙事史的复兴亦见C. 范恩·伍德沃德（C. Vann Woodward）："简史"（A Short History），《纽约时报书评》（New York Times Book Review），1982年8月8日，第3页、14页。戈登·伍德

* 中译本见《马克思恩格斯全集》第8卷，第121页。——译者

（Gordon Wood）的书评"星条旗的历史"（Star Spangled History），《纽约时报书评》，1982年8月12日，第4—9页。以及反应"写历史：一个交换"（Writing History: An Exchange）.《纽约时报书评》，1982年12月16日，第58—59页；亦见伯纳德·贝林（Bernard Bailyn）的美国历史学会主席演说，"现代历史编纂学的挑战"（The Challenge of Modern Historiography），《美国历史评论》（*American Historical Review*），第87卷（1982），第1—24页。对于历史叙事理论新关注的促进自海登·怀特的《元史学：19世纪欧洲的历史想象》起在美国出现，自保罗·韦恩的《如何撰写历史》（*Comment on écrit l'historie*，巴黎，1971）起在法国出现。在联邦德国的讨论完全体现在于尔根·科卡和托马斯·尼佩代（Thomas Nipperday）合编的《历史理论》第3卷"历史的理论与史实"中（慕尼黑，1979）。关于叙事的理论在1982年图林国际讨论会。关于"20年来历史编纂学理论"的讨论中起着关键性的作用［不久将由彼得罗·罗西（Pietro Rossi）编辑成英文版出版］。

22 斯通："叙事的复兴：对一种新的旧历史的思考"，第13页。

23 同上文，第3—4、19页。

24 同上文，第4页。

25 同上文，第13页。

26 第1期序言（巴黎，1982年）。

27 定量。历史社会科学研究中的定量与方法工作小组已登记出版一份英德对照的杂志《历史的社会性研究》（*Historical Social Research. Historische Sozialforschung*）。

28 见英德对照的《历史的社会性研究》，第119页。

29 见劳伦斯·斯通在"癫狂"一文中对福柯的评论。见《纽约书评》1982年12月6日，第36页。

30 "20世纪的历史与社会科学"（History and the Social Sciences in the Twentieth Century），载《历史的未来》（*The Future of History*），查尔斯·F.德尔泽尔（Charles F. Delzell）编（纳什维尔，1977），第39、28页。

31 戈洛·曼（Golo Mann）：《沃勒斯坦：对他一生的叙述》（*Wallenstein: Sein Leben erzählt*，法兰克福，1971），本书有英译本（伦敦，1976）。

32 《俾斯麦，明智的革命家》（*Bismarck, Der weisse Revolutionär*，柏林，1980）。

33 克里斯蒂安·迈埃尔（Christian Meier）:《恺撒》(*Caesar*，柏林，1982）。然而，在迈埃尔的著作中，他的著作前有一个很长的、问题导向的部分。

34 例如，康拉德·罗塞尔（Conrad Russell）《国会与英国政治》(*Parliament and English Politics*，纽约，1979）；亦见 G. R. 埃尔顿（G. R. Elton）的评论文章"都铎王朝和早期斯图亚特王朝"（Tudors and Early Stuarts），《泰晤士报文学副刊》卷23，1979年11月，第27页。

35 卡洛·西波拉（Carlo Cipola）:《17世纪托斯卡纳的信仰、理性与瘟疫》(*Faith, Reason and the Plague in Seventeenth-Century Tuscany*，伊萨卡，1979）。

36《蒙塔尤:1294—1324年奥克西坦尼的一个小山村》(*Montaillou: Village occitan de 1294 à 1324*，巴黎，1975）［英译本名为《蒙塔尤:有希望的邪恶之乡》(*Montaillou. The Promised Land of Terror*，纽约，1978）]。《罗芒狂欢节:从圣烛节到圣灰星期三，1579—1580》(*Le Carnaval de Romans; de la Chandeleur au mercredi des cendres, 1579-1580*，巴黎，1979）［英译本名为《罗芒狂欢节》(*Carnival in Romans*，纽约，1979）]。

37《奶酪与蛆虫:1500年磨坊主的宇宙观》(*Il formagg io ei vermi: Il cosmo di un mugnaio del'soo*，都灵，1976），有同名英译本（巴尔的摩，1982）。

38《布汶的星期天，1214年7月27日》(*Le Dimande de Bouvines, 27 juillet 1214*，巴黎，1973）。

39 斯通:"叙事的复兴:对一种新的旧历史的思考"，第19页。

40 例如，鲁道夫·比尼恩的《在德国人中间的希特勒》(*Hitler Among the Germans*，纽约，1978）和罗伯特·L. 韦特的《精神变态的上帝》(*The Psychopathic God*，纽约，1977）。将社会的观点引进心理历史的两次尝试是埃里克·埃里克森的《青年路德:一项精神分析的与历史学的研究》（纽约，1958）和彼得·勒文堡的"纳粹青年党徒的心理历史根源"，《美国历史评论》，第76期（1971），第1457—1502页。看来弗洛伊德心理历史学没有重要的欧洲范例。联邦德国对心理历史的评论见汉斯-乌尔里希·韦勒的"心理分析与历史"（Psychoanalysis and History），《社会研究》(*Social Research*)，第47期（1980），第519—

535 页。

41 "20 世纪的历史与社会科学", 第 14 页。

42 斯通: "叙事的复兴: 对一种新的旧历史的思考", 第 19 页。

43 引自罗纳德·G. 沃尔特斯 (Ronald G. Walters) "时代的征兆: 克利福德·格尔茨和历史学家们" (Signs of the Times: Clifford Geertz and Historians), 《社会研究》第 47 期 (1980), 第 582、585 页。

44 霍布斯鲍姆: "叙事的复兴: 一些评论" (The Revival of Narrative. Some Comments), 《过去与现在》第 86 期 (1980 年 2 月), 第 6—7 页。

45 见迈克尔·坎曼 (Michael Kammen) 所编文集《我们的过去——美国当代史学著作》(The Past Before Us. Contemporary Historical Writing in the United States, 伊萨卡, 1980)。

46 他 1972 年的著作已被译为德文, 名为《中世纪人的世界观》(Das Weltbild des mittel alterlichen Menschen, 德累斯顿, 1978)。

47 见约翰·戴 (John Day) 的论述 "费尔南·布罗代尔和资本主义的勃兴" (Fernand Braudel and the Rise of Capitalism), 《社会研究》第 47 期 (1980), 第 507—518 页; 以及塞缪尔·金塞 (Samuel Kinser): "奉若神明的资本主义: 布罗代尔关于近代经济史的三部曲" (Capitalism Enshrined: Braudel's Triptych of Modern Economic History), 《近代史杂志》第 53 期 (1981), 第 673—682 页。

48 《德国人的日常生活史》(Geschichte des Alltags des Deutschen Volkes, 民主德国, 柏林, 1981—1982), 5 卷本, 见库钦斯基对布罗代尔的评论, 出处同上, 第 1 卷, 第 14—15 页。

49 关于第二部的批注, 第 137 页。

50 见刊载在《试谈另一个中世纪: 西方的时间、劳动和文化》(Pour un autre Moyen Age: Temps, travail et culture en Occident, 巴黎, 1977) 一书中的文章 [英译本名为《中世纪的时间、工作和文化》(Time, Work and Culture in the Middle Ages, 芝加哥, 1982)]。

51 见本书 (边码) 第 70 页。

52 《法国近代早期的社会与文化》(Society and Culture in Early Modern France, 斯坦福, 1976)。

53 参见《罗芒狂欢节: 从圣烛节到圣灰星期三, 1579—1580》。

54 《巫术的衰落与宗教: 16 和 17 世纪英格兰大众信仰研究》(Religion

and the Decline of Magic. Studies in Popular Beliefs in Sixteenth and Seventeenth-Century England，纽约，1971）。

55 《17世纪法国的法官与巫师》（*Magistrats et sorciers en France au XVIe siècle*，巴黎，1968）。

56 《最后的焚尸柴堆：路易十四统治时期法兰德尔的一个村庄及其巫师》（*Les derniers bûchers: Un village de Flandre et ses sorcières sous Louis XIV*，巴黎，1981）。而见其《近代法国的民间文化和上层文化（15世纪至18世纪）》[*Culture populaire et cultures des élites dans la France moderne (XVe-XVIIIe siecle)*，巴黎，1978]。

57 见本书（边码）第66页。

58 斯通："癫狂"，见本章注29。

59 《资产阶级社会和犯罪行为》（*Bürgerliche Gesellschaft und Kriminalitat*，哥廷根，1976）；《犯罪行为与日常生活。19世纪的斗争史》（*Kriminalitit und Alltag. Zur Konftiktgeschichte des 19. Jahrhunderts*，哥廷根，1978）；《疯人管理：一部精神病院的社会史》（*Der verwaltete Wahnsinn. Eine Sozialgeschichte des Irrenhases*，法兰克福，1980）

60 弗朗索瓦·勒布伦（François Lebrun）：《17、18世纪的安茹人及其死亡：人口统计学与历史心理学评论》（*Les Hommes et la mort en Anjou aux XVIIe et XVIIIe siecles. Essai de demographie et de psychologie historique*，巴黎，1971）。米歇尔·沃韦尔（Michel Vovelle）*：《往日的死亡。17、18世纪对死亡的集体态度》（*Mourir autrefois. Attitudes collectives devant la mort aux XVIe et XVIIe siecles*，巴黎，1974）。菲利普·阿里耶斯：《中世纪至今西方对于死亡的态度》（*Western Attitudes Toward Death From the Middle Ages to the Present*，巴的摩，1974）及《面对死亡的人》（*L'Homme devant la mort*，巴黎，1977）。皮埃尔·肖尼：《16、17及18世纪巴黎的死亡》（*La Mort a Paris, XVIe, XVIIe et XVIIIe siecles*，巴黎，1978）。理查德·查尔斯·科布：《巴黎的死亡：塞纳暗狱的记录，1795年10月—1801年9月。共和四年葡月——九年果月》（*Death in Paris: The Records of the Basse-Geôle de la Seine, October 1795-September 1801,*

***

 * 米歇尔·沃韦尔（1933—），法国马克思主义史学家。法国革命史与精神状态史专家与开拓者，主要著作有《意识形态与精神状态》等。——译者

Vendémiaire Year IV-Fructidor Year IX，牛津，1978）。亦见《年鉴》特刊第1号，第31期（1976年1—2月）："在死亡近旁"（*Autour de La mort*）。亦见约翰·麦克曼纳斯（John McManners）《死亡与启蒙。18世纪法国基督徒和异教徒中对死亡变化的态度》（*Death and the Enlightenment. Changing Attitudes to Death Among Christians and Unbelievers in Eighteenth-Century France*，牛津，1981）。

61 见本章注35。

62 亦见沃韦尔《怪异的虔诚与非基督教化》（*Piété baroque et déchristianisation*，巴黎，1973）和《宗教与革命：共和二年的非基督教化》（*Religion et Révolution. La déchristianisation de l'an Ⅱ*，巴黎，1976）。

63 科布：《巴黎的死亡》（*Death in Paris*）。

64 参见理查德·T. 范恩（Richard T. Vann）"新人口统计史"（The New Demographic History），载格奥尔格·G. 伊格尔斯与哈罗德·T. 帕克（Harold T. Parker）编《历史研究国际手册》（*International Historical Studies*，康涅狄格，韦斯特波特，1979），第29—42页。

65 见本书（边码）第63页。

66 《英国的家庭、性与婚姻，1500—1800》（*The Family, Sex and Marriage in England, 1500—1800*，纽约，1927）。

67 《无情世界的避难所：受困的家庭》（*Haven in a Heartless World: The Family Besieged*，纽约，1977）。

68 《农民的爱情：古代法国农村的爱情与性（16—19世纪）》[*Les Amours paysannes. Amour et sexualite dans les campagnesde rancienne France（XVI-XIXe siecle）*，巴黎，1975]；《古代社会的家庭：亲属、家务与性》（*Familles, parente, maison, sexualitl dans lancienne socilte*，巴黎，1976），本书英译本名为《昔日的家庭：亲属、家务与性》（*Families in Former Times: Kinship, Household and Sexuality*，剑桥，1979）；《性与西方。态度与行为的变化（*Le Sexe et lóccident. Evolutions des attitudes et des comportements*，巴黎，1982）；亦见米歇尔·福柯《性史》（*Histoire de la sexualite*，巴黎，1976）第1卷，有英译本。

69 查尔斯·蒂利与路易丝·A.蒂利：《资产阶级家庭管窥》（Stalking the Bourgeois Family），《社会科学史》第4期（1980），第252页。

70 "资产阶级家庭管窥"。斯通有关家族史地位的观点见其"过去的成就与未来的趋势"（Past Achievements and Future Trends），《跨学科历史杂志》第12期（1981—1982），第5—87页，载西奥多·K. 拉布（Theodore K. Rabb）与罗伯特·I. 罗斯伯格（Robert I. Rothberg）《20世纪80年代及以后的新史学。跨学科历史研究》（*The New History. The 1980's and Beyond. Studies in Interdisciplinary History*，新泽西，普林斯顿，1982），第51—87页。

71 "基督教西方的避孕、婚姻与性关系"（Contraception, Marriage, and Sexual Relations in the Christian West），见福斯特与拉鲁姆编《历史中人的生物学：年鉴文选》，第23—47页。

72 见理查德·J. 埃文斯（Richard J. Evans）"欧洲妇女史：对最近研究的批评概述"（History of European Women: A Critical Survey of Recent Research），《近代史杂志》第52期（1980），第656—675页；亦见卡尔·N. 德格勒（Carl N. Degler）："妇女与家庭"（Women and Family），载坎曼《我们的过去——美国当代史学著作》，第308—326页。

73 例如，卡林·豪森（Karin Hausen）："19世纪的技术进步与妇女运动：缝纫机的社会史"（Technischer Fortschritt und Frauenarbeitim 19. Jahrhundert. Zur Sozialgeschichte der Nahmaschine），《历史与社会》，第4期（1978），第148—169页。路易丝·蒂利与琼·W. 斯各特（Joan W. Scott），《妇女、工作与家庭》（*Women, Work, and Family*，纽约，1978）。

74 剑桥，1975。

75 《作为阶级的无产阶级的构成。工业革命期间莱比锡无产阶级结构研究》（*Zur Konstituierung des Proletariats als Klasse. Strukturuntersuchung über das Leipziger Proletariat während der industriellen Revolution*，民主德国，柏林，1978）。见于尔根·科卡的评论集，《社会史档案》第20期（1980），第584—592页。以及哈特穆特·茨瓦尔（Hartmut Zwahr）编的文集《德国工人阶级的构成》（*Die Konstituierung der deutschen Arbeiterklasse*，民主德国，柏林，1981）。

76 见本书（边码）第181—191页。除第四章所引的著作外，亦见《辉格党与狩猎者：〈黑匣法〉的起源》（*Whigs and Hunters: The Origin of the Black Act*，纽约，1975），以及《理论的贫困》。

77 "前言"，《英国工人阶级的形成》，第9—14页。

78 同上书，第204—205页。

79 同上书，第9页。

80 见第四章注释148及本章注76。

81 （哥廷根，1977）［英译本《工业化之前的工业化》（*Industrialization Before Industrialization*，剑桥，1982）］。

82 同上书，第138—154页。

83 参见西摩·德雷希尔（Seymour Drescher）、大卫·萨比恩（David Sabean）、阿伦·沙林（Allan Sharlin）《现代欧洲的政治象征主义：纪念乔治·L.莫斯论文集》（*Political Symbolism in Modern Europe, Essays in Honor of George L. Mosse*，新泽西，新不伦瑞克，1982）。

84 罗伯特·贝尔达尔（Robert Berdahl）等：《阶级与文化：历史撰述中的社会人类学观点》（*Klassen und Kultur. Sozialanthropologische Perspektiven in der Geschichtsschreibung*，法兰克福，1982）。

85 于尔根·科卡："阶级还是文化？工人史的突破与僵局"（Klassen oder Kultur? Durchbrüche und Sackgassen in der Arbeitergeschichte），《水星》（*Mercury*），第36期（1982），第955—966页。

86 卡尔·马克思："《政治经济学批判》序言"，《选集》，第182页。*

87 汉斯·梅迪克："历史与社会学中的民族学"（Ethnologie in Geschichte und Sozialkunde）卷"前言"，《供教学与研究的社会科学情报》（*Sozialwissenschaftliche Informationen fir Unterricht und Studium*），第11卷第2期（1982年4月），第65页。

88 两卷本（巴黎，1971）。见桑福德·埃尔威特（Sanford Elwitt）的两篇评论文章，"法国劳工运动中的政治与意识形态"（Politics and Ideology in the French Labor Movement），《近代史杂志》第49期（1977），第468—480页。"法国劳工史中的两种观点"（Two Points of View in French Labor History），《马克思主义观点》（*Marxist Perspectives*），第2期（1978年9月），第106—122页。

89 《罢工工人》（*Les Ouvriers en grève*，巴黎，1974），两卷本。

---

　　* 中译本见《马克思恩格斯全集》第13卷，人民出版社1962年版，第8页。——译者

90 佩罗：《罢工工人》，第1卷，第199页，引自埃尔威特《法国劳工史中的两种观点》，第110页。

91 《节日与起义：16世纪—18世纪的群众心理》(*Fête et révolte: des mentalités populaires du XVI e au XVIII siècle*，巴黎，1970)。至于波尔什涅夫与穆尼埃之争的讨论，见本书（边码）第134—135页。

92 《村庄中的共和国》(*La Republique au village*，巴黎，1970)。

93 《革命节日，1789—1799》(*La Fête révolutionnaire, 1789-1799*，巴黎，1976)。见基思·贝克尔（Keith Baker）的评论文章，"法国的启蒙运动与大革命"(Enlightenment and Revolution in France)，《近代史杂志》第43期（1981），第288—292页。关于政治象征主义，亦见莫里斯·阿居隆（Maurice Agulhon）的《参战的圣母玛丽亚信徒》(*Marianne au Combat*，巴黎，1979)［英译本《参战的圣母：玛丽亚信徒：1789—1880年法国的共和形象和象征主义》(*Marianne Into Battle. Republican Imagery and Symbolism in France, 1789-1880*，剑桥，1981)］。

94 哥廷根，1973，第16—17页。

95 例如：安德烈亚斯·希尔格鲁贝尔（Andreas Hillgruber）"现代视角下的德国史"(Deutsche Geschichte in moderner Sicht)，《历史杂志》第216期（1973），第529—552页；托马斯·尼佩代"韦勒的'帝国'：一个批判性分析"(Wehler's "Kaiserreich". Eine kritische Auseinandersetzung)，《历史与社会》第1期（1975），第539—560页；克劳斯·希尔德布兰德（Klaus Hildebrand）"历史还是'社会史'？国际关系中政治史的必要性"(Geschichte oder "Gesellschaftsgeschichte"? Die Notwendigkeit einer politischen Geschichte von den internationalen Beziehungen)，《历史杂志》第28期（1976），第328—357页。

96 理查德·J. 埃文斯："导言：威廉二世的德国和历史学家们"(Introduction: Wilhelm II's Germany and the Historians)，载理查德·J. 埃文斯编《威廉时代德国的社会与政治》(*Society and Politics in Wilhelmine Germany*，伦敦，1978)，第11—29页。

97 见尼佩代"韦勒的帝国：一个批判性分析"（见本章注95）。还有基于公开声明的左倾立场的争论，见戴维·布莱克本和杰弗·埃利（Geoff Eley）《德国历史撰述的神话》(*Mythen deutscher Geschichtsscheibung*，法兰克福，1980)。

98 参见沃尔夫冈·蒙森、汉斯·蒙森、蒂姆·梅森（Tim Mason）的文
 章，载格哈德·希施费尔德（Gerhard Hirschfeld）及洛塔尔·克滕克
 尔（Lothar Kettenacker）编《"元首国家"：神话与现实。——第三帝
 国结构与政治研究》（*Der"Fürerstaar"; Mythos und Realitat. Studien zur
 Struktur und Politik des Dritten Reiches.—The "Fuhrer State": Myth and
 Reality. Studies on the Structure and Politics of the Third Reich*，斯图加特，
 1981）。安德烈亚斯·希尔格鲁贝尔和克劳斯·希尔德布兰德在同书中
 捍卫了一批更为传统的、以个人为主的政治探讨，对于第三帝国的社
 会学研究，见迈克尔·凯特正在印行中的著作《纳粹党：其成员与领
 袖的社会形象，1919—1945》（剑桥，马萨诸塞，1983）。

99 关于对科卡著作的讨论，见本书（边码）第117—122页。

100 关于对"历史科学批判研究"的讨论，见本书（边码）第112页。

101 埃文斯：《威廉时代德国的社会与政治》，第18页。亦见J. 希恩的文
 章，《近代史杂志》第48期（1976），第576页。

102 《法西斯主义与民主主义之间的雇员——雇员的政治社会史——从国
 际立场看1890—1940年的美国》（*Angestellte zwischen Faschismus und
 Demokratie. Zur politischen Sozialgeschichte der Angestellten. USA 1890-
 1940*，哥廷根，1977）〔英译本《1890—1940年美国的白领工人：一部
 国际视角的社会政治史》（*White Collar Workers in America, 1890-1940.
 A Socio-Political History in International Perspective*，贝弗利希尔斯，
 1980）〕。

103 《埃斯林根机器制造厂的工人：19世纪工人状况研究》（*Die Arbeiter
 der Maschinenfabrik Esslingen. Forschungen zur Lage der Arbeiterschaft
 im 10. Jahrhundert*，斯图加特，1977）。

104 《工业化中的纺织工人：19世纪符滕堡的社会状况和流动》
 〔*Textilarbeiterschaft in der Industrialisierung. Soziale Lage und Mobilitat
 in Wiirttemberg（19. Jahrhundert）*〕。

105 见本书（边码）第95页。

106 《19世纪鲁尔矿工的社会史》（*Sozialgeschichte der Bergarbeiterschaft an
 der Ruhr im 19. Jahrhundert*，哥德斯堡，波恩-巴特，1977）。

107 见多卷本《工业时代日常社会史论文集》（*Beitrage zur Sozialgeschichte
 des Alltags im Industriezeitalter*），自1977年由彼得·哈默（Peter Hammer）

出版社出版（乌珀塔尔，1979）。

108 卢茨·尼特哈默尔（Lutz Niethammer）及F. 布鲁格迈埃尔（F. Brüggemeier）："帝国的工人住房如何？"（Wie wohnten die Arbeiter im Kaiserreich?），《社会史档案》第16期（1976），第61—134页。卢茨·尼特哈默尔编：《居住的变化，资产阶级社会日常生活史论文集》（*Wohnen im Wandel: Beitrdge zür Geschichte des Alltags in der birgerlichen Gesellschaft*，乌珀塔尔，1979）。

109 迪特尔·朗格维舍（Dieter Langewiesche）：《工人的空闲时间：帝国和第一共和国的奥地利工人的教育和闲暇时间的消磨》（*Zur Freizeit des Arbeiters. Bildungsbestrebungen und Freizeitgestaltung osterreichischer Arbeiter im Kaiserreich und in der Ersten Republik*，斯图加特，1979）。G. 胡克（G. Huck）编：《关于空闲时间的社会史——对民众文化变化的研究》（*Sozialgeschichte der Freizeit. Untersuchungen zum Wandel der Altagskultur*，乌珀塔尔，1981）。

110 阿图尔·伊姆霍夫（Arthur Imhof）编：《作为社会史的历史人口统计学：11—19世纪的吉森及近郊》（*Historische Demographie als Sozialgeschichte. Giessen und Umgebung vom 17. zum 19. jahrhundert*，达姆施塔特，1975）。

111 例如，卡琳·豪森："19世纪的技术进步和女工：缝纫机的社会史"（Technischer Fortschritt und Frauenarbeitim 19. Jahrhundert. Zur Sozialgeschichte der Nahmaschine），《历史与社会》第4期（1978），第148—169页。

112 卢茨·尼特哈默尔编：《生活经历与集体回忆，口述历史实践》（*Lebenserfahrung und kollektives Gedächtnis. Die Praxis der "Oral History"*，法兰克福，1980）。参见赫伯特·T. 胡佛（Herbert T. Hoover）："美国口述历史"，载迈克尔·坎曼编《我们的过去——美国当代史学著作》，第392—407页。

113 安德烈·比尔吉埃尔（André Burguiere）："新《年鉴》。20世纪60年代后期的新定义"（The New Annales. A Redefinition of the late 1960's），《评论》第1期（1977—1978），第195—205页。威廉·H. 麦克尼尔（William H. McNeil）："现代欧洲史"（Modern European History），载坎曼编《我们的过去——美国当代史学著作》，第95—112页。

114 斯通：《叙事的复兴：对一种新的旧历史的思考》，第20—21页。

115 弗朗索瓦·孚雷：《法国大革命反思录》[英译本《法国大革命的解释》（*Interpreting the French Revolution*，剑桥，1981）]。

116 见本章注97。

117 见本章注40。关于希特勒文学的批判讨论，见迈克尔·H. 凯特尔（Michael H. Kater）"社会情境中的希特勒"（Hitler in a Social Context），《中欧史》，第14卷（1981），第243—272页。

118 我们未为此多费笔墨是因为欧洲对思想史意义上的知识史比较忽视。在约翰·海厄姆（John Higham）、保罗·康金（Paul Conkin）所编《美国知识史的新方向》（*New Directions in American Intellectual History*，巴尔的摩，1929）的论文，以及更明显地，多米尼克·拉卡普拉（Dominick LaCapra）与斯蒂芬·L. 卡普兰（Steven L. Kaplan）所编《现代欧洲知识史：重新评价和新前景》（*Modern European Intellectual History: Reappraisals and New Perspectives*，伊萨卡，1982）中所收的论文，都涉及在为阐释学、符号学、人类学刺激下的新探索的影响下知识史的重新定向。一个较早的综合观察和分析是伦纳德·克里格（Leonard Krieger）的"知识史的自主"（The Autonomy of Intellectual History），《思想史杂志》第34期（1973），第499—516页。一个大范围比较的、也是批判性的对欧美今昔趋势的讨论，包括在恩斯特·舒林（Ernst Schulin）的"1900年以来的德国'思想史'、'知识史'、法国'心态史'"（German "Geistesgeschichte"，American "Intellectual History"，and French 'Histoire des Mentalités' Since 1900. A Comparison）的比较中。见《欧洲思想史》第1卷（1981），第195—214页。

119 以赛亚·伯林：《维柯与赫尔德：两篇思想史方面的论文》（*Vico and Herder: Two Essays in the History of Ideas*，伦敦，1976）；《反潮流：两篇思想史论文》（*Against the Current. Essays in the History of Ideas*，纽约，1980）。

120 《马基雅维里时刻：佛罗伦萨政治思想和大西洋共和主义传统》（*The Machiavellian Moment: Florentine Political Thought and the Atlantic Republican Tradition*，普林斯顿，1975）。

121 第1卷《文艺复兴》（*The Renaissance*）；第2卷《宗教改革时代》（*The Age of Reformation*，伦敦，1978）。

122 见本书（边码）第54页。

123 J. G. A. 波考克："修订的《马基雅维里时刻》：历史与意识形态研究"（The Machiavellian Moment Revisited: A Study in History and Ideology），《近代史杂志》，第53期（1981），第50页。

124 金茨堡：《奶酪与蛆虫：1500年磨坊主的宇宙观》，第12页。

125 斯通："叙事的复兴：对一种新的旧历史的思考"，第19页。

126 金茨堡：《奶酪与蛆虫：1500年磨坊主的宇宙观》，第18页。

127 J. H. 赫克斯特："历史的修辞"（The Rhetoric of History），《历史与理论》，第7期（1967），第5页。

128 海登·怀特：《元史学：19世纪欧洲的历史想象》，第12页。

129 同上书，第4页。

书目提要

列出下面这个书单并不旨在提供一份完整或全面的书目，而是作为进一步阅读的指南。

这里没有近期的全面的史学史著作。最全面适读的有爱德华·富埃特（Eduard Fueter）的《近代历史编纂学史》（*Geschichte der neueren Historiographie*，第3版，慕尼黑，1936）；乔治·P.古奇（George P. Gooch）的《十九世纪历史学与历史学家》（*History and Historians in the Nineteenth Century*，伦敦，1914；再版于波士顿，1959）；詹姆斯·韦斯特福尔·汤普森（James Westfall Thompson）的《历史著作史》（*A History of Historical Writing*，纽约，1942），两卷本；还有哈里·埃尔默·巴恩斯（Harry Elmer Barnes）的《历史撰述史》（*A History of Historical Writing*，纽约，1937；再版于1962）。只有巴恩斯和博学的马修·A.菲茨西蒙斯（Matthew A. Fitzsimons）等人编的《历史编纂学的发展》（*The Development of Historiography*，哈里斯堡，1954）一书中包括有对20世纪史学家的简短论述。对于历史编纂学发展的有益介绍是弗里茨·斯特恩（Fritz Stein）编的一部主要史学家论历史是博学学科的作品选，《历史的多样性》（*The Varieties of*

History，纽约，1973，扩充版）。同样有益的是约翰·海厄姆（John Higham）、伦纳德·克里格（Leonard Krieger）和费利克斯·吉尔伯特（Felix Gilbert）的《历史学：美国历史研究的发展》（*History: The Development of Historical Studies in the United States*，新泽西，恩格尔伍德，克利夫斯，1965），里面有费利克斯·吉尔伯特关于19世纪及20世纪欧洲历史编纂学的一篇全面的论文。关注20世纪上半叶历史学家理论设想的是苏联哲学家I. S. 康恩（I.S. Kon）的两卷集《20世纪的历史哲学》（*Die Geschichtsphilosophie des 20. Jahrhunderts*，民主德国，柏林，1964）。对当今历史编纂状况的评价到目前为止还不多，其中最全面的是费利克斯·吉尔伯特（Felix Gilbert）和斯蒂芬·R.格劳巴德（Stephen R. Graubard）所编论文集，《今日历史研究》（*Historical Studies Today*，纽约，1971）。

关于过去的观念的出现，见彼得·伯克（Peter Burke）的《文艺复兴时期的昔日观念》（*The Renaissance Sense of the Past*，纽约，1970）；关于批判性历史学术的起源，见乔治·胡珀特（George Huppert）的《关于完美历史的概念：文艺复兴时期法国的历史博学和历史哲学》（*The Idea of Perfect History: Historical Erudition and Historical Philosophy in Renaissance France*，伊利诺斯，厄巴纳，1970），以及唐纳德·R. 凯利（Donald R. Kelley）的《近代历史学术的基础：法国文艺复兴时期的语言、法律与历史》（*Foundations of Modern Historical Scholarship: Language, Law, and History in the French Renaissance*，纽约，1970）。关于18世纪的启蒙历史学家，特别是德国人和瑞士人，见彼得·汉斯·赖尔（Peter Hanns Reill）的研究，已交加利福尼亚大学出版社印行。关于兰克的18世纪先驱和19世纪科学历史学家的学派，见赫伯特·巴特菲尔德（Herbert Butterfield）的《人论自己的过去：历史学术史研究》（*Man on His Past: The*

Study of The History of Historical Scholarship，伦敦，1955）。

对于历史知识及其他社会科学研究的社会学的一项重大贡献是弗里茨·林格（Fritz Ringer）的《德国显贵的衰落，1890年至1933年的德国学术团体》（*The Decline of the German Mandarins. The German Academic Community, 1890–1933*，马萨诸塞，剑桥，1969），对于其他欧洲国家没有类似深入的研究。关于法国社会科学研究的社会学，见特里·尼科尔斯·克拉克（Terry Nichols Clark）的《先知与庇护者：法国的大学与社会科学的诞生》（*Prophets and Patrons: The French University and the Emergence of the Social Science*，马萨诸塞，剑桥，1973）。对于法国、大不列颠、联邦德国及美国历史研究组织的极为真实的叙述，包括在博伊德·C. 谢弗（Boyd C. Shafer）等人的《西方的历史研究》（*Historical Study in West*，纽约，1968）一书中。

至于德国历史研究的发展，有三部著作可以提及：格奥尔格·G.伊格尔斯（Georg G. Iggers）的《德国的历史观：从赫尔德到当代历史思想的民族传统》（*The German Conception of History. The National Tradition of Historical Thought from Herder to the Present*，康涅狄格，米德尔城，1968）；汉斯－乌尔里希·韦勒（Hans-Ulrich Wehler）所编5卷本历史编纂传记集《德意志历史学家》（*Deutsche Historiker*，哥廷根，1971—1972），此书还探讨了伊格尔斯未加论述的各种各样非正统的历史学家；还有一本小册子，即由贝尔恩德·福伦巴赫（Bernd Faulenbach）所编论文集《德国的历史科学》（*Geschichtswissenschaft in Deutschland*，慕尼黑，1974）。还有两部稍早的研究，第一部是根据保守的唯心主义观点写成的，海因里希·冯·兹尔比克（Heinrich von Srbik）的两卷本《从德国人文主义到当今的思想与历史》（*Geist und Geschichte vom deutschen Humanismus bis zur Gegenwart*，慕尼黑，1950—1951）；第二部是马克思列宁主义观点的著作，约阿希姆·斯特赖赞德（Joachim Streisand）所编两卷本《德国历史科学研究》（*Studien über die deutsche Geschichtswissenschaft*，民主德国，柏林，1963—1965）。对19世纪德国历史学家的批判性概述，包括在查尔斯·E.麦克莱伦（Charles E. McClelland）的《德国历史学家与英国：19世纪观点研究》（*The German Historians and England. A Study in Nineteenth-Century Views*，剑桥，1971）一书中。

最近没有关于法国或英国历史编纂学史的全面的著作出版。对于19世纪的法国，有用但极为简短的是路易·阿尔方（Louis Halphen）的《百年来的法国历史学》（*L'Histoire en France Depuis cent ans*，巴黎，1914）；关于自1945年以来的法国历史研究，有让·格莱尼松（Jean Glénisson）的"当代法国历史编纂学：趋势与成就"（L'Historiographie française contemporaine: Tendances et réalisations），载法国历史科学委员会出版的《1940至1965年的法国历史研究》（*La Recherche historique en France de 1940 à 1965*），第9—64页。据我所知，关于法国历史科学发展的两部最佳研究是马丁·西格尔（Martin Siegel）[*]的"法国历史编纂学思想中的科学与历史想象，1866—1914"（Science and The Historical Imagination in French Historiographical Thought, 1866-1914），这是作者1965年的哥伦比亚大学哲学博士论文，以及威廉·凯洛（William Keylor）的《学院和团体：法国历史职业的基础》（*Academy and Community: The Foundation of the French Historical Profession*，马萨诸塞，剑桥，1975）。凯洛强调法国历史编纂的社会环境与政治作用，西格尔强调它的理论设想。关于《年鉴》，见莫里斯·艾尔德（Maurice Aymard）的"《年鉴》与法国历史编纂学"（The *Annales* and French Historio-

---

[*]　马丁·西格尔，当代美国学者。——译者

graphy），《欧洲经济史杂志》（*The Journal of European Economic History*）第1期（1972），第491—511页。关于布洛赫与费弗尔及其历史背景，见H.斯图尔特·休斯（H. Stuart Hughes）的《被阻塞之路：绝望年代的法国社会思想》（*The Obstructed Path. French Social Thought in the Years of Desperation*，纽约，1966），第2章。

据我所知，关于英国的历史编纂没有类似研究。关于19世纪，以上提及的乔治·P.古奇的《十九世纪历史学与历史学家》仍然是有用的。在历史撰述史方面，J. R. 海尔（J. R. Hale）所编选集《英国史学从培根到纳米尔的发展》（*The Evolution of British Historiography from Bacon to Namier*，克利夫兰，1964）特别有帮助。关于最近的英国历史编纂，见E. C. 费伯尔（E. C. Furber）编《不断变化的英国历史观：自1939年以来历史撰述论文集》（*Changing Views of British History. Essays on Historical Writing Since 1939*，马萨诸塞，剑桥，1966），以及G. R. 埃尔顿（G. R. Elton）的《现代历史学家论1485年到1969年的英国史。1945年到1969年的评论性书目提要》（*Modern Historians on British History, 1485–1969. A Critical Bibliography 1945–1969*，伦敦，1970）；更富于说明性的是《泰晤士报文学副刊》（*Times Literary Supplement*）的专号"历史撰述"，1956年1月6日，以及"史学新方法"，1966年4月7日、7月28日、9月8日。

没有关于马克思主义历史编纂学的全面研究，也没有关于东欧社会主义国家历史编纂学的全面研究。有助于了解上述内容的是为1970年召开的国际历史科学会议所准备的报告，诸如关于波兰1945年到1968年期间历史研究的两卷集，由波兰科学院、历史科学委员会和历史研究所出版的《第13届莫斯科国际历史科学大会上的波兰》（*La Pologne au XIIIe Congrès International des Sciences Historiques à Moscou*），两卷本（华沙，1970），以及关于民主德国历史研究的《历史科学杂志》的长篇专号，《1960到1970年民主德国的历史研究》（*Historische Forschungen in der DDR*, 1960-1970，柏林，1970）。对于法国的社会科学及历史学中马克思主义研究的制度和思想意识背景的论述，见普拉蒂普·邦迪奥帕德亚依（Pradeep Bandyopadhyay）的"法国马克思主义面面观"（The Many Faces of French Marxism）《科学与社会》（*Science and Society*）第36期（1972），第129—157页。

　　关于历史是不是以及它在什么意义上是一门科学的问题有大量作品，前面提到过的弗里茨·斯特恩编的选集《历史的多样性》对历史学家的陈述再度提供了有益的概述。有关这一问题的经典性系统阐述，见威廉·冯·洪堡的"论历史学家的任务"（On the Historian's Task），载列奥波德·冯·兰克的《历史的理论与实践》（*The Theory and Practice of History*），格奥尔格·G.伊格尔斯与康拉德·冯·莫尔特克（Konrad von Moltke）编（印第安纳波利斯，1973），第3—23页；亦见此书中兰克本人的陈述。对于19世纪与20世纪之交德国关于历史知识这一问题的讨论的分析，见莫里斯·曼德尔鲍姆（Maurice Mandelbaum）的《历史知识问题》（*The Problem of Historical Knowledge*，纽约，1938），及卡洛·安东尼（Carlo Antoni）的《从历史学到社会学》（*From History to Sociology*，底特律，1960）。关于19世纪末历史方法的两部权威性指导著作，是恩斯特·伯恩海姆（Ernst Bernheim）的《历史方法教程》（*Lehrbuch der historischen Methode*，第2版，莱比锡，1894），和C. V. 朗格卢瓦（C. V. Langlois）和夏尔·瑟诺博斯（Charles Seignobos）的《历史研究导论》（*Introduction to the Study of History*，伦敦，1898；纽约再版，1966）。在很多方面，对于后者的回应可在亨利·贝尔（Henri Berr）的《历史中的概括》（*La Synthèse en histoire*，新版，巴黎，1953）中发现。还有马克·布洛赫的《历史学家的技艺》（*The Historian's Craft*，纽约，1953）和埃马努埃尔·勒华拉杜里（Emmanuel Le Roy Ladurie）的《历史学家的领域》（*Le Territoire de l'historien*，巴黎，1973）。亦见 H. S. 休斯（H. S. Hughes）的《作为艺术的历史和作为科学的历史》（*History as Art and as Science*，纽约，1964）。进行关于历史科学性质问题的新讨论有两个重要的论坛，即《历史与理论》（*History and Theory*，1960- ）这一杂志和法国刊物《经济、社会与文化年鉴》中的"辩论与战斗"专栏。选自《历史与理论》杂志早期诸卷的重要论文集包括在威廉·H. 德雷（William H. Dray）所编《哲学分析与历史》（*Philosophical Analysis and History*，纽约，1966）一书中，有关英美及欧洲大陆的讨论的有益的评论性概述包括在 K. -G. 法贝尔（K. -G. Faber）的《历史科学理论》（*Theorie der Geschichts-wissenschaft*，第3版，慕尼黑，1974）一书中。关于反对历史作为一门科学这一概念的争论性观点，见海登·怀特的《元史学：19世纪欧洲的历史想象》（巴尔的摩，1973），亦见彼得·盖伊（Peter Gay）的《历史中的风格》（*Style in History*，纽约，1974）。

补充书目提要（1973—1983）

恩斯特·布雷萨奇（Ernst Breisach）的《古代、中世纪和近代历史编纂学》（*Historiography Ancient, Medieval and Modern*，芝加哥，1983）堪称多年中出版的最全面的史学史著作。最近关于历史编纂学的两部简论是夏尔-奥利维耶·卡邦涅尔（Charles-Olivier Carbonell）的《历史编纂学》（*L'Historigraphie*，巴黎，1981），居伊·布尔德伊（Guy Bourdé）与海尔维·马丹（Hervé Martin）合撰的《历史学派》（*Les écoles historiques*，

巴黎，1983），后者有几章是关于20世纪历史编纂学的。一些别的作品也试着评估了现在历史研究的地位，其中包括查尔斯·F.德尔泽尔（Charles F. Delzell）编的《历史学的未来》（*The Future of History*，纳什维尔，1977）、杰弗里·巴勒克拉夫（Geoffrey Barraclough）的《当代史学主要趋势》（*Main Trends in History*，纽约，1979）、格奥尔格·G.伊格尔斯和哈罗德·T.帕克（Harold T. Parker）合编的《历史研究国际手册：当代研究和理论》（*International Handbook of Historical Studies. Contemporary Research and Theory*，康涅狄格，韦斯特波特，1979）、西奥多·K.拉布（Theodore K. Rabb）和罗伯特·I.罗斯伯格（Robert I. Rothberg）合编的《20世纪80年代及以后的新史学：跨学科历史研究》（*The New History: The 1980's and Beyond. Studies in Interdisciplinary History*，普林斯顿，1982）［也见《跨学科历史杂志》（*Journal of Interdisciplinary History*）第12卷（1981—1982），第1、2期］。关于德国和国外的历史研究，也可参见奥斯瓦尔德·豪塞尔（Oswald Hauser）所编论文集《历史与历史意识：19篇报告》（*Geschichte und Geschichtsbewusstsein. 19 Vorträge*，哥廷根，1981）。关于法国的三个重要题目是埃马努埃尔·勒华拉杜里的两卷本论文集《历史学家的领域》（巴黎，1973—1978），有同名英译本（芝加哥，1979），以及他的《历史学家的思想与方法》（*The Mind and Method of the Historian*，芝加哥，1981）；还有雅克·勒高夫（Jacques Le Goff）和皮埃尔·诺拉（Pierre Nora）合编的《历史写作》（*Faire l'histoire*）三卷本（巴黎，1973）；以及小百科全书——雅克·勒高夫、罗歇·夏蒂埃（Roger Chartier）和雅克·雷威尔（Jacques Revel）合编的《新史学》（*La Nouvelle histoire*，巴黎，1978）。关于当前的历史研究，在1980年和1981年法国百科全书《共相》（*Universalia*）补遗中收有很多论

文［《1980年共相：1980年的事件、人和问题》（*Les evénéments, Les hommes, Les problèmes en 1980*，巴黎，大百科全书，1980），1981年亦为同样的标题］。关于其他欧洲国家，就我所知，没有比得上为1980年布加勒斯特第15届历史科学国际讨论会所准备的基本书目概要的了，这些书目集中于东欧的社会主义国家。关于联邦德国，请见格奥尔格·G. 伊格尔斯《德国的历史观》（*The German Conception of History*，米德尔城，1983）修订版跋，亦见西奥多·S. 哈默洛（Theodore S. Hamerow）的"犯罪、赎罪和正在撰写的德国史"，收于《美国历史评论》（*American Historical Review*）第88卷（1983），第53—72页。迈克尔·坎曼（Michael Kammen）所编《我们的过去——美国当代史学著作》（*The Past before Us. Contemporary Historical Writing in the United States*，伊萨卡，1980）包括美国对欧洲史所做的工作的分析。

关于年鉴传统，有一些广泛的讨论。关于年鉴派的历史根源，见吕西阿诺·阿莱格拉（Luciano Allegra）和安吉罗·托尔（Angelo Torre）的《法国社会史的起源：从公社到"年鉴"》（*La Nascita della Storia Sociale in Francia. Dalla Commune alle "Annales"*，都灵，1977）。对此传统的一个简明的总看法包含于迈克尔·厄尔伯（Michael Erbe）的《新型的法国社会史研究：年鉴派》（*Zur neueren französischen Sozialgeschichtsforschung. Die Gruppe um die Annales*，达姆施塔特，1979）中。特雷安·斯托亚诺维奇（Traian Stoianovich）的《法国史学方法：年鉴范式》（*French Historical Method: The Annales Paradigm*，伊萨卡，1976）集中于当前的一代。亦见塞缪尔·金塞尔（Samuel Kinser）的"年鉴范式？费尔南·布罗代尔的地理历史结构"（*Annaliste* Paradigm? The Geohistorical Structure of Fernand Braudel），《美国历史评论》第86卷（1981），第63—105页。

关于各位现代历史学家，包括布罗代尔，见杰克·H.赫克斯特（Jack H. Hexter）的《历史学家们：对一些现代历史学创立者的重新评价》（*On Historians: Reappraisals of Some of the Makers of Modern History*，马萨诸塞，剑桥，1979）。

关于近来的经济史，见《经济史杂志》第38卷第1期特刊（1978年3月），"20世纪70年代的经济史"（Economic History in the Nineteen Seventies）。特别是罗伯特·福斯特（Robert Forster）的文章，"年鉴派的成就"（Achievements of the *Annales* School），第58—76页；乔恩·S.科恩（Jon S. Cohen）的"经济史的成就：马克思主义学派"（The Achievements of Economic History: The Marxist School），第29—57页，后者集中注意英国。关于对英国马克思主义历史编纂学的讨论，见《激进历史评论》（*Radical History Review*）第19期特刊（1978—1979年冬季）："马克思主义与历史学：英国的贡献"（Marxism and History: The British Contribution）。关于知识史的重新定向，见多米尼克·拉卡普拉（Dominick LaCapra）和斯蒂芬·L.卡普兰（Steven L. Kaplan）合编的《现代欧洲知识史：重新评价和新前景》（*Modern European Intellectual History: Reappraisals and New Perspectives*，伊萨卡，1982）。

索　引

（索引中的页码为原书页码，即本书边码）

Z

图书在版编目（CIP）数据

欧洲史学新方向 /（德）格奥尔格·G. 伊格尔斯著; 赵
世玲, 赵世瑜译. —北京: 商务印书馆, 2024
（伊格尔斯著作集）
ISBN 978-7-100-21697-5

I.①欧⋯　II.①格⋯②赵⋯③赵⋯　III.①文化史—
研究—欧洲②史学理论—研究　IV.① K500.3 ② K0

中国版本图书馆 CIP 数据核字（2022）第 171465 号

伊格尔斯著作集
欧洲史学新方向
〔德〕格奥尔格·G. 伊格尔斯　著
赵世玲　赵世瑜　译

商 务 印 书 馆 出 版
（北京王府井大街 36 号　邮政编码 100710）
商 务 印 书 馆 发 行
北 京 通 州 皇 家 印 刷 厂 印 刷
ISBN 978 - 7 - 100 - 21697 - 5

2024 年 4 月第 1 版　　　开本 710×1000　1/16
2024 年 4 月北京第 1 次印刷　　印张 19¼

定价：98.00 元